GUÍA
DE REVIT

Volumen 1

SALVADOR MORET COLOMER

GUÍA PRÁCTICA DE REVIT

Volumen 1

SALVADOR MORET COLOMER

Guía práctica de Revit Architecture. Vol 1
Salvador Moret Colomer

© 2017 Salvador Moret Colomer
Todos los derechos reservados

Maquetación: Thais Parra Company

ISBN: 978-1517066819

Este documento está protegido por la Ley de Propiedad Intelectual (Real Decreto Legislativo 1/1.996 de 12 de abril), de manera que no puede ser utilizado ni reproducido sin consentimiento del autor. El autor se reserva el derecho a modificar, añadir o eliminar la información contenida en el presente escrito. De la misma manera corresponde a Salvador Moret Colomer, la titularidad y el ejercicio de todos los derechos, tanto morales como económicos, de su explotación y/o divulgación. Todas las imágenes son propias o capturas de pantalla de Autodesk Reproducido por cortesía de Autodesk, Inc. Autodesk, AutoCAD, DWG, Revit Architecture e Inventor son marcas comerciales registradas o marcas comerciales de Autodesk, Inc., y / o sus filiales y / o afiliados en los EE.UU. y en otros países.

ACERCA DE ESTE LIBRO

Bienvenido a esta Guía Práctica de Revit, volumen 1. El libro está basado en la experiencia del autor tanto como docente de Revit, y como arquitecto redactor de proyectos en BIM. El contenido está enfocado de la forma más práctica posible para aprender el programa teniendo en cuenta una meta concreta: aportar los conocimientos necesarios para desarrollar un proyecto básico y de ejecución. Sin embargo, también resulta una herramienta útil para refrescar y ampliar conocimientos a medio y largo plazo. El libro sigue flujos de trabajo y escenarios reales; está lleno de ejemplos prácticos que explican cómo aprovechar las herramientas de Revit al máximo.

¿Quién debería leer este libro? Arquitectos, arquitectos técnicos, delineantes, diseñadores, ingenieros e interioristas, tanto estudiantes como profesionales, que se enfrentan por primera vez a Revit Architecture o que hayan tenido una introducción inicial y deseen ampliar y profundizar en el manejo práctico del programa.

ACERCA DEL AUTOR

Salvador Moret Colomer (Valencia, 1979) es arquitecto y formador de Revit. En los últimos 8 años ha impartido más de 6.000 horas de formación con cursos de Autodesk Revit, Revit MEP, Maxwell Render, Arquímedes y Rhinoceros, entre otros. También ha realizado implantaciones BIM en estudios de arquitectura referentes dentro del panorama nacional. Como arquitecto, con más de 14 años de experiencia en la profesión, ha desarrollado todo tipo de proyectos de arquitectura residencial y hotelera. Desde 2008 dirige la academia técnica Ensenyem en Valencia: Ensenyem es Autodesk Training Center y socio fundador de la Buildingsmart Spanish Chapter.

ÍNDICE

1.	**FILOSOFÍA BIM**	**23**
	Introducción	23
	BIM 3D hasta BIM 7D	23
2.	**INTERFAZ DE REVIT**	**25**
	Elementos de la interfaz de Revit	25
	Más operaciones generales desde la interfaz	28
	Forzados de cursor o Referencia a objetos	28
	Configuración gráfica de la interfaz	29
3.	**COMANDOS ABREVIADOS**	**31**
	Lista de comandos abreviados	32
4.	**ELEMENTOS EN REVIT**	**33**
	Elementos de modelo y de detalle	33
	Categoría, familia, tipo y ejemplar	33
	Familias cargables y familias de sistema	34
	Transferir normas de proyecto	34
	Elementos anfitriones y elementos hospedados	35
5.	**MUROS I**	**37**
	Dibujar un muro	37
	Reconocer la cara exterior de un muro	37
	Voltear uno o varios muros sin modificar su posición	38
	Modificar parámetros del muro	38
	Bocetos de muro	38
	Muros en cadena	39
	Altura desconectada	39
	Empalmar muros	39
	Editar perfil	40
	Restablecer perfil	41
6.	**MÉTODOS DE SELECCIÓN**	**43**
	Añadir o eliminar	43
	Selección por ventana	43
	Selección previa	43
	Filtros de selección	43
	Seleccionar todos los ejemplares	44

	Tecla TAB	44
	Modificadores de selección	44
	Conjuntos de selección	45
7.	**USO DE LAS ÓRDENES EN REVIT**	**47**
	Repetición de comandos	47
	¡No puedo salir de una orden!	47
	Terminar una orden	47
8.	**NIVELES**	**49**
	Cambiar alturas de niveles	49
	Grafismo y nombre de los niveles	50
	Crear nuevos niveles	50
	Crear vistas asociadas a niveles nuevos	51
	Ordenar las vistas de planta por nivel en el Navegador	51
	Qué niveles se necesitan	52
	Símbolo de 3D o 2D en los niveles	53
9.	**REJILLAS**	**55**
	Creación de rejillas	55
	Tipos de rejilla especiales	55
	Visibilidad de las rejillas	56
	¿Qué es el símbolo 3D que aparece en la rejilla?	56
10.	**VISUALIZACIÓN BÁSICA I**	**57**
	Líneas finas	57
	Escala	57
	Nivel de detalle	57
	Modos de visualización	57
	Sombras	59
	Configuración de sol	59
	ViewCube (cubo de vistas)	60
	Orientación de vista 3D	60
	Cuadro de selección (caja de sección de elementos seleccionados)	60
	Caja de sección	61
	Mostrar y ocultar objetos	61
	Aislar elementos y categorías	63
	Propiedades de vista temporal	63
11.	**ÓRDENES DE MODIFICACIÓN**	**65**
	Mover (D)	65
	Desfasar (EQ)	66
	Escalar (ES)	66
	Alinear (AA)	67
	Matriz (MA)	67

	Recortar / extender a esquina (CH - MP)	69
	Recortar / extender elementos simple o varios elementos (AL - RR)	69
	Dividir elemento (PA)	69
	Reflejar (SI)	70
	Rotar (GI)	70
	Bloquear / desbloquear (BB - DB)	71
	Crear similar (CS)	71
	Seleccionar nuevo anfitrión	71
	Unir (UU)	71
	Igualar propiedades de tipo (IP)	72
	Medir (DI)	72
	Suprimir (DEL)	72
12.	**INSERTAR FAMILIAS CARGABLES**	**73**
	Cargar nuevas familias de una categoría	73
	Cargar nuevas familias de cualquier categoría	73
	Descargar desde Internet	74
	Limpiar nuestro proyecto	74
	Contenido "Spanish international" vs "Spain"	75
13.	**CREAR NUEVOS TIPOS DE FAMILIA**	**77**
	Con el Navegador de proyectos: crear – editar – suprimir	77
14.	**EDICIÓN DE ELEMENTOS MULTICAPA**	**79**
	Qué es un elemento multicapa	79
	Ventana de edición de estructura	79
	Núcleo	80
	Función	81
	Envolvente	82
	Variable	83
	Capa membrana	83
15.	**MATERIALES I**	**85**
	Crear un material nuevo	85
	Identidad de los materiales	85
	Grafismo de los materiales	86
	Tipos de patrones de sombreado	86
	Nuevos patrones de sombreado	87
	Importar un patrón de sombreado	87
	Generar nuevos patrones complejos	88
16.	**COTAS TEMPORALES**	**89**
	Cotas temporales a ejes o a caras	89
	Mover cotas temporales	89
	Cotas temporales a cotas permanentes	89

	Uso de fórmulas en cotas	90
	Aspecto	90

17.	**RESTRICCIONES DE COTA**	**91**
	Tipos de restricciones	91
	Fórmulas de igualdad	92
	Parámetros globales	93
	Restricciones de niveles	93
	No se cumplen las restricciones	94
	Mostrar restricciones	94
18.	**GUARDAR UN DOCUMENTO**	**95**
	Copias de seguridad	95
	Recordatorios de guardado	95
	Historial de un archivo	96
19.	**COMENZAR UN PROYECTO**	**97**
	Principal: establecer correctamente los niveles	97
	Insertar una imagen	97
	Insertar una vista CAD	98
	Poner en primer plano	100
	Hacer un levantamiento en Revit	100
20.	**ALZADOS**	**101**
	Hacer un alzado	101
	Ámbito de un alzado	101
	Alzados interiores	101
	Alzados quebrados	102
	Alzados de estructura	102
	Jirones de niebla (Profundidad de vista)	102
21.	**SECCIONES**	**105**
	Hacer una sección	105
	Ámbito de una sección	105
	Secciones quebradas	105
	Alzados interiores	106
	Ocultar en vistas con detalle más bajo que	106
22.	**VISUALIZACIÓN BÁSICA II**	**107**
	Ventanas en mosaico (WT)	107
	Vista Subyacente	107
	Palladio X BIM WindowsLayout	108

23. MUROS II: UNIONES — 109
- Movimientos de muro no deseados — 109
- Arreglar uniones de muro — 109
- Orden Uniones de muro — 110
- Enlazar y unir — 111

24. SUELOS I — 113
- Boceto de suelos — 113
- La línea es demasiado corta — 114
- Forjados + pavimentos — 114
- Núcleo y desfase — 114
- Alinear grafismo — 115

25. SUELOS II: PAVIMENTOS, FORJADOS Y MUROS — 117
- Metodología — 117
- Suelos continuos debajo de los tabiques o interrumpidos — 118
- Cerramientos exteriores y forjados — 119
- Unión pavimentos - tabiques — 119
- Particiones interiores — 120
- Puertas en separación de pavimentos — 121
- Diferencia entre Unir (UU) y Enlazar — 121
- ¿Aceptar enlazar? ¿Aceptar unir? — 122

26. TECHOS — 123
- Techos continuos — 123
- Foseados perimetrales y tabicas — 123
- Pendientes en techos — 124

27. MUROS III: REVESTIMIENTOS — 125

28. MUROS IV: BARRIDOS — 127
- Crear nuevo perfil — 128
- Editar un perfil existente — 128
- Algunos usos de barrido — 129
- Modificar retorno — 130

29. MUROS V: APILADOS — 131
- Cuándo usar muros apilados — 131
- Cuándo no usar muros apilados — 132
- Casos especiales: albardilla / piedra de remate de piscina — 132

30. CUBIERTAS — 135
- ¿las cubiertas incluyen el forjado? — 135
- Modelado básico de cubiertas — 135
- Pendientes en XX — 136
- Balcones o terrazas a un agua — 137

	Rampas mediante cubiertas o suelos	137
	Cubiertas con quiebros para conseguir las pendientes correctas	138
	Cubiertas inclinadas – conceptos varios	138
	Cubiertas alabeadas	140
	Imposta y canalón	140
	Cubierta por extrusión	141
	Plano de trabajo	141
	Flechas de pendiente	141
	Cubiertas cristaleras	142
	Claustro mediante cubiertas	142
	¿Cubiertas o suelos?	143
	Cubiertas inclinadas y buhardillas	143
31.	**RANGO DE VISTA**	**145**
	Casos donde es necesario aplicar el Rango de vista	146
	Muros que no se cortan	146
	Región de plano: cambiar el rango de vista en una parte de la vista	147
	Grafismo de los elementos que se ven en "Profundidad de vista"	148
32.	**ACOTACIÓN**	**149**
	Tipos de cota	149
	Propiedades básicas de cota	149
	Funcionamiento básico de las cotas lineales y alineadas	150
	Referencias individuales o muros enteros	150
	Acotar un muro inclinado	150
	Cota de pendiente	151
	Cotas de elevación	151
	Cotas acumulativas y por línea base	152
	Personalizar la punta de flecha	152
	Directrices de cota	152
	Prefijos y sufijos	153
	Unidades de acotación y unidades alternativas	154
	Alterar el texto de cota	154
	Unidades de proyecto y decimales	154
33.	**MUROS VI: MUROS CORTINA**	**155**
	Nuevos tipos de panel	156
	Muros cortina automáticos	156
	Selección avanzada de elementos de muro cortina	158
	Usos complementarios de muros cortina	158
	Editar perfil	160
	Origen y ángulo de rejilla	160
	Crear nuevos montantes de muro cortina	160
	Muros curvos	161

34.	**MODELADO IN SITU**	**163**
	Cortes mediante formas vacías	164
	Plano de trabajo	164
35.	**TRABAJO CON GRUPOS**	**165**
	Grupos de detalle enlazados	165
	Copiar grupos por niveles	166
	Grupos de detalle	167
	Vínculos y exportación	167
36.	**NORTE REAL Y NORTE DE PROYECTO**	**169**
	¿Qué son el Norte real y el Norte de proyecto?	169
	Rotar el Norte real	169
	Rotar el Norte de proyecto	171
37.	**CIRCULACIONES VERTICALES I: RAMPAS**	**173**
	Propiedades de las rampas	173
	Caso especial: rampa de una longitud concreta	174
	Anotar pendiente de una rampa	174
	Flechas de subida	174
	Rampas a partir de suelos	175
	Fórmulas de pendiente en rampas	175
	Patrones de sombreado	175
38.	**CIRCULACIONES VERTICALES II: ESCALERAS**	**177**
	Propiedades básicas de escalera	177
	Escaleras por boceto	178
	Modificadores básicos	179
	Grafismo	179
	Reglas de cálculo	181
	Propiedades básicas de tramo monolítico	182
	Descansillos	183
	Otros tipos de escalera	183
	Conexión de escaleras con el forjado	184
	Escaleras en edificio multiplanta	184
	Escaleras modeladas in situ	185
39.	**CIRCULACIONES VERTICALES III: BARANDILLAS**	**187**
	Barandales	188
	Balaustres	189
	Barandal superior	190
	Uniones entre barandales	191
	Pasamanos	192
40.	**CIRCULACIONES VERTICALES IV: AGUJEROS**	**195**
	Ascensores	196

41.	**EMPLAZAMIENTO Y TOPOGRAFÍAS**	**197**
	Topografía desde puntos	197
	Topografía desde CAD	197
	Grafismo	198
	Curvas de nivel	199
	Secciones ocultas	200
	División de una superficie	200
	Plataforma de construcción	201
	Generación de taludes	201
	Componentes de emplazamiento	203
	Líneas de propiedad	203
	Terreno y muros	203
	Aparcamiento	204
	Componentes de emplazamiento para señalización	204
42.	**HABITACIONES**	**205**
	Etiqueta vs Habitación	205
	Habitaciones no cerradas por muros	206
	Editar etiquetas de habitación	207
	Algunas etiquetas interesantes	208
	Muros que no delimitan habitaciones	208
	Etiquetas multi-tipo	209
	Campos de habitación importantes	209
	Área de las puertas	210
	Alterar las superficies	210
	Habitaciones en edificios muy extensos	210
43.	**ESQUEMAS DE COLOR**	**211**
44.	**TABLAS DE PLANIFICACIÓN**	**213**
	Crear una nueva tabla	213
	Clasificación / agrupación	214
	Filtros	215
	Nuevos parámetros y parámetro calculado	215
	Formato de los campos numéricos	217
	Combinar parámetros	217
	Redondeo de decimales en las tablas	218
	Otras fórmulas en Revit	218
	Tabla de planificación de superficies construidas	218
	Aspecto	219
	Filas de información encima del título de la tabla	219
	Insertar imágenes en una tabla	220
	Tamaño de las imágenes	220
	Ancho de tabla en planos	221

	Importar tabla desde otro dibujo	221
	Exportar tabla a Excel	221
	Formato	221
	Tabla de cómputo de materiales	222
	Planificación vs Cómputo de materiales	222
	Criterios de medición en Revit	222
	Tabla de planificación de carpinterías	223
	Tabla de acabados de habitación	224
	Estilos de habitación	225
	Calcular totales	225
	Tabla de ocupación de incendios	225
	Plantillas de vista	227
	Información de habitaciones en una tabla de puertas	227
	Tablas incrustadas	227
45.	**TRABAJO CON VISTAS**	**229**
	Duplicar vistas	229
	Visibilidad / Gráficos (VV)	230
	Plantillas de vista	231
	Tipos de vista	232
	Filtros de vista	232
	Cajas de referencia	233
46.	**ETIQUETAR Y ANOTAR**	**235**
	Etiquetar uno o varios elementos	236
	Elementos creados, modificados o eliminados tras etiquetar	236
	Bloquear una etiqueta	237
	Anotar en una vista 3D	237
	Editor de texto	237
47.	**ÁREAS**	**239**
	Planos de área	239
	Esquemas de área	239
	Contornos de área	240
	Áreas	241
48.	**VISTAS DE LEYENDA**	**243**
	Insertar elementos en una vista de leyenda	244
	Anotaciones en vistas de leyenda	244
49.	**PLANOS**	**245**
	Añadir vistas a un plano	245
	Tamaño de las vistas	246
	Trabajo con vistas en un plano	247
	Cajetines de plano	248

Región de recorte no rectangular	249
Alineación de vistas en plano	249
Personalizar títulos de vista	250
Escalas en los planos	250
Escalas gráficas y Norte en planos	251
Importación de elementos	251
Revisiones de planos	252
Monito de sección	253

50. IMPRESIÓN — 255

Introducción	255
Grosores de línea	256

51. EXPORTACIÓN DESDE REVIT — 259

Exportación CAD 2D y 3D	259
Exportar a Excel®	261
Exportación FBX	261
Exportación IFC	262
Exportar imagen	262
Exportación en HTML	263

52. ESTRUCTURA — 265

Rejillas	265
Planos estructurales	265
Pilares estructurales	266
Pilares arquitectónicos	267
Cimentación estructural: Zapatas aisladas	267
Cimentación estructural: Zapatas bajo muro	267
Cimentación estructural: Losas	268
Vigas (Armazón estructural)	268
Sistemas de vigas	270
Alzados de estructura	270
Tornapuntas	271
Vigas de celosía	271
Conexiones estructurales	272
Suelos estructurales: plataforma estructural	272

53. DETALLES CONSTRUCTIVOS — 275

Monito de sección	275
Ocultar la sección de monito en planta	275
Generar vistas de detalle	276
Profundidad de las vistas de detalle	276

	Recortar una vista de detalle	277
	Ajustar el grafismo de un elemento	277
	Líneas de detalle	278
	Estilos de línea y patrones de línea	278
	Región de máscara	280
	Ordenar elementos	280
	Región rellenada	280
	Aislamiento	280
	Perfil de corte	281
	Líneas ocultas	281
	Tipo de línea	281
	Componentes de detalle	282
	Componente de detalle repetido	283
	Textos y directrices	284
	Caracteres especiales	284
	Buscar y reemplazar texto	285
	Etiquetas de material	285
	Región de recorte de anotación	286
	Vistas de diseño	287
54.	**RENDER**	**289**
	Creación de cámaras	289
	Configuración de sol	291
	Render	292
	Tamaño de render correcto	293
	Calidad de render personalizada en Nvidia Mental Ray	294
	Calidad de render personalizada en Autodesk Raytracer	295
	Luces artificiales	295
	Render nocturno	297
	Grupos de luces artificiales y atenuación de luces	298
	Texto modelado	299
55.	**MATERIALES II: RENDER**	**301**
	Materiales por defecto	302
	Imagen como textura de material	304
	Material genérico	305
	Texturas procedurales	306
	Alinear patrón de superficie y renderizado	306
	Pintura: dividir una cara en varios materiales	307

56.	**ESTUDIO SOLAR**	**309**
57.	**RECORRIDOS**	**311**
	Editar un recorrido	312
58.	**OTRAS VISTAS 3D**	**315**
	3D explosionado	315
	Opciones de visualización de gráficos	316
	Render con líneas	317
	Bloquear una vista 3D y anotar	317
	Secciones fugadas	318
59.	**FASES DE PROYECTO**	**319**
	Metodología detallada	320
	Extender al resto del proyecto el trabajo por fases	322
60.	**OPCIONES DE DISEÑO**	**323**
	Caso 1. Diseño interior	323
	Vistas en Opciones de diseño	326
	Caso 2. Distribución	327
	Habitaciones	327
	Vistas 3D	328
	Tablas de planificación	329
	Eliminar o aceptar opciones	329
61.	**PREGUNTAS FRECUENTES**	**331**
	Guardar en formato 3dsmax o Rhinoceros	331
	Ordenar vistas en el Navegador de proyectos	331
	Repetir comando con botón derecho ratón	332
	Acerca del guardado automático	332
	Acabados de muro en 3D	332
	Bloquear selección de elementos en vista Subyacente	332
	Muros que se mueven solos al estirar otros	333
	Ubicación de los archivos de familias por defecto	333
	Cubiertas especiales	333
	Cargar más balaustres	334
	Tamaño de vistas 3D en un plano	334
	Se pierde el sombreado desde una vista lejana	334
	Seccionar elementos importados	335
	Render desde un alzado o sección	335
	Mobiliario transparente contra el suelo	335
	Exportar sombreados a CAD	335
	Líneas de abatimiento de puertas y ventanas	336
	Copiar y pegar con punto base	336
	Sombreados visibles en todas las vistas	336

Rejillas detrás de los objetos	336
Vegetación rápida en cerramiento de parcela	337
Consejos para comprar un nuevo ordenador	337
Secciones quebradas oblicuas	338
Bajar enfoscado de muro hasta terreno irregular	338
Render todo en negro	339
Uniones de pavimentos y puertas	339
Cornisas singulares en falsos techos	340
Editar material de una familia descargada	340
Habitaciones redundantes	340
Barandillas de escalera	340
Incrustaciones de huecos no pasantes en muro	341
Texturas de material	341
Ladrillos a panderete en niveles de muro	341
Pasarelas en muro cortina	341
Luminarias proyectadas en planta	342
Volúmenes de habitación	342

62. ÍNDICE POR PALABRAS   343

1. FILOSOFÍA BIM

Introducción

Revit es un programa BIM, que son las siglas en inglés de "modelado de información del edificio" o, como se le conoce últimamente, "modelado de información de la construcción". BIM es una tecnología o, si se prefiere, una metodología de trabajo. Las diferencias fundamentales con la tecnología CAD (¡que de nuevo es una tecnología, no un programa concreto!) son, a grandes rasgos, las siguientes:

En BIM, cada elemento tiene una categoría: no dibujamos líneas, arcos o círculos, sino elementos constructivos concretos: puertas, ventanas, muros o escaleras, por ejemplo.
En BIM no se dibuja en 2D, sino en 3D; y de ahí aparecen todas las vistas planas que queramos: plantas de suelo o de techo, alzados, secciones e incluso perspectivas.
Al dibujarse en 3D, siempre hay una coherencia interna perfecta entre todos los elementos del modelo. Esto hace, entre otras cosas, que nunca vuelva a darse la situación en la que el alzado "es de una versión más antigua de la planta y por eso no coincide".
Al categorizar los elementos, un programa BIM se desmarca de los modeladores 3D normales, porque puede filtrar cada elemento por tipo, por categoría o por plantas, por ejemplo; hacer recuentos, sacar tablas... automatiza toda la parte de documentación de un proyecto que, de otra manera, se debe hacer manualmente. Y esta automatización refuerza el punto anterior: coherencia interna en nuestro proyecto.

BIM 3D hasta BIM 7D

Modelar en BIM es, inequívocamente, modelar en 3D. Sin embargo, se pueden incorporar otros elementos de información al modelo y, según cuál sea esa información, se catalogan como 4, 5, 6, o 7D.

- **3D. Modelo tridimensional.** Es el modelo tal y como lo conocemos. Se representan geométricamente todos los objetos y elementos de la construcción, y se pueden realizar renders o animaciones.
- **4D. Factor tiempo.** Al incorporar la dimensión temporal, es posible hacer una simulación del proceso y optimizar la planificación de las diferentes fases de la construcción.
- **5D. Costes.** Introduce el factor económico y hace una estimación presupuestaria del modelo BIM; esto permite cuantificar casi en tiempo real las variaciones que vayan apareciendo desde la fase de proyecto hasta la construcción final.
- **6D. Análisis energético.** Producir resultados precisos de simulación de costes energéticos en etapas tempranas de diseño es una de las ventaja que esta dimensión aporta. Podemos hacer iteraciones de diseño cambiando materiales, geometría o sistemas de calefacción y refrigeración, observando cuál es el impacto real en el edificio.
- **7D. Facility management.** En español, Gestión de las instalaciones. Persigue controlar toda la vida útil del edificio partiendo de nuestro modelo BIM. Combinado con la información de reparaciones, suministradores, garantías y mantenimiento, nos brinda un control total sobre la logística de nuestro edificio, concentrando en un mismo lugar toda la información relativa a cada uno de los componentes de la construcción. Por ejemplo, cuándo habrá que cambiar qué aparatos, o prever que la próxima revisión de cierto equipo se realizará en un intervalo de fechas concreto.

INTERFAZ DE REVIT

2. INTERFAZ DE REVIT

Elementos de la interfaz de Revit

La interfaz es la apariencia del programa ante el usuario. ¿Por qué es importante? Porque la interfaz es el "sitio" donde vamos a pasar todo el tiempo que estemos trabajando con Revit; así que lo mejor es conocerla bien. Se divide en unas pocas partes bien diferenciadas.

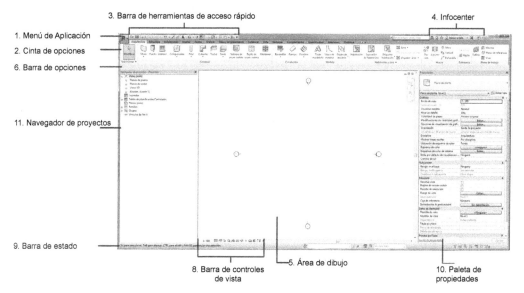

Fig.1 Interfaz de usuario

1. <u>Menú de Aplicación.</u> Es la "R" de Revit en la parte superior izquierda. Es lo que sustituye al menú. Ya no existe una "vista clásica" como en AutoCAD, ni podemos habilitar los típicos menús de "Archivo – Edición – Insertar". En Revit se ve todo mediante la Cinta de opciones.

* *Las órdenes más importantes de gestión están aquí dentro: como Nuevo – Abrir – Imprimir – Exportar – Opciones.*

2. <u>Cinta de opciones</u>. Está organizada por pestañas, que se pueden reordenar u ocultar*. Aquí tendremos todas las órdenes a nuestro alcance.

* *Para Reordenar, hay que arrastrar la ficha con Ctrl pulsado.*

* *En Revit → Opciones → Interfaz de usuario, se pueden desactivar ciertas pestañas o fichas que no vayamos a utilizar.*

* *A la derecha de la última pestaña, hay una flechita que permite ir comprimiendo la Cinta de opciones. Haciendo clic de forma cíclica conseguiremos volver al tamaño normal, si es que le hemos dado sin querer. También podemos hacer doble clic sobre el título de una pestaña, consiguiendo el mismo resultado.*

3. <u>Barra de herramientas de acceso rápido.</u> Permite acceder a ciertas órdenes de forma más rápida, y es completamente personalizable: par añadir una orden a esta barra, solamente hace falta hacer clic con el botón derecho en la orden, y seleccionar "añadir a la barra de herramientas de acceso rápido". Para quitar una orden de la barra, clic con el botón derecho en la orden, y seleccionaremos Eliminar.

Fig.2 Barra de herramientas de acceso rápido.

4. <u>Infocenter.</u> Es la zona de ayuda, en la parte superior derecha. Si no estamos registrados con una cuenta de Autodesk, poco sacaremos de esta parte. Para acceder a la ayuda, me parece más práctico apretar el botón F1 y se abrirá un navegador de Internet con la ayuda en línea.

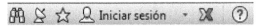

Fig.3 Infocenter

5. <u>Área de dibujo.</u> Toda la parte central de nuestro pantalla es la zona de dibujo. Lo único recalcable aquí es conocer cómo se controlan los movimientos para desplazarnos por el modelo: zoom, órbita, encuadre, y zoom extensión.

- Zoom (acercar / alejar). Moviendo la rueda del ratón, como en CAD.
- Encuadre (desplazar la imagen). Apretando la rueda del ratón (también llamada botón central) y arrastrando, también como en CAD.
- Órbita (girar alrededor del modelo -sólo en vistas 3D-). Se hace manteniendo pulsada la tecla Mayúsculas (Shift) y además, o bien el botón derecho del ratón, o bien el botón central del ratón (la rueda). *
- Zoom extensión. Doble clic con la rueda del ratón.
- Más opciones. Si hacemos clic con el botón derecho del ratón en un espacio vacío, saldrá un menú contextual donde podremos elegir entre varias opciones.

6. <u>Barra de opciones.</u> Situada justo debajo de la Cinta de opciones*, nos permitirá seleccionar opciones adicionales cuando estemos dibujando algo.

* *Clic derecho en la barra de opciones y nos permitirá situarla debajo de la zona de dibujo.*

* *Al hacer órbita, es posible que nuestro dibujo no se mueva de la forma deseada. Para hacer que nuestro modelo orbite desde un punto concreto, simplemente debemos seleccionar un objeto y aplicar órbita; desde este momento Revit usará ese elemento como pivote.*

7. <u>ViewCube (sólo en vista 3D) y Barra de navegación.</u> Son dos añadidos en la parte superior derecha del área de dibujo. Nos permiten completar las funciones de movimiento en vistas 3D. El ViewCube nos hará llegar fácilmente a cualquiera de las vistas isométricas o de alzado, solamente pulsando en la parte correspondiente del cubo. La barra de navegación tiene algo menos de utilidad porque está más pensada más para usuarios de trackpad en vez de ratón. También hace Zoom, encuadre y órbita.

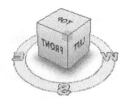

Fig.4 ViewCube

* *La visibilidad de estos elementos, entre otros, se gestiona desde Vista → Interfaz de usuario.*

INTERFAZ DE REVIT

8. <u>Barra de controles de vista.</u> En la parte inferior del área de dibujo tenemos las opciones de visualización más generales. Algunos de ellos son:

Fig.5 Barra de controles de vista

- Escala. Como su nombre indica, especifica la escala a la que se imprimirá la vista.
- Nivel de detalle. Controla cuánto detalle muestran los elementos. Normalmente el nivel medio es meramente testimonial*.

* *Podemos indicar a qué nivel de detalle se generan por defecto las nuevas vistas según su escala, desde Gestionar → Configuración adicional → Niveles de detalle.*

- Estilo visual. Podemos pasar de estructura alámbrica a líneas ocultas, sombreado o colores coherentes*; realista y trazado de rayos tendrán más sentido cuando estemos aprendiendo cómo hacer renders con Revit.

* *El modo de visualización de "colores coherentes" muestra exactamente el color elegido, sea cual sea el ángulo de visualización. Por ello, es adecuado para ciertos esquemas en 3D, y también cuando se pretende hacer una planta en color, antes que la vista Sombreado que altera los colores según el ángulo.*

- Sombras, Configuración de sol. El primero permite activar o desactivar las sombras generales de la vista; el segundo ajustará los valores de soleamiento, y se verá en el momento de hacer renders.
- El resto de iconos se verán en su momento.

9. <u>Barra de estado.</u> Es lo que queda de la barra de texto de CAD donde se nos preguntaba "Comando". Es importante leerla porque aquí Revit nos está desvelando qué espera que hagamos a continuación en cada orden.

* *Dentro de la Barra de estado tenemos una sección que hace referencia a Subproyectos y otra a Opciones de diseño; estas secciones se pueden desactivar desde Vista → Interfaz de usuario.*

En la parte derecha de la barra de estado tenemos:
- los modificadores de Selección, que se verán más adelante
- el icono de Filtro de selección
- desde la versión 2017, el icono de procesos en segundo plano

10. <u>Paleta de Propiedades.</u> Muestra las propiedades del elemento seleccionado*, como en CAD. Podemos activarla o desactivarla mediante varios métodos.

- Ctrl+1
- PP
- Vista → Interfaz de usuario → Propiedades
- Botón derecho en un área vacía → menú contextual → propiedades

Fig.6 Paleta de propiedades

* *Si no hay nada seleccionado, Revit muestra las propiedades de la vista.*

* En la paleta de Propiedades haremos cambios de los elementos que tengamos seleccionados. Estos cambios se verán reflejados en el modelo cuando pulsemos el botón Aplicar, o al salir con el ratón de la paleta hacia el área de dibujo.

* En la zona de paleta de Propiedades, podemos aumentar o disminuir el tamaño de los textos si pulsamos Control y movemos la rueda del ratón.

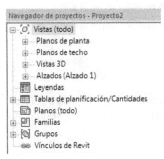

11. Navegador de proyectos. Muestra todas las vistas y planos del proyecto actual, y va creciendo con el proyecto; es la versión digital y mejorada de la típica hoja donde hemos ido siempre apuntando qué planos tenemos hechos y qué falta por terminar. Para mostrarla, utilizaremos cualquiera de los dos últimos métodos del punto anterior.

* Para cambiar de una vista a otra del proyecto, debemos hacer doble clic sobre el nombre de la vista, dentro del navegador de proyectos.

Fig.7 Navegador de proyectos.

Más operaciones generales desde la interfaz

Anclar paletas. Si queremos anclar las vistas de propiedades o del navegador a algún lado de la pantalla, podremos hacerlo seleccionando la franja azul de la parte superior y arrastrándola contra el borde de la pantalla. Las opciones de anclaje combinado son:

- Por pestañas. Llevando la segunda paleta hacia la franja azul superior de la primera paleta anclada
- Partiendo la pantalla. Llevando la segunda paleta hacia el espacio sin texto en la parte inferior de la primera paleta (entre el texto "ayuda de propiedades" y el botón "Aplicar")

* Al arrastrar una paleta, es la flecha, y no la silueta que aparece, es quien controla a dónde irá nuestra paleta.

Trabajar con dos pantallas. Revit nos permite mover las paletas de una pantalla a otra; pero si lo que queremos es tener ventanas de Revit en las dos pantallas, tendremos que estirar manualmente la pantalla de Revit. No lo aconsejo.

Forzados de cursor o Referencia a objetos

En AutoCAD son imprescindibles los forzados de cursor (o referencia a objetos, como se les suele llamar). En Revit también existe esta ayuda al dibujo, y se puede igualmente configurar.

Lo que echará de menos cualquier usuario de AutoCAD es el comando de activar/desactivar referencias a objetos; aunque en Revit es posible desactivar los forzados de cursor (SO), no existe un comando directo para reactivarlos.
- Es posible configurar los forzados de cursor, y modificar cuáles están encendidos o no, desde Gestionar → Forzados de cursor. Además, cada uno de ellos tiene un atajo de teclado concreto que hará que, durante una sola designación, solamente quede activo uno de ellos.

Quizá en un principio pueda parecer difícil recordar estos nombres de atajos, pero una vez que nos demos cuenta de que son las iniciales en inglés de "Snap" + "el forzado elegido" ya nos resultará más sencillo de relacionar.

INTERFAZ DE REVIT

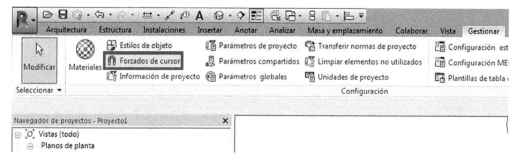

Fig.8 Forzados de cursor desde la pestaña Gestionar

Además, mientras estamos dibujando, podemos pulsar botón derecho del ratón y entrar en el menú "Modificaciones de forzado de cursor", donde podremos desactivar temporalmente las teclas de modificación; o bien, muy interesante, forzar a una concreta, para que Revit descarte todos los forzados excepto el que hemos seleccionado nosotros.

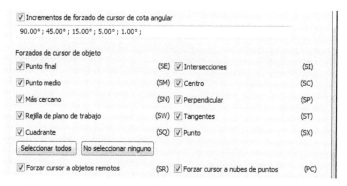

Fig.9 Atajos de forzado del cursor.

Configuración gráfica de la interfaz

Desde Revit → Opciones → Gráficos, se pueden hacer las siguientes operaciones:

- Activar o desactivar la aceleración 3D. Para un ordenador general, la tendremos activada; si tenemos un equipo que no lleva incorporada una tarjeta gráfica dedicada, o que presente un funcionamiento extraño, puede que dé mejor resultado desactivar esta casilla.

Si se trabaja en una máquina virtual desde Apple, y no se consigue reconocer la tarjeta gráfica real, es posible que los resultados sean más satisfactorios si se desactiva la aceleración 3D.

- Dibujar sólo elementos visibles. Acelera el comportamiento de los elementos redibujados.
- Suavizar líneas con antialiasing. El antialias, o suavizado del efecto dentado en las líneas inclinadas, consume más recursos gráficos pero mejora el aspecto. Se puede configurar para cada vista (es lo recomendable) o forzarlo desde esta ventana.

3. COMANDOS ABREVIADOS

En Revit, como en CAD, podemos establecer nuestros comandos preferidos para ir más rápido (sí, se va mucho más rápido que con iconos); incluso podemos extrapolar muchas de las órdenes de edición de CAD aquí. Para editar los comandos abreviados, o atajos de teclado, tenemos tres opciones:

- Escribimos el comando KS
- Revit → Opciones → Interfaz de usuario → Editar teclas de acceso rápido
- Vista → Interfaz → teclas de acceso rápido

Dentro de la ventana aparecen todos los comandos de Revit: con la casilla de Buscar podremos encontrar rápidamente el deseado, lo seleccionamos, y abajo a la izquierda podremos elegir el comando nuevo, y pulsar añadir. Si ese comando YA existe, Revit nos avisa y nos dice a cuál está asignado; así que podremos pulsar "Cancelar" para deshacer la operación, o Aceptar para asignarlo, y buscar el comando que tenía ese atajo para eliminarlo. Un comando puede tener varios atajos disponibles, así que la compatibilidad con varios usuarios está más que asegurada.

Además, es posible exportar la configuración de atajos con el botón Exportar, y guardar en cualquier carpeta (con cualquier nombre); para más adelante, pulsar Importar. Si nos pregunta si queremos sobrescribir completamente, diremos que sí.

Algunos de los comandos de Revit que podemos modificar (ésta es una lista no exhaustiva y, desde luego, absolutamente personal).

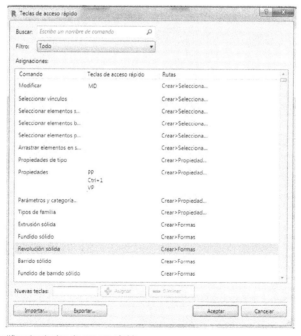

Fig.10 Ventana para modificar las teclas de acceso rápido

Lista de comandos abreviados

ORDEN REVIT (EQUIVALENTE EN CAD)	ATAJO PROPUESTO
Mover (desplaza)	D
Copiar (copiar)	CP
Extender/ recortar varios elementos (alarga / recorta)	AL – RR
Recortar / extender a esquina (chaflán / empalme)	CH – MP
Rotar (gira)	GI
Escalar (escala)	ES
Reflejar – dibujar eje (simetría)	SI
Alinear	AA
Matriz	MA
Unir geometría	UU
Desfase (eqdist)	EQ - DF
Igualar propiedades de tipo	IP
Dividir elemento (parte)	PA
Texto	T
ÓRDENES DE CONSULTA	
Medir entre dos referencias (distancia)	DI
Opciones	OP
Teclas de acceso rápido	KS
Crear similar	CS
Unidades de proyecto	UN
Materiales	MM
ÓRDENES DE VISUALIZACIÓN	
Vista 3D	3D
Ajustar en ventana (zoom extensión)	ZE
Zoom / encuadre anterior (zoom previo)	ZP
Mosaico de ventanas	WT
Duplicar vista	DD
Visibilidad / Gráficos	VV
Ocultar elemento (element hide)	EH
Ocultar categoría (view hide)	VH
Alternar mostrar elementos ocultos	RH
Mostrar elemento (element unhide)	EU
Mostrar categoría (view unhide)	VU
Modificar grafismo por elemento	EE
Aislar elemento	HI
Aislar categoría	IC
Rango de vista	VR
ÓRDENES DE SELECCIÓN	
Seleccionar todos los ejemplares en la vista	SV
Seleccionar todos los ejemplares en el modelo	SA
Bloquear	BB - PN
Desbloquear	DB - UP

4. ELEMENTOS EN REVIT

Revit utiliza una nomenclatura concreta para referirse a sus elementos; y debemos aprenderla cuanto antes, porque todos los cuadros de diálogo del programa, y muchas de las órdenes, hacen referencia a esa codificación. Que, por otra parte, es bastante sencilla.

Elementos de modelo y de detalle

La primera clasificación agrupa los elementos de Revit en:

- Elementos de modelo. A grandes rasgos, son aquellos que se construirán físicamente en nuestro proyecto: muros, puertas, cubiertas, suelos...

- Elementos de detalle. Son anotaciones que hacemos nosotros en los planos; no se reflejan en el modelo 3D, sino solamente en la vista donde los hemos dibujado (cotas, textos, sombreados adicionales, o etiquetas que identifican cada elemento de modelo)

- Elementos de referencia. Rejillas, niveles o planos de referencia, entre otros.

Categoría, familia, tipo y ejemplar

Esta es la clasificación estándar de Revit, la que debemos tener bien asimilada.

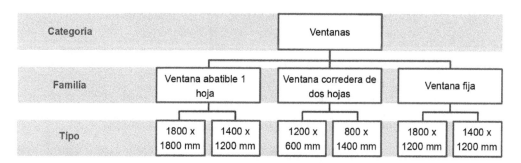

Fig. 11 Esquema de categoría, familia y tipo.

- Categoría. Es la clasificación de qué elemento constructivo se trata. Una categoría será Puertas, otra será Muros, otra Pilares y otra Ventanas, por ejemplo.

- Familia. Dentro de cada categoría, hay grupos muy diferenciados. Si nos adentramos en la categoría Ventanas, tendremos "ventanas fijas", "ventanas abatibles de una hoja", "ventanas correderas de dos hojas"... y así sucesivamente. Si extrapolamos el ejemplo a Pilares estructurales, tendremos "Pilar rectangular de hormigón", "pilar circular de hormigón", "pilar metálico HEB" o "pilar metálico IPE", entre otros.

- Tipo. Dentro de cada familia, hay variaciones dimensionales. Dentro de las "Ventanas correderas de dos hojas" estará un tipo de 1400x1200, otro de 1800x1000, etcétera. Siguiendo con los pilares, en los pilares de hormigón rectangulares tendremos 30x30, 35x50, 25x40.... y dentro de los pilares HEB estarían los HEB140, HEB200, HEB360 y sucesivos.

ELEMENTOS EN REVIT

- Ejemplar. Son las "instancias" o "unidades" de cada tipo que hay en el modelo. Si tenemos 3 pilares HEB 140, tenemos 3 "ejemplares" de ese tipo.

Familias cargables y familias de sistema

Hay categorías que se importan en Revit desde archivos externos, desarrollados por nosotros o por terceras personas: como pueden ser las puertas, ventanas o mobiliarios, entre otros.

* Las primeras veces que insertemos ciertas familias, nos sorprenderá comprobar que muchas de ellas se llaman "métricas". Esto solamente obedece al sistema métrico de medida, en lugar del sistema "imperial".

Las familias de sistema son los muros, suelos, techos, cubiertas o escaleras, por ejemplo; son los elementos constructivos "potentes", los que definen la edificación. Las familias de sistema no se pueden cargar; se crean dentro del propio dibujo duplicando los tipos ya existentes (Editar tipo → Duplicar). No se pueden "cargar" desde archivos de familia externos.

Transferir normas de proyecto

Si deseamos traer tipos de muros desde otro archivo podemos utilizar el clásico Ctrl+C, Ctrl+V . Pero si queremos importar los grosores de línea de otro proyecto, debemos utilizar la herramienta Gestionar → Transferir normas de proyecto.

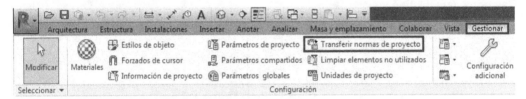

Fig.12 Proceso para transferir normas de otro proyecto.

Nos traerá todos los elementos que hayamos marcado. Si ya tenemos algo con el mismo nombre en nuestro dibujo (como un material o cierto tipo de muro), nos preguntará si queremos sobreescribirlo o mantener el nuestro y copiar solamente los elementos nuevos.

* Es prudente desmarcar todo y seleccionar solamente lo que realmente queremos transferir, como tipos de muro o de suelo.

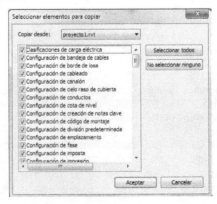

Fig.13 Ventana para la elección de elementos a transferir desde otro proyecto.

ELEMENTOS EN REVIT

Elementos anfitriones y elementos hospedados

En Revit, hay elementos de colocación libre, como son los muros, los suelos, techos o cubiertas, entre otros. Estos elementos, además, pueden alojar otras piezas dentro de sí. Por ejemplo, un muro "aloja" puertas o ventanas, apliques de luz o sanitarios suspendidos; y un techo aloja, o es el anfitrión, de dispositivos de iluminación anclados a él (como halógenos o lámparas colgantes) o rejillas de impulsión de aire acondicionado.

Estos elementos reciben el nombre de "anfitriones". Los elementos que están alojados en ellos dependen de sus anfitriones. Si un muro que contiene una puerta se borra, la puerta desaparece también; si desplazamos o giramos el muro, la puerta también lo hará.

Los elementos que están basados en un anfitrión (ya sea suelo, muro, techo...) no se pueden colocar si no se selecciona el elemento anfitrión primero. Por ejemplo. Si tratamos de insertar una puerta, aparecerá un icono de Prohibido mientras no estemos seleccionando un muro.

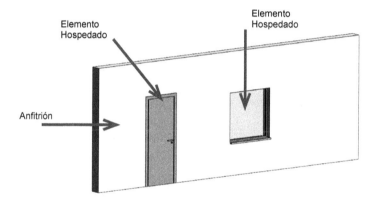

Fig.14 Tipos de elementos.

5. MUROS I

Dibujar un muro

Los muros son el elemento principal en el modelado de edificación. Se localizan en la pestaña Arquitectura. Cuando dibujamos un muro tenemos que tener en cuenta principalmente tres cosas:

- El tipo de muro que queremos hacer: en la paleta de Propiedades.*

se puede empezar un proyecto con un muro por defecto de 10, 20 o 30 cm; y más adelante cambiarlo por otro diferente. No perdemos nada de información.

- La Línea de ubicación de muro. Es la línea que se crea al dibujar nosotros, y se refiere a la posición del muro (que tiene un espesor) respecto a esa línea que estamos haciendo. Revit nos permite elegir entre Línea de acabado exterior/interior, Eje de muro, o líneas de núcleo. Si nos centramos en las de acabado y eje, veremos que son las lógicas: por la cara de fuera, por la de dentro y a eje. La opción se puede elegir o bien en la paleta de Propiedades, o bien en la barra de opciones.

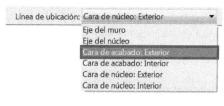

Fig.15 Línea de ubicación de

La que veo más útil es la de "Cara de acabado exterior", pues si dibujamos una fachada o una medianera y en un futuro añadimos más aislamiento, la cara de fuera permanece en su sitio y crecerá "hacia dentro".

- Las dimensiones del muro. Además de sus valores de espesor, el muro tiene una altura. Revit define los muros con una "restricción de base" (la cara inferior, o de abajo, del muro) y una "restricción superior" (la cara superior del muro, su altura de coronación). Además, nos permite poner unos "desfases" de base y superior, que posibilitan hacer que el muro termine, por ejemplo, 30cm por encima del nivel de coronación, o que empiece 5cm por debajo del nivel de base.

Fig.16 Dimensiones del muro.

Reconocer la cara exterior de un muro

Cuando hemos dibujado un muro, hay un elemento que nos permite saber, a simple vista, cuál es la cara exterior. Si seleccionamos cualquier muro en una vista de planta, aparecerá un símbolo de dos flechas invertidas, que se coloca siempre en la cara exterior. Haciendo clic sobre el símbolo, o también apretando la tecla ESPACIO, invertiremos la posición del muro. Si seleccionamos varios muros a la vez, no sirve el símbolo, pero sí la tecla ESPACIO. Además, el eje de volteo de cada muro será su propia Línea de ubicación.

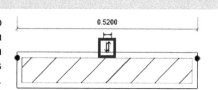

Fig.17 Flechas que indican la cara exterior del muro y permiten voltearlo.

Voltear uno o varios muros sin modificar su posición

Es muy frecuente, al menos al principio, dibujar un muro "al revés", con la cara interior fuera y la cara exterior hacia dentro del edificio. Sin embargo, si seleccionamos el muro y lo invertimos, como probablemente lo hayamos dibujado con "cara de acabado exterior", no voltea como queremos y al hacerlo, se modifica la distancia a la que está de otros elementos; quisiéramos invertirlo desde su eje. Para lograrlo, seleccionamos el/los muro/s, y en la paleta de Propiedades cambiamos la Línea de ubicación a Eje de muro. Invertimos ahora el muro (con la tecla ESPACIO) y, como último paso, pero no menos importante, volvemos a colocar la Línea de ubicación en su posición correcta (normalmente, en Acabado exterior)

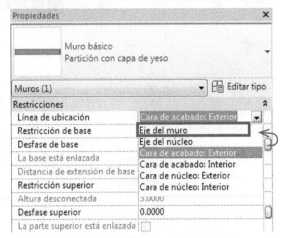

Fig.18 Modificar la línea de ubicación desde la paleta de propiedades

Modificar parámetros del muro

Si dibujamos un muro en Revit, siempre podremos modificarlo todo: la altura, el tipo de muro, y la Línea de ubicación; todos estos parámetros desde la paleta Propiedades. Si cambiamos la Línea de ubicación, el muro variará su anchura tomando como origen dicha Línea de ubicación (si estaba configurada "a eje", crecerá por igual hacia ambos lados; y si estaba puesta en "cara de acabado exterior", el muro mantendrá su cara exterior fija y modificará sus dimensiones hacia el interior.

Bocetos de muro

Fig.19 Tipos de bocetos de muro.

Podemos dibujar muros lineales, pero tenemos también más posibilidades: en la parte superior derecha de la cinta, dentro de la orden Muro, están los llamados Bocetos de muro: línea – rectángulo – arco por centro – arco por tres puntos – polígono – etc. Hay dos de ellos que merecen un apartado especial:

- Seleccionar líneas. Si tenemos dibujada una línea de modelo (o cualquier línea, desde líneas de CAD a bordes de suelo) podemos seleccionarla y Revit hará un muro tocando esa línea. La "Línea de ubicación" de muro la elegimos nosotros ¡así que hay que comprobar que lo dibujamos como nos interesa! Revit nos dibujará una línea discontinua azul para indicarnos cuáles serán los contornos del muro y facilitarnos la comprensión.

- Arco de empalme. Es el equivalente al "Empalme" de CAD. Seleccionamos dos muros, y nos hará un arco. No te dejará poner a la primera el valor correcto del arco de empalme, así que simplemente haz clic, y luego selecciona la cota temporal del radio para cambiarle el valor al deseado.

MUROS I

Muros en cadena

Cuando dibujamos muros, podemos querer que se dibujen "en cadena", es decir, dibujar muros sin parar, uno detrás de otro. Como cuando se dibujan líneas en CAD. Para esto, dentro de la orden Muro, en la barra de opciones, a la derecha, tiene que estar activo el parámetro "Cadena". Si está desmarcado, cada dos clics significa inicio y final de muros independientes.

Fig.20 Parámetro "Cadena", ubicado en la barra de opciones cuando creamos un muro.

Altura desconectada

La altura de los muros en Revit normalmente se define por niveles: del Nivel 1 al Nivel 2; pero hay veces que necesitamos un muro que sea independiente (una bancada, un murete perimetral, cualquier elemento que no debe responder a las variaciones de niveles). Para ello, en la propiedad de Restricción superior (si estamos dibujando el muro por primera vez, también en el desplegable Altura), podemos poner "No conectado", y en el campo que se activa abajo, poner manualmente la altura deseada de nuestro muro.

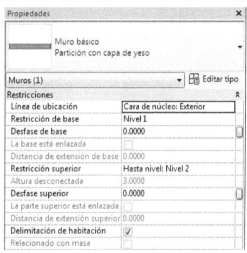

Fig.21 Propiedades para modificar la altura de los muros.

Empalmar muros

Existen varias formas de empalmar los muros entre sí, según lo que necesitemos:

- Alinear. (AA) Usando dos veces la orden alinear (una vez por cada muro) llevaremos los extremos de dos muros hacia el mismo punto y conseguiremos su unión.

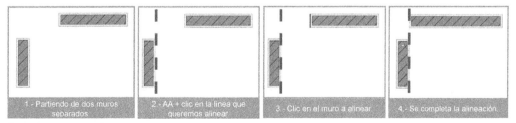

Fig.23 Proceso para alinear muros.

- **Arrastrar.** Moviendo los pinzamientos de los extremos de los muros, haremos que se unan en esquina.

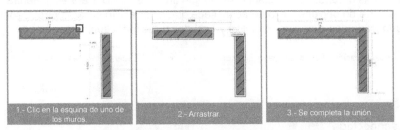

Fig.24 Proceso de unión de dos muros arrastrando.

- **Recortar / Extender a esquina.** (CH / MP) Seleccionando cada uno de los dos muros tras la orden, haremos el equivalente a "Chaflán" o "Empalme" en CAD.

Fig.25 Proceso de recortar/extender.

- **Empalmar en curva.** Con la orden Muro, seleccionamos el boceto llamado Arco de Empalme, y luego cada uno de los dos muros. Una vez generado el arco, clic en la cota temporal para ajustar el radio al valor deseado.

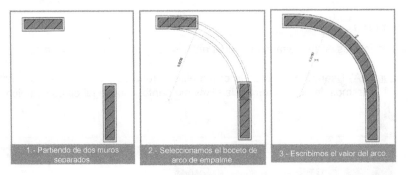

Fig.26 Proceso de empalme en curva.

Editar perfil

Editar el perfil de un muro (muro seleccionado + doble clic, o "Editar perfil" desde la Cinta de opciones) sirve para realizar cualquier modificación en el plano del muro, modificando a nuestro gusto los límites. La condición para que el nuevo perfil de muro se aceptado, es que sea un perfil continuo y cerrado; es decir, que no haya líneas superpuestas, ni intersecantes, ni extremos abiertos.

MUROS I

Algunas funcionalidades desde la orden Editar perfil:
- Muros almenados
- Muros con coronación inclinada o escalonada (como un murete perimetral de parcela en una calle con pendiente, por ejemplo)
- Paredes laterales inclinadas
- Aberturas para pórticos clásicos
- Formas de muro singulares
- Huecos en muro*

Fig.27 Ejemplo de un muro con el perfil editado.

* También se pueden hacer agujeros desde la orden Hueco en muro; se trata más adelante, en el Capítulo "Huecos y Agujeros".

En muros curvos, Editar perfil no está disponible. Es posible hacer huecos rectangulares en muros curvos mediante la orden Hueco en muro.
Al editar un perfil de muro con una forma más o menos compleja, puede ser interesante hacer otro muro que rellene el "vacío" o perfil que hemos dejado. Si no queremos repetir el trabajo de editar todo el perfil, la orden Enlazar llevará un muro hasta el otro.

Fig.28 Hueco en muro.

Restablecer perfil

Para dejar el perfil de muro como estaba antes de nuestras modificaciones, seleccionamos el muro y, en la cinta de opciones, marcamos "Restablecer perfil".

6. MÉTODOS DE SELECCIÓN

La selección de elementos en Revit es bien sencilla. Clic sobre un elemento, se selecciona; clic sobre otro, se "suelta" el primero y se selecciona el segundo. No, no es como en CAD, que se selecciona todo automáticamente.

Añadir o eliminar

En Revit tenemos que emplear un modificador (una tecla) que indique qué quieres hacer con lo que vas a tocar:

- Añadir un objeto a tu selección actual. Mantén pulsado Ctrl.
- Eliminar un objeto de tu selección actual. Mantén pulsado Mayúsculas.

Selección por ventana

También se pueden seleccionar objetos por ventana. Funciona igual que en CAD.

- Ventana de izquierda a derecha. Se seleccionan los objetos que estén íntegramente dentro de la ventana
- Ventana de derecha a izquierda. Se seleccionan todos los objetos que tengan alguna parte de ellos dentro de la ventana

* *Cuando tenemos varios elementos seleccionados, en la paleta de Propiedades nos dice cuántos son, y de qué categoría. Si hay varias categorías pondrá "Común" pero nos deja desplegar y ver cuántos son de cada tipo. Incluso podremos modificar las propiedades comunes de cada una de las categorías (todos los tipos de muro, o todos los de ventanas).*

Selección previa

En CAD es un procedimiento habitual usar la "Selección previa" a la hora de repetir un comando o, simplemente, de trabajar sobre un mismo conjunto de selección. En Revit existe la opción de "Seleccionar anterior" con el menú contextual del botón derecho*; pero no tiene la misma funcionalidad si estamos dentro de una orden.

* *Es posible utilizar la Selección previa pulsando Ctrl + Flecha izquierda.*

Filtros de selección

Filtro

Revit permite "filtrar" qué categorías de elementos tenemos seleccionadas. Eso nos ayuda a la hora de hacer una ventana y decidir que sólo queremos hacer una selección de muros; o de puertas; o de cualquier otra categoría. Para ello, vamos al comando Filtro y desmarcamos todas las categorías que no nos interesan. Filtro se puede encontrar:

- En la pestaña Modificar, que sale automáticamente al seleccionar uno o varios elementos
- En la parte inferior derecha de la pantalla, con un icono pequeño, donde además nos indica cuántos elementos tenemos seleccionados.

Seleccionar todos los ejemplares

Si seleccionamos un elemento (por ejemplo, un muro) y apretamos el botón derecho, aparece un menú contextual donde, entre otras opciones, nos pregunta si queremos seleccionar "todos los ejemplares" y, dentro de él, nos da dos alternativas:

- En la vista actual. (SV) Los que son visibles en esta vista (si estamos en una planta, no seleccionaríamos muros de otros niveles, por ejemplo; o si estamos en una sección, no cogeríamos los muros que quedaran por detrás del plano de sección)

- En todo el proyecto. (SA) Todos los ejemplares iguales en todo el proyecto, independientemente de que se vean en la vista o no.

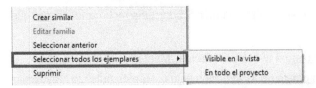

Fig.29 Proceso para seleccionar todos los ejemplares.

Tecla TAB

Cuando hay varios elementos superpuestos, o muy cerca, de nuestro cursor, es probable que no seleccionemos a la primera el que nosotros queremos. Revit nos permite hacer un "ciclo de selección" mediante la tecla TAB, siempre que lo hagamos antes de seleccionar algo. Por ejemplo, si tenemos un muro adosado a una rejilla, y una puerta en el muro, nos ponemos encima de la puerta y con TAB podremos alternar entre la puerta, el muro, la cadena de muros que esté conectada, y la rejilla. Cuando tengamos el elemento deseado, simplemente hacemos clic con el ratón.
¿Cómo saber cuándo tenemos seleccionado el elemento deseado? Dos posibilidades. La primera, que la preselección en azul sea bastante evidente (en el caso de estar entre un muro o una puerta). La segunda, es prestar atención a la barra de estado, pues en su parte izquierda podemos ver qué estamos preseleccionando con TAB en cada momento.

Modificadores de selección

En la parte derecha de la Barra de controles de vista (o desplegando el botón Modificar en la parte izquierda de la Cinta de opciones) aparecen unos modificadores de selección, con la finalidad de ayudarnos en el trabajo común con el programa. Todos estos modificadores tienen dos posiciones: activos (icono normal) o inactivos (con una cruz diagonal roja tapando parte del icono). Cuando están inactivos se entiende que "NO" se pueden seleccionar el tipo de objetos a que hacen referencia.

- Seleccionar vínculos. No lo vamos a usar; permite seleccionar los vínculos externos (como referencias externas de CAD)

- Seleccionar elementos subyacentes. Para poder modificar -o no- los elementos que aparezcan como subyacentes en la vista*.

En la paleta de Propiedades de la vista tenemos el grupo de parámetros Subyacente, que controla la visibilidad de los elementos subyacentes desde sus tres valores: Rango: nivel base ; Rango: nivel superior ; y Orientación subyacente.

MÉTODOS DE SELECCIÓN

- Seleccionar elementos bloqueados. Si lo desmarcamos, los objetos bloqueados no nos molestarán a la hora de seleccionar otras cosas.

- Seleccionar elementos por cara. Hace que podamos seleccionar un objeto (por ejemplo, un muro) tocando en cualquier parte de la cara, y no necesariamente en las aristas.*

Esta orden conviene desactivarla al trabajar en planta, porque si no estaremos preseleccionando constantemente los suelos, y llega a ser incómodo.

- Arrastrar elementos en selección. Si está activada, podemos hacer clic para seleccionar un elemento y, sin soltar el botón, arrastrarlo. Si no está activada, primero se hace clic, y con un segundo clic sin soltar, ya arrastramos.

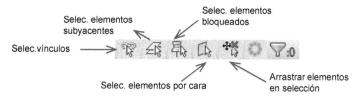

Fig.30 Modificadores de selección.

Conjuntos de selección

Un conjunto de selección es un grupo de varios elementos seleccionados que Revit guarda en su memoria, con un nombre, para poder recuperarlo más adelante, y ahorrarnos el trabajo de re-seleccionar todo el conjunto. Para guardar un conjunto de selección, simplemente seleccionamos los elementos deseados, y en Modificar → Guardar selección, le damos un nombre. Para recuperar el conjunto, desde Gestionar → Cargar selección, elegimos la deseada. De nuevo esta herramienta no funciona dentro de una orden, sino que ha de ser previa a ella.

7. USO DE LAS ÓRDENES EN REVIT

Las órdenes en Revit se usan exactamente igual que en CAD. Podemos

- Seleccionar uno o varios elementos y luego clicar (o escribir) la orden*

* *Es mi método favorito, ahorras clics. Se llama Selección Nombre/verbo*

- Seleccionar o escribir la orden, después seleccionar a qué elementos se aplicará, y después apretar ENTER o ESPACIO para indicar a Revit que ya no queremos seleccionar más elementos.

Repetición de comandos

Pulsando la tecla ENTER podemos repetir un comando. No funciona la tecla ESPACIO (que se usa para otras cosas) y el botón derecho te abrirá un menú contextual donde, entre otras opciones, una dice "repetir *[orden]*", pero no hay forma de configurar que repita la orden directamente. Al principio puede parecer duro, pero te acostumbrarás enseguida.

¡No puedo salir de una orden!

Modo

Hay ciertas órdenes (como suelos, cubiertas, etc.) que al apretarlas entras en lo que Revit llama "modo boceto". No podrás salir de esa parte del programa aunque aprietes ESC varias veces; lo que tienes que hacer es localizar una pestaña de color Verde en la Cinta de opciones (normalmente a la derecha del todo) y buscar los símbolos de Aceptar (icono de Verificación verde) y Cancelar (cruz diagonal roja). Aprieta ésta última para salir de la orden si no sabes cómo has entrado (lo más probable es que hayas hecho, sin pretenderlo, doble clic en el elemento).

Terminar una orden

Pulsa DOS veces la tecla ESC cuando quieras terminar una orden. La primera vez sirve para "cancelar" el muro que estás dibujando (por ejemplo), y la segunda para indicarle a Revit que ya no quieres hacer más muros de momento.

También es posible cancelar una orden pulsando sobre el comando Modificar (MD) que aparece a la izquierda del todo en la Cinta de opciones.

8. NIVELES

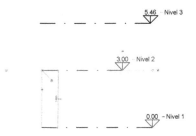

Los niveles son la forma que tiene Revit de estructurar un proyecto en altura. Son planos horizontales infinitos* que equivalen a las plantas de un edificio. Los niveles se pueden ver, crear, modificar y eliminar desde una vista de alzado o de sección, no desde una planta. La plantilla arquitectónica por defecto crea dos niveles: Nivel 1, a cota 0.00, y Nivel 2, a cota +3.00.

Fig.31 Ejemplo de niveles vistos desde un alzado.

* *Como son planos infinitos, significa que aunque la línea acabe antes que nuestro modelo, no pasa nada. Es un aspecto visual nada más. Además, cuando seleccionamos un nivel, a veces aparecerá una línea conectándolo con otros niveles y un candado; significa que al arrastrar en horizontal el borde del nivel (desde la bolita blanca hueca), se arrastrarán también el resto de niveles. Si clicamos sobre el candado se desbloquea, y podemos arrastrar horizontalmente el nivel sin que afecte al resto. Yo utilizo esto para hacer que el nivel de cota cero sea más largo que el resto: gráficamente me gusta más y me ayuda a entender mejor mi edificio y el plano de suelo.*

Cambiar alturas de niveles

Para cambiar las alturas de un nivel, hay varios métodos, en función de la precisión o las necesidades que tengamos.

- <u>Arrastrar el nivel</u>. Nos permite arrastrar arriba o abajo, controlando solamente intervalos de 10cm.

  * *Es el modo más básico. Sirve para cambios generales.*

- <u>Editar el valor</u>. Si seleccionamos el nivel y después hacemos clic sobre el número de elevación, podremos editarlo.

  * *Modificación más precisa, sin la limitación de incrementos de 10cm.*

- <u>Mover el nivel</u>. Utilizando la orden Mover (D) con el nivel seleccionado.

  * *Si necesitamos hacer un incremento de X cm, pero no queremos calcular el nuevo valor del nivel, podemos utilizar este método.*

- <u>Cotas temporales</u>. Si seleccionamos el nivel que queremos mover, aparecerá una cota temporal que nos indica a qué distancia está del nivel anterior. Haciendo clic sobre el número de la cota, podremos editar el valor.

  * *Si sabemos el valor que debe existir entre dos niveles, este sería el método más directo y rápido.*

Grafismo y nombre de los niveles

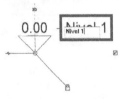

Para cambiar el nombre de un nivel, simplemente se hace clic en el nivel, y clic en el nombre. Al cambiarlo, nos preguntará si queremos cambiar los nombres de las vistas asociadas. En un principio diremos que sí para que haya una correspondencia, pero al avanzar en un proyecto nos daremos cuenta de que el nombre de la vista no tiene por qué corresponderse al 100% con el nombre del nivel.*

Fig.32 Modificar nombre del nivel.

* *Para cambiar el nombre de una vista, podemos hacer clic con el botón derecho en la vista, dentro del Navegador de proyectos, y seleccionar "cambiar nombre". También funciona pulsando F2. Si nos pregunta si queremos cambiar el nombre del nivel correspondiente, es nuestra decisión.*

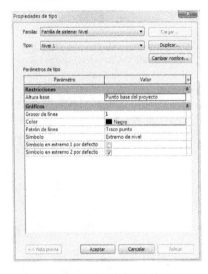

Para cambiar el grafismo del nivel, podemos seleccionarlo y hacer clic en "Editar tipo" dentro de la paleta de Propiedades. Ahí tendremos ocasión de cambiar el color y el tipo de línea, así como el símbolo de extremo que aparece.

Seleccionando un nivel, veremos que en ambos extremos hay una casilla de verificación; si está marcada, aparecerá el símbolo, la cota y el nombre; si está desmarcada no. No afecta absolutamente a nada, es meramente visual.

Cuando dos niveles se solapan porque están muy cercanos (planta sótano y planta cimentación, por ejemplo), podemos crear un codo para que no se molesten entre ellos. Con el nivel seleccionado, localizamos el símbolo de discontinuidad al lado del borde del nivel; pulsando en él, aparece un codo que podemos modificar a nuestro antojo (o eliminarlo, volviendo a colocarlo en la línea de nivel).

Fig.33 Propiedades tipo de los niveles.

Crear nuevos niveles

Para crear uno o varios niveles nuevos, tenemos dos métodos fundamentales.

1. Método manual. Con la orden Nivel de la pestaña Arquitectura (LL), podremos dibujar un nivel clicando en un inicio y un final, teniendo en cuenta la distancia hasta el nivel adyacente (podremos escribir la distancia manualmente sin tener que hacer clic en ningún sitio)
2. Método automático. Seleccionando un nivel, y utilizando una de estas órdenes:
   - Copiar. (CP) Clic punto de base, clic punto final (como en CAD) y ya tenemos el nuevo nivel.*

* *Si tenemos activada la opción "múltiple" podremos crear varias copias con muy poco esfuerzo. Además, el Copia múltiple de Revit tiene una ventaja sobre el de CAD, y es que no es acumulativo; podemos copiar un nivel 10 veces a una distancia de 3,14m cada vez sin tener que calcular mentalmente el valor acumulado: simplemente escribiríamos 3,14 (o la distancia que necesitemos) en cada copia.*

NIVELES

- Matriz. (MA) En la barra de opciones, elegiremos cuántos niveles crear en total (incluyendo el original!), si queremos indicar la distancia entre el primero y el segundo (o entre el primero y el último, y repartir los intermedios), y marcamos esa distancia. Debemos desmarcar "agrupar y asociar".

Fig.34 Barra para elegir la cantidad de elementos a copiar, incluyendo el original.

- Crear similar. (CS) Bien con la orden, bien con el botón derecho y menú contextual.

Al crear niveles sucesivos, Revit incrementa en un dígito cada copia sucesiva: por ejemplo, después de Nivel 3 vendrá el Nivel 4. No es una numeración tan inteligente como para entender todo lo que hagamos: si llamamos a un nivel "+6.00 Planta 2" o, por ejemplo, "02 Planta 2", el siguiente se llamará "+6.00 Planta 3" o "02 Planta 3", pero no sabrá entender el texto que hemos escrito al principio porque es eso: un texto.

Además, si eliminamos un nivel intermedio, Revit no renumerará el resto de niveles, es algo que tendremos que hacer manualmente.

Crear vistas asociadas a niveles nuevos

Si creamos un nivel con el método manual o con Crear similar (CS), Revit añadirá automáticamente una vista de ese nivel en el navegador de Proyectos. Sin embargo, si hemos creado los niveles con cualquier otro método (copia o matriz) tendremos que añadir manualmente las vistas que falten, desde Vista → Vistas de plano → Plano de planta.

Fig.35 Crear planos de planta.

Ordenar las vistas de planta por nivel en el Navegador

Por defecto, la plantilla arquitectónica de Revit ordena los niveles por orden alfabético; y aunque tiene su sentido, puede resultarnos a veces más interesante hacerlo por Nivel asociado: es decir, por altura.

Para conseguir esto, debemos situarnos en la parte superior del Navegador de proyectos (donde pone "Vistas (todo)") y con el botón derecho, seleccionar "organización del navegador. También podemos acceder aquí desde Vista → Interfaz de usuario.

Una vez dentro, tendremos que hacer un Nuevo estilo de vistas, ponerle un nombre ("Por niveles", por ejemplo) y dentro de la pestaña "Agrupación y clasificación", elegiremos por "Familia y tipo" y, en la parte inferior de la ventana, Clasificar por "Nivel asociado". Aceptamos, marcamos nuestro nuevo estilo con la casilla de verificación y aceptamos.

Nada habrá cambiado, salvo el hecho de que nuestras vistas estarán agrupadas por niveles, en sentido ascendente o descendente (según lo que hayamos seleccionado en la ventana de "clasificar por nivel asociado").

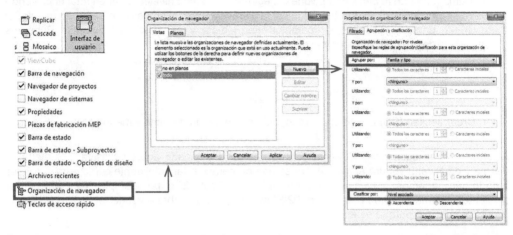

Fig.36 Propiedades para crear una nueva organización de navegador.

* *Es posible hacer organización de vistas según una clasificación acorde con el estudio de arquitectura. Para ello, Gestionar → Parámetros de proyecto → Añadir (tipo texto, de ejemplar, para categoría Vistas). A partir de este momento, tenemos uno o varios parámetros de clasificación de vistas (básico – ejecución, o arquitectura – instalaciones – detalles – carpintería) que podemos usar en la clasificación y agrupación.*

Qué niveles se necesitan

Es habitual que esta duda surja cuando empezamos un proyecto, o incluso a mitad del mismo. La respuesta es sencilla: los que tú quieras.

Revit nos da la libertad de crear tantos niveles como queramos. Incluso podemos crear nuevos tipos de niveles (Editar tipo → Duplicar) si queremos diferenciar entre Niveles de forjado, Niveles de pavimento, Niveles de falso techo... todo tiene sus pros y sus contras. Personalmente, prefiero dejar los niveles como la cota superior del pavimento y seguir una serie de reglas que iremos viendo más adelante, antes que llenar de niveles un proyecto.

La regla general que nos puede ayudar a la hora de decidir si cierto nivel debería crearse o no, es sencilla: ¿dibujarías un plano de CAD específico para esta vista? Si la respuesta es Sí, entonces es probable que necesites un nivel adicional. Si la respuesta es "No, lo juntaría con esta otra planta", entonces no necesitas ese nivel.

Pongamos un ejemplo. El típico salón comedor con dos alturas: el salón está a cota 0.00 (como el resto de la planta) y el comedor se encuentra dos peldaños más abajo, a -0.40. ¿Necesitamos hacer un nivel exclusivo para esta zona? Pues, si nos aplicamos la pregunta de "cómo lo haríamos en CAD", probablemente la respuesta fuera "incluiría el comedor en la planta general de la vivienda, con una simple referencia de cota de altura". Entonces no necesitamos el nivel.

Otro ejemplo. Estamos remodelando un local comercial que tiene planta baja y planta primera; y en una pequeña parte de su superficie tiene un altillo que se usará como almacén. ¿Hacemos un nivel específico?. Pues ¿cómo lo haríamos en CAD?; probablemente sí que haríamos una planta concreta que reflejase el altillo... en ese caso, mi propuesta es que hagamos también un nivel adicional en Revit.

El último ejemplo. ¿es necesario un nivel para la coronación de cimentación, si el sótano está a -3.00 y los pilares y zapatas nacen a -3.60? Veamos, ¿necesitamos un plano de las zapatas? Yo creo que sí. Pero, para salir de dudas ¿me interesa poder decirle a Revit que los pilares estructurales nacen del nivel "cimentación" ? También. Entonces, sí que me interesa este nivel.

Como se puede apreciar, la elección de qué niveles crear o no, es absolutamente personal. Como apunte al margen, los niveles de falso techo tienen sentido principalmente dentro del ámbito de las instalaciones, para poder colocar los dispositivos (por ejemplo, los difusores de aire acondicionado) directamente sobre un nivel concreto. En la parte que concierne a arquitectura, no es necesario, ya que existen las vistas de plano de planta, y las vistas de plano de techo, que miran hacia arriba como una planta cenital.

Símbolo de 3D o 2D en los niveles

El símbolo 3D indica que si movemos el extremo del nivel, se aplica en todas las vistas; mientras que si hacemos clic y cambia a 2D, haremos las modificaciones de extensión solamente en la vista actual.

9. REJILLAS

Las rejillas son elementos de apoyo en Revit. Permiten delimitar una parcela, modular una estructura, marcar unos ejes... cualquier utilidad para la que hemos usado las líneas auxiliares, o los rayos, en CAD. Se crean desde la pestaña Arquitectura, orden Rejilla (GR).

Creación de rejillas

Su funcionamiento es exactamente igual que el de los niveles:

- Con la casilla de verificación en los extremos activamos o desactivamos la burbuja, o extremo de rejilla

- Podemos estirar la rejilla arrastrando la bolita blanca del extremo

- Si aparece una línea discontinua que une nuestra rejilla con otras, y un candado cerrado, se moverán más rejillas al mismo tiempo que la nuestra (clicando el candado, lo abrimos y eliminamos esa restricción)

- Se pueden colocar codos pulsando en el símbolo de discontinuidad

- Las rejillas se numeran automáticamente en función del último valor que hayamos escrito (ya sea numérico o alfabético)

- Si insertamos una rejilla entre otras dos, no se renumeran automáticamente

- Se puede editar el color, el tipo de línea o seleccionar un extremo de rejilla diferente desde Editar tipo.

Tipos de rejilla especiales

- <u>Rejillas en arco</u>. Al seleccionar la orden Rejilla, en la Cinta de opciones podemos seleccionar un icono en forma de arco, lo que nos permite hacer una rejilla en arco.

- <u>Rejillas multisegmento</u>. Siguiendo el mismo método que el paso anterior, pero clicando en el botón con ese nombre, podremos hacer una rejilla formada por varios segmentos de línea.

Fig.37 Dibujar rejillas.

- <u>Segmento central transparente.</u> Si no queremos que la rejilla "manche" nuestro dibujo, en la paleta Propiedades podemos seleccionar otro tipo: el que reza "separación de burbuja" deja en líneas invisibles lo que Revit llama "segmento central".

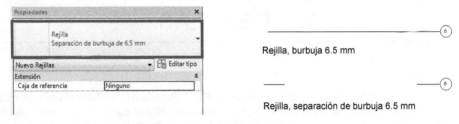

Fig.38 Tipos de rejilla, normal y con el segmento central transparente

Visibilidad de las rejillas

Las rejillas se entienden como planos verticales y, por tanto, se verán en los alzados que las corten (por ejemplo, las rejillas que crucen de Norte a Sur, se verán en esos alzados del proyecto). Es posible en Revit elegir hasta qué niveles son visibles; esto resulta útil, por ejemplo, cuando tenemos un edificio en altura con un sótano que ocupa más superficie. Para indicar hasta qué niveles (o desde cuál) es visible una rejilla, simplemente hay que estirar sus extremos desde un alzado. Si no lo corta, no será visible.

¿Qué es el símbolo 3D que aparece en la rejilla?

Indica que si movemos el extremo de la rejilla, afectará a todas las vistas. Si hacemos clic en el símbolo y se cambia a 2D, el mover el extremo, o burbuja, solamente afectará a esa vista. Podemos, más tarde, propagar esa nueva posición a las vistas deseadas seleccionando la rejilla, pulsando la orden "propagar extensión" y eligiendo las vistas correspondientes. En los Niveles tenemos el mismo símbolo y el mismo funcionamiento.

10. VISUALIZACIÓN BÁSICA I

Líneas finas

Revit muestra los grosores de línea según la escala, de forma proporcional. Pero cuando queremos trabajar con precisión, no nos interesa ver esos grosores, sino apreciar mejor todas las capas de un muro, o los detalles de una puerta. Para hacer que Revit alterne entre mostrar las líneas finas, y mostrar las líneas con el grosor real, está la orden de Vista → Líneas finas (TL). El estado de la orden (activo / inactivo) se guarda de una sesión de trabajo a otra. Es una orden muy rápida de usar y por eso Revit la coloca en la barra de herramientas de acceso rápido.

Escala

El primer icono en la parte inferior del área de dibujo, establece en qué escala se imprimirá la vista que tenemos activa. Revit escalará automáticamente los sombreados o los textos para que se impriman con la altura en mm que hayamos introducido, sin importar la escala final del dibujo. Si queremos imprimir a una escala que no esté en la lista, simplemente debemos elegir "Personalizado...", y escribir la nuestra.

Fig.39 Escala.

Nivel de detalle

El segundo icono, con forma de tapiz o píxeles. Indica a Revit cuánto debe detallar los elementos en la vista actual. Existen tres niveles de detalle (Alto – medio – bajo) y cada familia tiene la posibilidad de generar un grafismo distinto para cada nivel de detalle, en cada vista genérica (3D, planta, alzado frontal, alzado lateral). Los muros, por ejemplo, solamente tienen dos niveles de detalle; y es habitual encontrar familias que tengan un nivel alto y uno bajo, siendo el nivel medio no utilizado.

Fig.40 Nivel de detalle.

Modos de visualización

Es el icono del cubo. Cómo se va a mostrar, o visualizar, la vista que tenemos activa. Al igual que los niveles de detalle, es un parámetro de cada vista individual. Los modos que Revit tiene dentro del desplegable que aparece al clicar la orden son:

Fig.41 Modos de visualización.

- Estructura alámbrica. Todos los elementos son transparentes y se ve como una malla alámbrica tradicional.
- Líneas ocultas. Los elementos ocultan lo que hay detrás de ellos, mostrando solamente los líneas de contorno.
- Sombreado. Cada elemento se sombrea, según el color del material asignado, y ese color varía según el ángulo de incidencia de la luz de la escena; aportando mayor sensación de profundidad.
- Colores coherentes. Muy similar al sombreado, pero el color del material no se ve afectado por el ángulo de incidencia de la luz. Da una sensación más uniforme y de esquema; y en los planos de planta muestra exactamente el color elegido.
- Realista. Una simulación de cómo quedaría el Render final. Ralentiza el rendimiento del ordenador, pero permite dar los ajustes finales a los materiales y comprobar si se verán como deseamos.
- Trazado de rayos. Utiliza la potencia de la tarjeta gráfica para generar una visualización realista en tiempo real, mientras se hace órbita o zoom. Ralentiza mucho el trabajo si no se tiene una muy buena tarjeta gráfica.

Si pulsamos en el icono más alto del desplegable, Opciones de configuración de gráficos podremos personalizar un poco más el grafismo de la vista. Las opciones se verán en detalle en el capítulo de "Otras vistas 3D". Entre ellas están :

- mostrar o no las aristas (sólo en los modos "sombreado" y "realista")
- suavizar las líneas con antialiasing

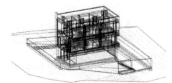
Fig.42 Estructura alámbrica

Fig.43 Líneas ocultas

Fig.44 Sombreado

Fig.45 Colores coherentes

Fig.46 Realista

Fig.47 Trazado de rayos

Sombras

Activa o desactiva las sombras arrojadas en cualquier vista. No tiene en cuenta los objetos por encima del plano de corte o por detrás del plano de sección, por lo que no se puede usar para mostrar "la iluminación interior real de una planta". Si queremos configurar de dónde viene la luz, debemos ir al botón del Sol (configuración de Sol, el apartado siguiente). Si queremos configurar la oscuridad o claridad de las sombras, debemos ir a Opciones de visualización de gráficos (icono más alto dentro del desplegable de los modos de visualización) y, en la sección "iluminación", ajustar la claridad de las sombras (la barra deslizante es un porcentaje: 0 es blanco y 100 es negro).

En la sección "Sombras" de la orden de Opciones de visualización de gráficos, también podemos activar o desactivar las sombras arrojadas, y activar las sombras ambientales (sombras degradadas que ralentizan mucho el dibujo pero dan más sensación de profundidad).

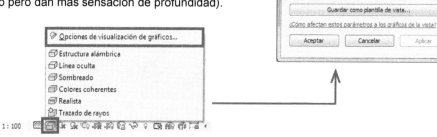

Fig.48 Configuración de visualización de gráficos.

Configuración de sol

El icono de sol engaña, porque no sirve para encender o apagar las sombras. Sin embargo, si pulsamos dentro de "Configuración de sol", podremos elegir de dónde viene el sol.
En la parte superior izquierda está la sección que se llama "Estudio solar". Si ponemos "Estático", nos permite elegir la ciudad, la fecha y la hora del sol. Esto afectará solamente a la vista activa: cada vista puede tener, por tanto, una fecha y una hora diferente (incluso otra localización!).

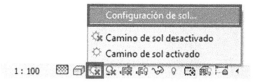

Fig.49 Configuración del sol.

La opción de la parte inferior derecha que dice "Plano de suelo en nivel:" está pensada para las etapas iniciales de proyecto, cuando no hemos dibujado la topografía, pero queremos poder dar un aspecto realista a las sombras. Cuando tengamos el terreno real sobre el que se asiente nuestro proyecto, desmarcaremos esta opción.

ViewCube (cubo de vistas)

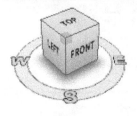

Situado en la parte superior derecha de la pantalla, permite no sólo hacer órbita (seleccionando y arrastrando) sino también ir a las vistas predefinidas (siempre dentro de una vista 3D); como alzados*, isométricas o plantas.

* ¿Quieres renderizar un alzado? En cualquier vista de alzado tendrás el botón de Render desactivado; simplemente ajusta el punto de vista en una vista 3D para que sea un alzado.

Fig.50 ViewCube.

Orientación de vista 3D

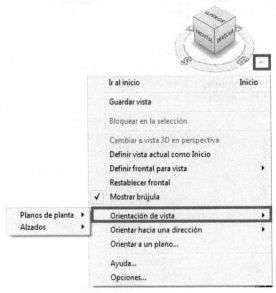

Dentro del ViewCube, con el botón derecho (o clic en la flecha desplegable de la esquina inferior derecha) está la opción "Orientación de vista"; gracias a esta función podemos orientar la vista 3D para que coja el rango de una vista de planta, alzado o sección a nuestra elección. Una vez hecho, siempre podemos hacer una órbita para movernos con total libertad, o estirar la caja de sección para cambiar el ámbito de la vista.

Fig.51 Orientación de la vista 3D.

Cuadro de selección (caja de sección de elementos seleccionados)

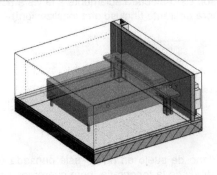

Desde Revit 2016 existe la orden Cuadro de selección (BX), que aparece en la Cinta de opciones cuando se selecciona uno o varios elementos; lo que hace esta orden es una caja de sección automática que muestra solamente los elementos seleccionados.

Fig.52 Cuadro de selección.

VISUALIZACIÓN BÁSICA I

Caja de sección

Cuando tenemos un edificio de varias plantas, y los forjados nos impiden verlo todo, tenemos que encontrar una manera de poder visualizar en 3D solamente la parte del modelo que nosotros queremos. Esto se consigue con la Caja de sección. Es un parámetro de cada vista 3D que se activa desde la paleta Propiedades, y que mostrará un cubo transparente que define la "envolvente visible" de la vista 3D. Es decir, que lo que estuviera "fuera" del cubo no se vería. Para cambiar su tamaño simplemente hay que seleccionarlo, y mover alguno de los pinzamientos que aparecen en cada cara.

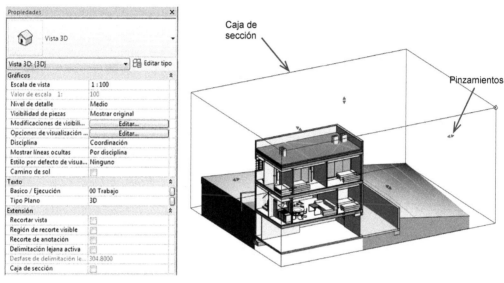

Fig.53 Caja de sección.

Mostrar y ocultar objetos

Uno de los conceptos básicos de Revit es que cada vista tiene unas propiedades independientes: escala, visualización, elementos visibles u ocultos... y esto es lo que nos da la opción de, partiendo de un modelo 3D único, poder generar vistas distintas, acorde con la información que tenemos que mostrar, pero siempre relacionadas y vinculadas entre sí. Por ejemplo, en un plano de distribución tendremos activadas casi todas las categorías del modelo, pero quizá ocultemos las líneas de sección; en un plano de cotas y superficies estará el mobiliario desactivado y quizá los muros tengan otro grafismo... y así sucesivamente.

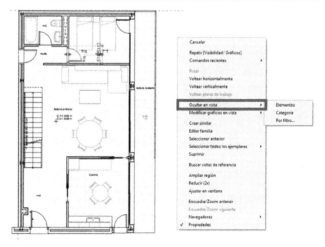

Fig.54 Seleccionar - botón derecho - ocultar en vista.

Fig.55 Ocultar objetos mediante selección + bombilla en la pestaña modificar

Para ocultar objetos tenemos dos variantes principales: ocultar elementos sueltos, o bien ocultar la categoría entera. ¡Todo esto afecta solamente a la vista activa! El resto de vistas no se alteran. El procedimiento es sencillo:

En primer lugar, seleccionar el objeto que queremos ocultar. Con el botón derecho aparece un menú contextual donde estará la opción de Ocultar en vista → Por elemento / Por categoría. (con comandos es más rápido: EH / VH). También se puede hacer desde la Cinta de opciones, pestaña Modificar.

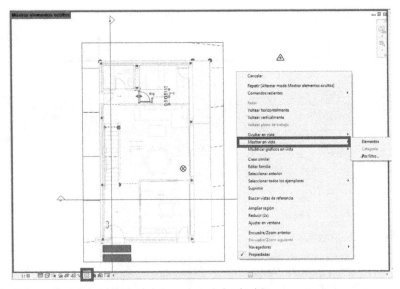

Fig.56 Mostrar elementos mediante la bombilla desde la barra de controles de vista.

A partir de este momento, si queremos ver qué objetos están ocultos debemos acudir al símbolo de bombilla que está en la barra de estado: "Mostrar elementos ocultos" (RH). Aparecerán todos los elementos ocultos en color magenta. Pulsando de nuevo en el mismo botón, volvemos a la vista normal.

¿Y para volver a mostrar los elementos? El proceso es prácticamente igual que al ocultarlos:

- Activamos "mostrar elementos ocultos" (RH)

- Seleccionamos aquéllos que queremos volver a mostrar

- Con el botón derecho aparece un menú contextual donde estará la opción de Mostrar en vista → Por elemento / Por categoría* (solamente estará disponible la misma opción con que se ocultó). Con comandos sería EU / VU.

VISUALIZACIÓN BÁSICA I

Mostrar categoría

* *Podemos hacerlo también por iconos. En la Cinta de opciones, a la derecha, tendremos un botón para Mostrar elemento / categoría, y justo a la derecha de ese botón, "Alternar modo mostrar elementos ocultos".*

- Volvemos a la vista normal pulsando de nuevo "mostrar elementos ocultos".

Aislar elementos y categorías

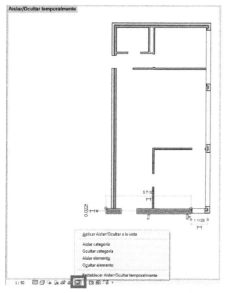

Para trabajar de forma cómoda, podemos necesitar ocultar tantos objetos que resulte más práctico dejar solamente uno activo. Esto lo conseguiremos con la orden Aislar elemento (HI) que se encuentra en un desplegable de la barra de controles de vista. Si lo que queremos es dejar visible una única categoría (por ejemplo, muros), elegiremos el comando Aislar categoría (IC) dentro del mismo botón que antes.

Para volver a activar todos los elementos, usaremos el comando Restablecer Aislar/ocultar temporalmente, situado en el mismo desplegable.

Fig.57 Ocultar / Aislar temporalmente.

Propiedades de vista temporal

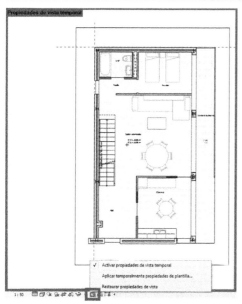

Las propiedades de vista temporal se encuentran en la barra de controles de vista, a la derecha de la bombilla de "Mostrar elementos ocultos". Permite hacer modificaciones en el grafismo de una vista que serán fácilmente descartables.

Es muy útil cuando tenemos una plantilla de vista aplicada y no podemos hacer ningún cambio (por ejemplo, cambiar el modo de visualización, el nivel de detalle o la escala), ya que al activar las propiedades de vista temporal se anulan todas las restricciones aplicadas por la plantilla.

Al terminar de hacer los cambios, con el mismo icono elegiremos "Restaurar propiedades de vista" para volver a la visualización inicial

Fig.58 Propiedades de vista temporal.

ÓRDENES DE MODIFICACIÓN

11. ÓRDENES DE MODIFICACIÓN

Todos los elementos que se modelen en Revit pueden modificarse, siguiendo los principios básicos de CAD (mover, copiar, girar...). Vamos a cubrir aquí estos modificadores básicos con las opciones que haya que tener en cuenta. Todas las órdenes, salvo indicación expresa, funcionan indistintamente seleccionando primero la orden, y luego el o los elementos que se quieren modificar (y ENTER para confirmar la selección) ; o bien al contrario: primero se seleccionan los elementos, y después la orden.

Mover (D)

 Es la orden más básica. Permite desplazar con total precisión, bien escribiendo una distancia manualmente*, o bien utilizando referencias de objeto*.

> *Para activar o desactivar las referencias de objeto, podemos ir a Gestionar → Forzados de cursor. Personalmente, por defecto los dejo encendidos.*

Al desplazar un objeto manualmente, tenemos tres maneras de acercarnos al ORTO de CAD.

- Acercarnos nosotros a la vertical u horizontal; Revit automáticamente busca la referencia correcta, mostrándola como una línea discontinua y una etiqueta en pantalla.

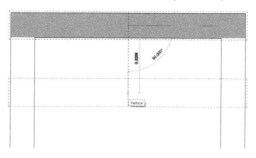

Fig.59 Línea discontinua que nos marca la referencia horizontal.

- Dentro de la orden, marcar la opción Restringir.

Fig.60 Opción restringir.

- Mantener pulsada la tecla Mayúsculas activa o desactiva temporalmente el "orto".

El parámetro "Separar" que hay dentro de la orden Mover (D) permite, precisamente, separar un muro de otro al desplazarlo, haciendo que los pinzamientos (o esquinas entre los muros) no estén forzados a seguir conectados.

65

* Se puede Mover un objeto de forma cómoda con las flechas de cursor. Cualquier objeto. Pero no existe precisión: se mueve un porcentaje de la pantalla (cuanto más cerca esté el zoom, menos distancia se mueve, y cuanto más lejos estemos, los incrementos de movimiento serán más fuertes). También se puede hacer que se mueva a saltos más grandes manteniendo pulsada Mayúsculas mientras apretamos la tecla de cursor correspondiente.

 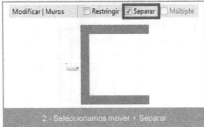 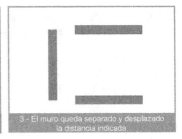

Fig.61 Opción separar.

Desfasar (EQ)

Es el equivalente a la orden EQDist o Desfase de CAD. Tiene la opción de "Numérico" (escribimos el valor del desfase) o de " Gráfico" (seleccionamos el "punto a atravesar" en pantalla). La casilla de verificación de Copiar nos indica si haremos una copia o si, simplemente, desplazaremos el objeto esa distancia.

La orden Desfasar funciona solamente con elementos lineales, como Muros, Líneas o Vigas.

La orden Desfasar también permite mover elementos.

Fig.62 Orden desfasar.

Escalar (ES)

No es una orden muy utilizada en Revit, porque el concepto es muy diferente: aquí no se pueden "escalar" los inodoros o los lavabos, sino muros, líneas o imágenes insertadas. Funciona de manera similar a "escalar con referencia" en CAD:

1. Seleccionamos el objeto a escalar

Fig.63 Orden Escalar.

2. Seleccionamos la orden

3. Seleccionamos punto base

4. marcamos la referencia de distancia gráficamente (seleccionando un punto)

5. escribimos numéricamente el nuevo valor (o lo marcamos gráficamente)

* La barra de estado de Revit (parte inferior de la pantalla) nos va avisando de cuál debe ser el siguiente paso en la orden.

ÓRDENES DE MODIFICACIÓN

Alinear (AA)

 Uno de los comandos más potentes de Revit. Alinear (AA) es de las pocas órdenes en Revit que NO admiten designación nombre/verbo; o lo que es lo mismo, seleccionar primero el objeto y luego la orden. Funciona de una manera muy sencilla: Dónde / qué. Es decir: primero entramos en la orden, y seleccionamos DÓNDE queremos alinear algo, y después clic en QUÉ queremos alinear.

Alinear (AA) funciona con todo tipo de elementos. Cuando generas una alineación, Revit te da la opción de hacer una restricción automática, mostrando un candado que, si se clica para cerrarlo, bloquea la posición relativa entre ambos elementos. Es muy útil para que dos muros diferentes tengan una cara siempre alineada, por ejemplo; o para alinear un muro a una rejilla; incluso para alinear los sombreados; los ejemplos son muchos.

* *A la hora de alinear un muro a otro, hay veces que la orden no funciona. Para que esto no ocurra, debe evitarse alinear a los "testeros" o "cantos" de los muros cuando están en una esquina. Revit puede interpretar que esa pequeña parte de muro pertenezca, no al muro que nosotros queremos, sino al perpendicular. Teniendo en cuenta esa pequeña cuestión, las alineaciones saldrán siempre perfectas.*

 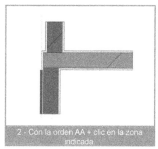 

Fig.64 Alinear un muro a otro.

Matriz (MA)

 La matriz en Revit es, en realidad, una matriz lineal o copia múltiple en línea. También puede hacerse una matriz radial, si se selecciona la opción dentro de la Barra de opciones. Seleccionando el/los elemento/s a copiar, designamos un número de elementos total (incluyendo el original que ya tenemos) e indicamos a Revit si queremos dar la distancia entre el primero y el segundo (y

que él repita esa distancia X veces hasta llegar al número total de elementos que le hemos marcado); o bien le indicamos la distancia hasta el último elemento (y Revit repartirá automáticamente el espacio entre ambos con el número de copias indicado).

Si activamos la casilla de "Agrupar y asociar", ocurren ciertas cosas:

Fig.65 Agrupar y asociar.

- los elementos se crean como un grupo. Esto significa que, modificando uno de los elementos del grupo, se modifican todo. Como los bloques de CAD.

- Al pasar el ratón por encima de los elementos, veremos una línea y un número, que es el número total de copias. Clicando en el número y modificándola, Revit creará (o eliminará) las copias necesarias.

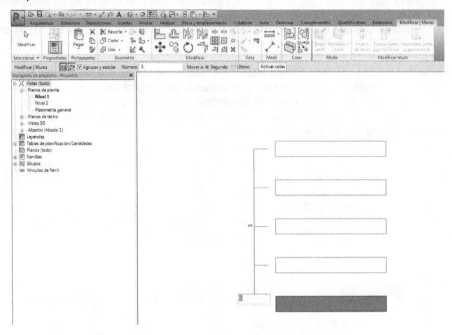

Fig.66 Generar matriz.

- Si movemos el segundo elemento o el último, Revit reajustará la distancia entre los elementos para que sigan siendo equidistantes.

- A cambio de todas estas ventajas, los objetos son "grupos", y puede que necesitemos desagruparlos si queremos seguir operando con normalidad con ellos: seleccionamos un ejemplar → SA → desagrupar.

- Revit está obligado a recordar que los elementos son un grupo, y a mantener una relación de igualdad entre ellos: si se hace muchas veces, ralentizará el dibujo.

Si queremos hacer una matriz radial, debemos marcar el icono de Matriz radial en la barra de opciones, e indicar varios parámetros:

Fig.67 Generar una matriz radial.

- Centro de rotación → Colocar. Exactamente igual que con Rotar (GI).

- Ángulo entre los elementos.

- Número de elementos, y Mover a segundo / último (igual que la matriz lineal).

ÓRDENES DE MODIFICACIÓN

Recortar / extender a esquina (CH - MP)

 Equivale a la orden Empalme o Chaflán de CAD. No tiene ningún parámetro de "radio" o "distancia de chaflán", sino que haremos clic en cada uno de los muros, por el lado que queremos mantener.

Recortar / extender elementos simple o varios elementos (AL - RR)

Equivale a la orden Alarga o Recorta de CAD; seleccionamos el elemento "límite" y después, uno o varios elementos que deben llegar hasta ahí; tanto recortando como alargando los elementos, según el caso.

Dividir elemento (PA)

 Equivale a la orden Parte de CAD, se encuentra en la pestaña modificar. Podemos pretender varios casos:

- <u>Partir un muro continuo en dos</u>. Simplemente seleccionar la orden y hacer clic dónde queremos partir el muro. Aparecerá una línea que los separa. Si estiramos un poco el pinzamiento de un muro hacia el otro, se volverán a unir en uno solo.

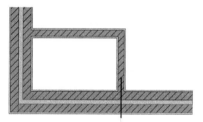

Fig.68 Dividir un muro en dos partes entre una intersección con más muros.

- <u>Partir un muro en dos, en una intersección con más muros</u>. El procedimiento es el mismo que en el punto anterior, pero debemos fijarnos un poco más: es recomendable tener localizado el eje del muro que vamos a partir; así se marcará en azul y sabremos que estamos partiendo ese muro y no el contrario.

* *Si colocamos el cursor lejos de la intersección, veremos una línea negra que indica dónde va a cortarse el muro, Y una línea azul (que es una cota temporal). Cuando estemos justo en el punto correcto, la cota temporal desaparecerá. AHORA es el momento de hacer clic y separar el muro. Sabremos que está bien hecho si no vemos nada (si no aparece ninguna línea de corte). Podemos comprobarlo pulsando ESC dos veces y seleccionando el muro, que ahora debería estar en dos partes.*

Fig.69 Suprimir segmento interno.

- <u>Partir un muro en 3 partes, eliminando la parte central</u>. Para conseguir esto, hay que activar en la barra de opciones, la casilla que dice "suprimir segmento interno".

- <u>Partir un pilar estructural</u>. Desde Revit 2017, es posible utilizar la orden Dividir elemento con los pilares.

"Dividir con separación" es una orden diferente, pero que hace esencialmente lo mismo que Dividir; parte el muro en dos, pero generando además una restricción de separación entre los dos muros resultantes. Aunque Revit indica, textualmente, que "entre otras cosas, se puede usar para definir paneles prefabricados", no es una orden de uso muy corriente.

Reflejar (SI)

Equivale a la orden Simetría de CAD. Existen dos comandos diferenciados en Revit:

 • Reflejar – seleccionar eje. No dibujamos el eje de simetría, sino que seleccionamos la línea (que puede ser un muro o una rejilla, por ejemplo) que hará las veces de eje.

 • Reflejar – dibujar eje. Esta es exactamente la orden de CAD: dibujamos nosotros el eje de simetría.

En ambos casos, podremos activar o desactivar la casilla de verificación de "Copiar" en la barra de opciones de la orden.

Rotar (GI)

Equivale a la orden Gira de CAD. El procedimiento para rotar en Revit es el siguiente:

1. Seleccionamos el elemento (o elementos) a rotar.

2. Marcamos la orden (teclado o icono)

3. Tenemos que elegir el centro de rotación (origen, según CAD). Hay tres métodos para marcarlo:

• Pulsando una vez la tecla ESPACIO, y haciendo clic en el nuevo centro de rotación

• Haciendo clic en el centro de rotación seleccionado, y clic de nuevo en otro punto

• Pulsando el botón "centro de rotación – colocar" de la barra de opciones

4. Marcamos el ángulo de referencia inicial*

Si queremos rotar 90°, da exactamente igual cuál sea el ángulo inicial: al escribir 90, se gira correctamente

5. escribimos el ángulo deseado de giro, o marcamos gráficamente el ángulo final*

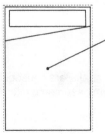
Fig.70 Centro de rotación.

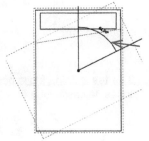
Fig.71 Ángulo de rotación.

ÓRDENES DE MODIFICACIÓN

* *Si queremos devolver a una posición vertical/horizontal un elemento que está girado un ángulo desconocido, simplemente ponemos como ángulo inicial el del objeto (gráficamente, pues no conocemos el ángulo exacto); y Revit bloqueará un poco el cursor al llegar a la horizontal o la vertical, de manera que no supondrá ningún problema.*

Bloquear / desbloquear (BB - DB)

 Es posible que necesitemos ver un objeto en pantalla pero no queremos poder interactuar con él: una imagen; una referencia de CAD; un suelo que no queremos modificar... hay muchos ejemplos. La solución de Revit a esta situación es utilizar la orden Bloquear (BB), que es el icono de un pin o chincheta que se encuentra en la pestaña Modificar (esta pestaña se activa automáticamente al seleccionar uno o varios elementos).

Al bloquear un elemento, aparece en pantalla un pequeño pin marcado que nos indica la situación de bloqueo; clicando sobre el símbolo del pin, o pulsando en el icono de desbloquear de la pestaña Modificar, lo desbloqueamos*.

* *Si tenemos muchos objetos bloqueados seleccionados, habría que desbloquearlos manualmente uno a uno; es más operativo usar la orden Desbloquear (DB).*

Los objetos bloqueados no pueden moverse ni eliminarse; y si combinamos el bloqueo con la Selección de objetos bloqueados: desactivar, conseguimos que ciertos elementos aparezcan en pantalla pero no interfieran en nuestro trabajo.

Crear similar (CS)

 Si queremos hacer un elemento "igual que éste que estoy tocando", la orden que buscamos se llama "Crear similar" (CS). No es una orden "Copia" al uso, porque crea un elemento (ya sea éste un muro, una puerta o una cota) del mismo tipo que el que estamos seleccionando, pero permitiéndonos elegir el punto de inicio y de final (en el caso de un muro o una cota) o el punto de inserción (en el caso de una puerta, por ejemplo).

Seleccionar nuevo anfitrión

 Si queremos cambiar de anfitrión un elemento (colocar una puerta o un sanitario en otro muro, por ejemplo) debemos seleccionar primero el elemento, y después localizar la orden en la Cinta de opciones; entonces Revit nos pedirá que indiquemos un nuevo anfitrión donde desplazar esa puerta o ese elemento.

Unir (UU)

 La orden Unir (UU) elimina las líneas entre los elementos unidos, dejando uno de ellos como principal. Primero se selecciona la orden y luego los elementos. Tiene la casilla de "unión múltiple" para unir un elemento con muchos más. Es posible Separar elementos unidos (desplegando la orden Unir) o alternar el orden de unión (para vigas y forjados por ejemplo).

* *Unir no permite designación nombre/verbo. Esto significa que no se puede seleccionar primero uno de los elementos a unir y entonces marcar la orden: hay que seleccionar los objetos necesariamente tras activar la orden.*

Igualar propiedades de tipo (IP)

De funcionamiento casi idéntico a la orden del mismo nombre en CAD, Igualar propiedades de tipo sirve para convertir un elemento, en otro tipo distinto dentro de la misma categoría. Permite convertir, por tanto, una ventana abatible de 1 hoja de 80x80, en una ventana corredera de dos hojas de 160x120 con un clic; pero no podrá convertirla en una puerta.

La orden Igualar propiedades no funciona entre elementos de distintas categorías.

* *Igualar propiedades de tipo no permite designación nombre/verbo. Esto significa que no se puede seleccionar primero el elemento Origen y entonces marcar la orden: primero la orden, después el objeto origen, y después los objetos destino.*

Medir (DI)

Medir la distancia entre objetos no es tanto un modificador como una orden de consulta; pero al ser una herramienta sencilla, muy similar a su equivalente en CAD, se incluye también aquí. Funciona pulsando la orden, y luego seleccionando dos puntos; Revit nos devuelve la cota o distancia entre ambos, tanto en el área de dibujo como en la barra de opciones.

Suprimir (DEL)

La orden Suprimir hace lo que se espera de ella; pero teniendo la tecla DEL en el teclado del ordenador, es bastante menos usada.

12. INSERTAR FAMILIAS CARGABLES

Cargar nuevas familias de una categoría

Para cargar nuevas familias, podemos hacer clic en la orden correspondiente (ventanas, por ejemplo) y en la parte derecha de la Cinta de opciones, pulsar el botón de "Cargar familia". Esto nos llevará directamente a una ventana donde podremos navegar entre carpetas hasta encontrar la adecuada*.

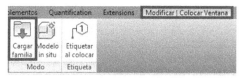

Fig.72 Cargar una nueva familia dentro de su categoría (ventanas).

* *Como es de suponer, cada categoría tiene una carpeta con su nombre exacto, para que sea más fácil de localizar. El único apartado que es más complejo es los Componentes, que dentro de ese grupo se engloban los equipos mecánicos, el mobiliario, los aparatos sanitarios, etc.*

Si utilizamos este método, solamente podremos cargar elementos de la categoría que hayamos seleccionado en la orden (en este ejemplo, ventanas); si intentamos cargar algo que no toca, nos dirá que no es posible.

Cargar nuevas familias de cualquier categoría

El segundo método para cargar cualquier tipo de familia en Revit (y que será necesario para cargar algunos elementos) es ir a Insertar → Cargar familia. Aquí podremos cargar cualquier categoría, y Revit la colocará automáticamente en el sitio correspondiente. Recuerda que, con esta orden, no estás "colocando" ningún elemento, sino simplemente cargando información al modelo; para ponerse a colocar alguna familia, después deberás ir a la orden correspondiente.

Fig.73 Cargar una nueva familia de cualquier categoría.

Revit viene con una colección de familias extensa y perfectamente útil para una aproximación al programa. Es fácil que no tenga exactamente el modelo de sofá o de lámpara que queremos, y para eso es recomendable utilizar Internet*.

* *No te pongas a descargar familias de Internet a lo loco porque perderás el tiempo. Primero, dedica un tiempo a descubrir qué hay guardado en las carpetas de Revit: cuando descubras que tienes en tu ordenador tazas de café, escaleras mecánicas o aparatos de gimnasio, empezarás a comprender que hay mucho guardado; y que solamente en caso de que NO está lo que necesitas, debes invertir un tiempo en buscar por Internet -o crearlo tú-.*

Descargar desde Internet

Las páginas para descargar familias de Internet son infinitas, y una búsqueda en Google con "Revit family download" nos dirá todo lo que queremos saber. No obstante, algunas de las páginas más famosas son las siguientes (algunas requieren registro y otras no; pero todas estas son gratuitas).

> Seek.autodesk.com
> www.revitcity.com
> www.bimobject.com
> www.revitwatch.com

Y, por supuesto, las páginas de los fabricantes. Aunque es pronto para esperar que muchas compañías españolas ya tengan su información en Revit, es una carrera; y todas están empezando a generar la documentación para que prescribamos sus productos*.

* *Esto tiene un doble filo. A veces -sólo a veces- las familias de fabricante vienen TAN detalladas y con TANTOS parámetros y TANTA información, que ralentizan el dibujo. Puede ser preferible usar una familia genérica, con menos detalle, pero que tenga la descripción o el nombre de la "buena", e incluso utilizar como vistas planas (planta, alzado o perfil) las del componente "de marca", pero un 3D sencillo.*

Limpiar nuestro proyecto

Si hemos insertado muchas familias "de prueba", es posible que nuestro modelo esté saturado de información no necesaria. Hay dos métodos para limpiar nuestro archivo y así hacer que ocupe menos y sea más manejable.

- Desde el Navegador de proyectos → Familias, localizar las que no necesitamos y eliminarlas directamente (DEL, o botón derecho → Suprimir). Este método es adecuado cuando tenemos localizada una o varias familias, o tipos, que debemos eliminar. Pero no parece el más operativo si tenemos muchos elementos.

- Gestionar → Limpiar elementos no utilizados. Equivalente a la orden "Limpia" de CAD, detecta todo aquéllo que no se está usando en nuestro dibujo.

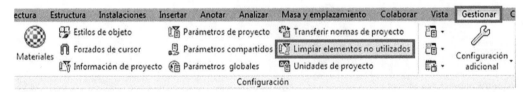

Fig.74 Limpiar elementos no utilizados.

Es una orden peligrosa porque puede eliminar cosas que más adelante queramos usar; por ello es recomendable pulsar "no seleccionar ninguno" , de forma manual, centrarnos solamente en las categorías que queremos vaciar.

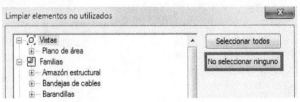

Fig.75 Ventana de limpiar elementos no utilizados.

INSERTAR FAMILIAS CARGABLES

Contenido "Spanish international" vs "Spain"

Cuando instalamos Revit podemos elegir qué familias se descargan de Internet. Aunque el contenido Spain es el predeterminado para España, la carpeta de "Spanish_INTL" aporta más documentación y algunas familias que no encontraremos en la instalación del contenido Spain. Es interesante, por tanto, instalar las dos y ver qué te aporta cada una.

Para saber qué documentación tenemos cargada, podemos ir a C:\programdata\Autodesk\RVT 2017. Aunque Programdata es una carpeta oculta, siempre podemos hacer clic en la barra de direcciones desde "Disco local" y el texto cambiará a "C:\". Escribiendo "programdata" entramos en la carpeta oculta. La otra forma de ver los elementos ocultos es (en Windows 10) ir a la pestaña Vista y activar "elementos ocultos".

Las carpetas SPAIN y SPAIN_INTL tienen muchos elementos iguales; y la diferente categorización en carpetas hace que sea más difícil de ubicar qué cosas son distintas. Pero algunos elementos sí que son diferentes y vale la pena el esfuerzo. En cualquier caso, el trabajo de indagar qué familias tenemos cargadas y qué posibilidades nos ofrece Revit siempre será positivo.

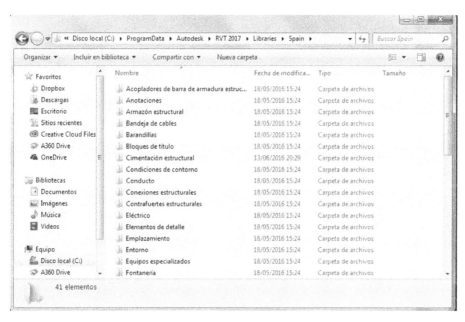

Fig.76 Carpeta de familias de Revit.

13. CREAR NUEVOS TIPOS DE FAMILIA

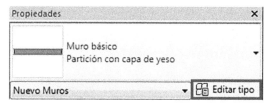

Fig.77 Desde la paleta de propiedades, editar tipo.

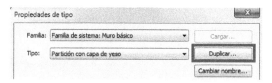

Fig.78 En la ventana de propiedades tipo, Duplicar.

Al cargar una familia, ésta viene con una serie de Tipos concretos. Por ejemplo, si cargamos una Ventana de dos hojas abatibles, es posible que incluya los tipos de 160x120, 120x120 y 210x140. Y todas, además, con un material "Por categoría". Si nosotros queremos generar nuevos tipos, para hacer más variaciones dimensionales, o incluso para cambiar de forma puntual el material de carpintería de algunas de ellas, lo que tendremos que hacer SIEMPRE es "Editar tipo → Duplicar". Esta combinación de comandos la usaremos para todo: familias de sistema (muros, suelos, cubiertas, techos...), familias cargables (puertas, ventanas, componentes...), etiquetas... el método para crear nuevos tipos será, principalmente, Editar tipo → Duplicar.

Con el Navegador de proyectos: crear – editar – suprimir

Fig.79 Ejemplo para duplicar un muro cortina desde el navegador de proyectos.

Para ciertos tipos de familias, como montantes de muro cortina, es más cómodo hacer esta operación desde el Navegador de proyectos. En la parte inferior del Navegador, está el apartado "Familias", y al desplegarlo aparecen, categorizadas, todas las familias cargadas en el dibujo. Desde aquí podremos apretar el botón derecho, bien sobre la familia o bien sobre un tipo, para conseguir:

- EDITAR cualquier familia (con el botón derecho en la familia -no en el tipo-).
- SUPRIMIR el tipo (botón derecho sobre el tipo, no sobre la familia... o tecla DEL).
- EDITAR el tipo (también con doble clic).
- CREAR nuevos tipos o DUPLICAR uno existente.

14. EDICIÓN DE ELEMENTOS MULTICAPA

Qué es un elemento multicapa

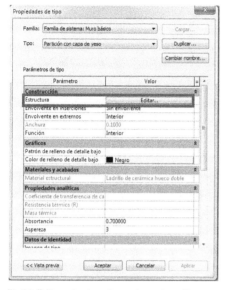

Fig.80 Editar estructura de un elemento multicapa.

Por elementos multicapa entendemos Muros – Suelos – Techos – Cubiertas – Losas – Plataformas de construcción (las dos últimas están de forma casi testimonial, son las que menos modificaremos). Son elementos que están formados por una o varias capas de materiales con un nombre y un espesor, que configuran no sólo el espesor total, sino también el resto de sus propiedades físicas.

Tomando como ejemplo los muros, de los 29 tipos de muros básicos que vienen dentro de la plantilla arquitectónica, podemos utilizar directamente... ¿10 tipos, como mucho? El resto no nos acoplarán y, probablemente, incluso dentro de esos 10 deberemos hacer cambios dimensionales (espesor de cada capa) o de materialidad. Por ello, aprender a modificar las capas de un muro -o de cualquier otro elemento multicapa- es fundamental en Revit.

El proceso es extremadamente sencillo, y es idéntico para cualquiera de las familias multicapa. Entramos en la orden Muro (o cualquiera de las otras categorías que hemos mencionado), seleccionamos el tipo que queremos editar, y pulsamos el botón de editar tipo. En la ventana que aparece, bien pulsamos "Duplicar" si queremos generar un nuevo tipo desde éste, o bien pulsamos en el botón de Estructura → Editar, para acceder a la ventana más importante de los elementos multicapa.

Ventana de edición de estructura

Esta ventana funciona exactamente igual para todos. En los elementos horizontales (suelos – techos – cubiertas – losas – plataformas) las capas están ordenadas de superior a inferior (como se colocarán en la construcción real); y en los elementos verticales (muros) la parte superior responde a la cara Exterior, y la parte inferior a la cara Interior.

Algunas de las columnas que aparecen aquí son de funcionamiento muy directo:

- Grosor. El espesor -en metros- de esa capa
- Material. Qué material conforma esa capa. Pulsando una vez sobre el texto, aparece un botón con puntos suspensivos que, al apretarlo, nos lleva a la ventana de materiales para poder elegir otro material para esa capa.

En la parte superior izquierda de la ventana, unos datos nos indican el espesor total del muro y, si los materiales tienen definidas las propiedades físicas, también la Resistencia térmica.
En la parte inferior izquierda, pulsando sobre "Vista previa", nos desplegará una vista del muro

para que sea más gráfico y sencillo interpretar todo. Además, podremos especificar si queremos ver el muro seccionado en planta, o en alzado. En la esquina superior derecha, "Altura de muestra" nos permite ajustar la altura del muro en alzado.

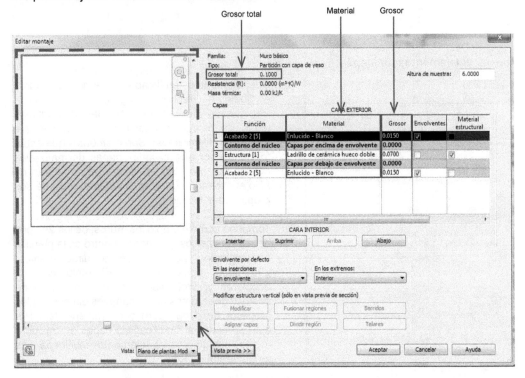

Fig.81 Ventana de edición de estructura.

Núcleo

En Revit hay un concepto muy importante para los elementos multicapa que es el Núcleo. Para intentar explicarlo de la forma más sencilla posible, vamos a contarlo al revés: qué NO ES el núcleo. Los revestimientos NO son el núcleo; el enfoscado, enlucido, alicatado, o aplacado quedará siempre fuera del núcleo. Por tanto, el núcleo es el resto, queda el muro "desnudo". En un muro de dos hojas con aislamiento y cámara, el muro empieza en la hoja exterior y acaba en la hoja interior: los revestimientos de ambas hojas estarán fuera del núcleo.

En una cubierta o en un techo, el concepto de núcleo se desdibuja un poco más, y lo utilizaremos a nuestra conveniencia junto con el parámetro Función.

En la ventana de edición de estructura queda muy claro qué líneas están por encima o por debajo del núcleo, porque hay dos líneas que indican cuál es el contorno del núcleo; además, en la vista previa se aprecia como una línea de color verde.

EDICIÓN DE ELEMENTOS MULTICAPA

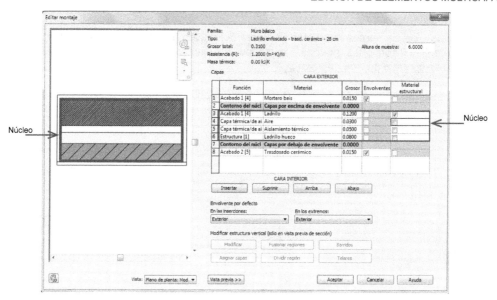

Fig.82 Núcleo.

Función

La "Función" es la primera columna dentro de la ventana de edición de elementos multicapa. Se divide en números del 1 al 5, y además se les ha puesto un nombre a cada número, que va desde Estructura [1] hasta Acabado 2 [5]. Lo importante es el número, no el nombre. Indica la prioridad de la capa: las capas con prioridad 1 "ganan" a las capas con prioridad 2; y así sucesivamente.

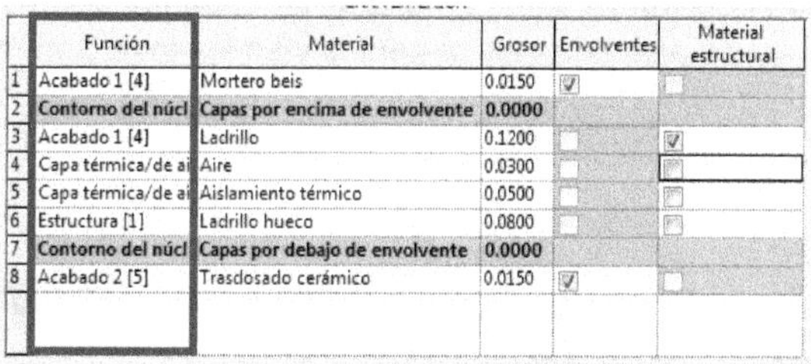

Fig.83 Función.

Con esta premisa clara, hay que tener en cuenta las siguientes reglas generales (que se podrán romper cuando nos resulte interesante; pero de partida debemos respetar):

1. Pondremos dentro del núcleo todas las capas del muro, excepto los revestimientos
2. Todas las capas que estén dentro del núcleo serán con Función Estructura [1]
3. Las capas por fuera del núcleo serán Función Acabado 1 [4] o Acabado 2 [5].

De esta manera, más del 80% de las uniones de muro se harán correctamente.

* Ante igualdad de Función entre diversas categorías, Suelo > Muro > Cubierta.

81

Envolvente

En los muros*, los elementos que están por fuera del núcleo pueden "doblarse" en los extremos de muro, o en las inserciones (puertas o ventanas, por ejemplo) para "forrar" o cubrir el canto del muro. Esto se controla de tres maneras:

1. En la ventana de edición de estructura del muro, podemos marcar la casilla de verificación de la columna "Envolvente" en todas las capas que estén por fuera del núcleo.

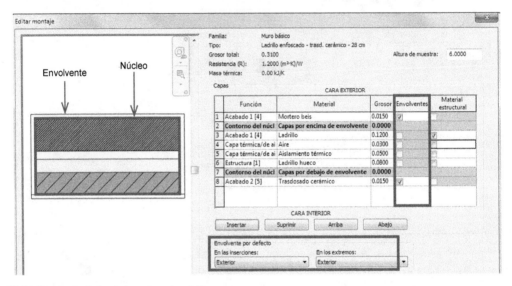

Fig.84 Envolvente dentro de la ventana de edición.

2. En la parte inferior de la misma ventana, o también en la ventana de Editar tipo, indicamos qué envolventes queremos aplicar en los extremos y en las inserciones: ninguna – exterior – interior – ambas.

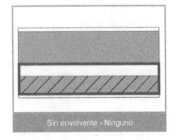 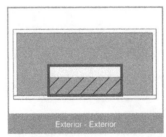 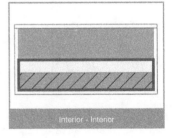

Fig.85 Ejemplos de envolventes, con LH7 y aislamiento dentro del núcleo.

3. Cada puerta tiene un parámetro que se llama Cierre de muro, y que se puede configurar en "Por anfitrión", para responder a la configuración del muro, o modificarse con otro valor distinto, para conseguir que ese tipo de puerta (y sólo ése) reciba un comportamiento diferente con las envolventes del muro. Esto nos permitirá controlar de una forma muy cómoda cómo se relaciona el muro con las puertas. Por defecto debemos ponerlo en "por anfitrión", y sólo en el caso de que no se comporte como nos interesa, lo modificamos a nuestra conveniencia.

EDICIÓN DE ELEMENTOS MULTICAPA

* En techos, suelos y cubiertas, la columna Envolvente aparece, pero no es utilizable; es una propiedad exclusiva de los muros.

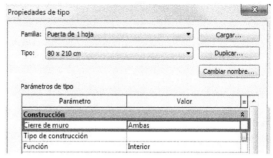

Fig.86 Edición de la envolvente en puertas, cierre de muro.

Variable

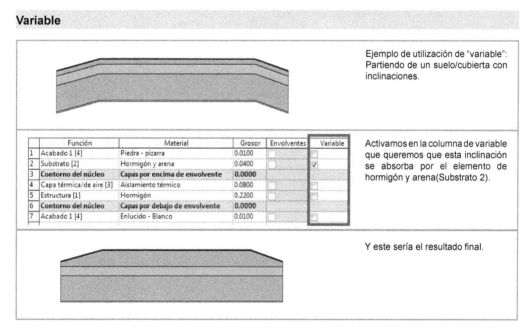

Fig.87 Ejemplo de aplicación de la columna variable.

En Suelos y cubiertas aparece la columna "Variable". Permite conseguir que UNA capa del elemento absorba las variaciones de espesor que hayamos programado con las modificaciones de subelementos (busca el apartado de "Pendientes en suelos exteriores y cubiertas plantas)

Capa membrana

Una capa membrana es la última Función posible, y necesariamente tendrá espesor cero. No se representará nunca en nuestro modelo y no la podremos etiquetar, pero estará ahí. ¿Para qué? principalmente a efectos de mediciones: por ejemplo, para medir los metros cuadrados de lámina asfáltica de un muro contra el terreno.

En muros, una capa membrana sí que puede estar en la "cara" del muro. Sin embargo, en suelos, techos o cubiertas necesita estar entre dos capas.

15. MATERIALES I

Materiales

La ventana de materiales es accesible desde el diálogo de editar las capas de un elemento multicapa, pero también desde Gestionar → Materiales, que es el método más rápido. Contiene todos los materiales cargados en el modelo. En la parte superior izquierda está la casilla para buscar, que es la forma práctica de localizar un material.

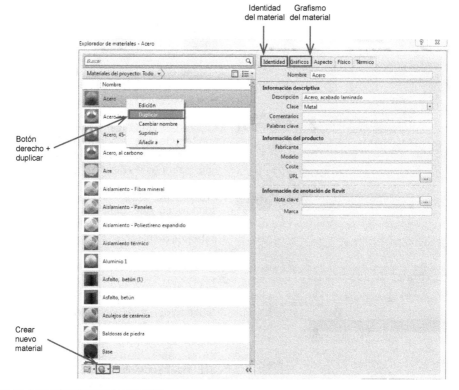

Fig.88 Ventana del explorador de materiales.

Crear un material nuevo

- Botón derecho sobre un material, y pulsamos Duplicar
- Parte inferior izquierda de la pantalla, símbolo de añadir material.

Identidad de los materiales

La primera pestaña que aparece con un material seleccionado, es Identidad. En ella escribiremos los valores de dicho material, que nos servirán para identificarlo más adelante, para filtrarlo en las búsquedas (ya que las búsquedas no son solamente por nombre, sino también por el resto de parámetros que hayamos escrito). Todos los parámetros que tienen son utilizables a nuestra conveniencia, siendo los más habituales los siguientes:

- Nombre. El parámetro más básico, para una identificación inmediata.
- Descripción. Para detalles constructivos o leyendas, por ejemplo.
- Clase. Para lograr una clasificación más detallada en tablas.
- Marca. Para detalles constructivos, si solamente ponemos el código.

Grafismo de los materiales

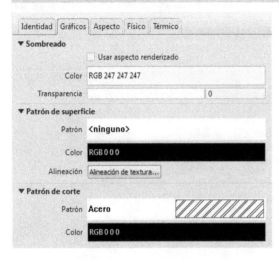

Con un material seleccionado, en la parte derecha de la ventana tendremos la pestaña Gráficos, donde podremos modificar el aspecto del material en nuestras vistas de trabajo.

- Sombreado. Es el color que recibe el material cuando activamos la visualización Sombreado o Colores coherentes.

- Patrón de superficie. Es el color y patrón de sombreado que tendremos SIEMPRE que veamos el material en proyección. Podemos usar patrones de diseño o de modelo

- Patrón de corte. Es el color y patrón de sombreado que tendremos SIEMPRE que el material aparezca seccionado. Se usarán patrones de diseño.

Fig.89 Grafismo de los materiales.

Tipos de patrones de sombreado

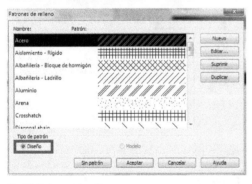

- Patrones de diseño. Son sombreados "abstractos", conceptuales. No responden a ninguna escala, sino que una vez definidos como, por ejemplo, "líneas a 45º separadas en el papel 2mm", siempre se imprimirán así, independientemente de que la vista se imprima a 1:50 o a 1:200. Sobre el papel, si cogemos una regla, veremos que las rayitas se separan exactamente 2mm*. Pueden usarse para sección y para proyección.

Fig.90 Patrones de relleno.

* *De hecho, si cambiamos la escala de la vista, observaremos que las líneas se ven más separadas o más juntas: porque obviamente, si han de estar siempre a 2 mm, caben más líneas en un muro a 1:50 (y en pantalla se ven más apretadas) que en el mismo muro impreso a 1:200 (por eso en pantalla se ven más separadas).*

- Patrones de modelo. Representan el despiece real del material. Ya sea el aparejo del ladrillo, o las lamas del laminado de madera de 7,5cm, un azulejo de 25x40cm o la modulación del falso techo en placas de 60x60, los patrones de modelo representan la realidad de la construcción. Sólo pueden usarse en superficie.

MATERIALES I

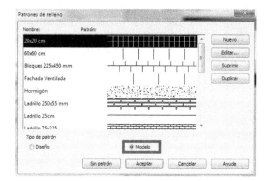

Los patrones de modelo pueden alinearse, moverse y girarse de forma muy sencilla:

1. Para alinear un patrón, basta usar la orden Alinear (AA) y tocar el destino, y luego una línea del patrón. No funcionará si las líneas Origen y Destino son perpendiculares.

2. Para mover o girar un patrón, debemos seleccionar primero una de sus líneas, mediante TAB. A partir de ese momento usaremos la orden correspondiente de forma normal.

Fig.91 Patrones de modelo.

* *Si el modificador "separar" está activado en el comando Mover(porque se a utilizado anteriormente), no funcionará el desplazamiento del patrón. Desmarcar previamente al utilizar el comando.*

Nuevos patrones de sombreado

La ventana de patrones de sombreado es accesible desde dentro del grafismo de un material, pero también desde Gestionar → Configuración adicional → Patrones de relleno. De un modo u otro, dentro de esta ventana podremos crear o editar los patrones existentes*.

* *Podemos editar los patrones basados en líneas; aquéllos que provengan de una importación no son editables.*

Dentro de un nuevo patrón de relleno, las opciones son muy directas: ángulo de las líneas, separación entre ellas (en mm. si es un patrón abstracto o de diseño, en metros si es un patrón real o de modelo), y la posibilidad de hacer patrones de dos líneas cruzadas (incluso con separaciones distintas). En los patrones de diseño podemos, además, establecer cuál será el criterio para colocar el ángulo: alineado con el elemento, alineado con la vista, y una tercera opción llamada "Legible" que mezcla las otras dos.

Fig.92 Ventana para nuevo patrón.

Importar un patrón de sombreado

Podemos utilizar archivos de patrones de sombreados CAD (extensión .PAT) para tener patrones más complejos en Revit. Simplemente, al crear un nuevo patrón de sombreado, elegimos la opción "Personalizado" y clicamos en el botón de Importar. Al traer el patrón, tendremos UNA oportunidad par escribir la escala correspondiente. Probablemente no la acertemos si el patrón no lo hemos creado nosotros (¿cómo vamos a saber en qué unidades lo pensó su autor?), así que nos tocará ir a la vista de dibujo, medirlo, y sacar una pequeña regla de tres para saber qué escala poner. Entonces volvemos a editar el patrón y, aunque NO podemos cambiar la escala, sí que podemos

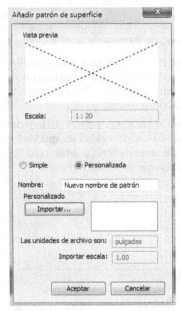

volver a importarlo, y poner el valor correcto esta vez.

En patrones de modelo nos dará error. Esto es porque los archivos PAT están pensados para patrones de diseño; pero podemos arreglarlo fácilmente si editamos el archivo PAT con el Bloc de notas o una aplicación similar, y en la segunda línea escribimos lo siguiente: ;%TYPE=MODEL

Guardamos el patrón, incluso con otro nombre si queremos mantener los dos -una versión para patrones de diseño, otra para patrones de modelo- y hacemos el proceso de nuevo.

Fig.93 Ventana para importar un patrón de superficies.

Generar nuevos patrones complejos

Mediante el uso de plugins (tanto libres como de pago) es posible generar nuevos patrones. Algunos de estos plugins son directamente para Revit, mientras que otros se generan desde AutoCAD: y como el formato de archivo de patrones es el mismo, no habría ningún problema. Algunos de estos plugins o extensiones son:

- HatchMaker para AutoCAD. Libre.
- Brick hatch generator para AutoCAD. Libre. Solamente patrones de ladrillos o piezas alternas.
- HatchKit para Revit. Versión libre (limitada) o de pago.

16. COTAS TEMPORALES

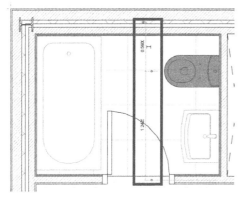

Fig.94 Cotas temporales.

Las cotas temporales son aquéllas que aparecen cuando seleccionamos un elemento; aparecerán cotas que indiquen la distancia del elemento seleccionado a otros cercanos. Si los elementos están inclinados y no hay ángulos rectos, no aparecerán esas cotas.

Estas cotas son la manera rápida que Revit ofrece para ajustar las dimensiones de muros, puertas y demás. Se modifican siguiendo UNA regla muy sencilla: el elemento que tocas, es el que se moverá con respecto al otro. Para cambiar el valor de la cota, simplemente hacemos clic en el número y escribimos la nueva distancia.

Cotas temporales a ejes o a caras

Fig.95 Ventana de propiedades de cotas temporales.

Para que Revit acote de forma predeterminada a ejes de muro o a caras; o bien a centros de hueco o a anchos, debemos ir a Gestionar → Configuración adicional → cotas temporales; y desde ahí modificar el valor. Esta propiedad es para este dibujo.

Mover cotas temporales

Podemos hacer clic una vez en la bolita central de una línea de la cota temporal, y Revit alternará cada vez entre eje – cara de acabado exterior – cara de acabado interior.

También podemos mover la cota temporal arrastrando el pinzamiento (la bolita central) a otro muro o elemento que queremos que actúe de referencia. Revit recordará a dónde estaba referenciado el objeto la próxima vez que lo seleccionemos.

Cotas temporales a cotas permanentes

Al mostrar una cota temporal (que puede ser una sólo o varias agrupadas) Revit muestra un icono con forma de una pequeña cota; si clicamos en el símbolo, la cota temporal se convierte en permanente y queda fija aunque soltemos el elemento. Las cotas permanentes sí que se pueden borrar; a diferencia de las cotas temporales que NO se pueden borrar; simplemente desaparecen al soltar el objeto.

Uso de fórmulas en cotas

Con Revit podemos usar fórmulas que expresen una dimensión de manera más eficaz que con decimales. Por ejemplo, si dentro de una cota escribimos -sin comillas- "=10/3", la dimensión cambiará a 3,33 sin tener que preocuparnos por el número de decimales ni la precisión que tengamos.

Aspecto

Desde Revit → Opciones → Gráficos, podemos modificar el tamaño de las cotas temporales (por defecto 8) y su transparencia o no.

Fig.96 Modificación del aspecto de texto de cotas temporales.

17. RESTRICCIONES DE COTA

En Revit es posible bloquear la distancia o cota entre dos elementos. Algunos ejemplos:

- Mantener un pasillo de una anchura fija, independientemente de que podamos cambiar el espesor de los tabiques que lo delimitan
- La distancia del fondo de armario sea 60cm
- Bloquear la mocheta de una puerta en 15cm aunque corramos el tabique
- Fijar el eje del inodoro a 75cm de uno de las divisiones del baño
- Mantener la separación entre niveles

Tipos de restricciones

Aunque las restricciones de cota siempre funcionan de la misma manera, podemos clasificarlas en tres grupos:

1. <u>Alineación bloqueada</u>. se produce cuando, al alinear dos elementos, cerramos el candado que aparece.
2. <u>Cota específica bloqueada</u>. Si bloqueamos el candado de una cota permanente.
3. <u>Igualdad bloqueada</u>. Cuando hay una cadena de cotas con varios elementos, aparece un símbolo EQ tachado indicando que no existe restricción de igualdad; si lo clicamos, hará que todas las cotas de la cadena se repartan la longitud total de forma equitativa. Incluso si después se mueven los elementos laterales, se reajustará la distancia. (por ejemplo, una ventana centrada a eje en el tabique).
4. <u>Parámetros globales</u>. Desde Revit 2017 se incorpora la función de los parámetros globales, que consisten en generar una restricción o parámetro común a varios elementos del dibujo.

Cuando la restricción muestra una cota, suele interesarnos borrar la cota, para que no interfiera en nuestro dibujo. Revit nos avisa de que eliminar la cota NO eliminará la restricción, y nos da la opción de aceptar, de cancelar, o de eliminar la restricción además de la cota.
Si tocamos un objeto que tiene una restricción aplicada, aparecerá una cota temporal discontinua con un candado en ella; clicando el candado podemos anular la restricción.

Cuando tenemos un dibujo, puede ser difícil recordar todos los elementos que tienen restricciones; la orden "Mostrar restricciones" en la barra de opciones de la vista nos las mostrará en magenta, funcionando igual que el botón de "mostrar elementos ocultos".

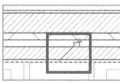

Fig.97 Alineación bloqueada

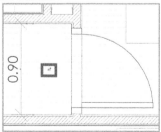

Fig.98 Cota específica bloqueada.

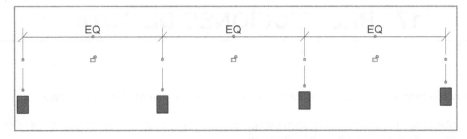

Fig.99 Igualdad bloqueada. (EQ)

Fórmulas de igualdad

Cuando se realiza una restricción de igualdad aparece, por defecto, el símbolo EQ en todos los segmentos de cota. No obstante, seleccionando la cota, en las propiedades de ejemplar se puede elegir si se muestra:

- El texto de igualdad
- El valor de la cota
- La fórmula de igualdad

El texto de igualdad se configura desde las propiedades de tipo. En la última sección, Otros, definimos cuál es el texto de igualdad (por defecto "EQ").

En esta misma sección definimos la visibilidad de las marcas de igualdad: líneas de referencia y marca (opción por defecto), solamente las marcas, o nada en absoluto.

Por último, también desde aquí establecemos la fórmula de igualdad. Los parámetros que podemos combinar son:

- Longitud de segmento
- Longitud total
- Número de líneas de referencia
- Número de segmentos

Fig.100 Modificación Texto, Fórmula y visualización de la igualdad.

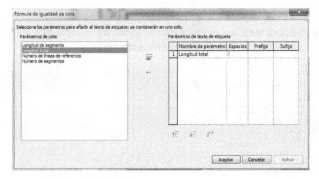

Fig.101 Ventana para modificar la formula de igualdad de cota.

RESTRICCIONES DE COTA

Por tanto, podríamos hacer una fórmula de igualdad que indicase cuántos segmentos tenemos, de cuánta longitud cada uno, para llegar a la longitud total.

Parámetros globales

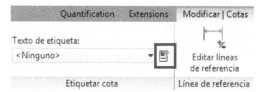

Fig.102 Parámetros globales.

Un parámetro global es una restricción que se genera y se almacena en el dibujo, pudiendo aplicarse a varios elementos. Si en algún momento, desde Gestionar → Parámetros globales, modificamos alguno de los valores, todos aquellos elementos restringidos por este parámetro se actualizarán.

Para aplicar un parámetro global, los pasos son los siguientes:

1. Generamos manualmente la cota que queremos convertir en restricción
2. En la Cinta de opciones aparece el campo de "Texto de etiqueta - Ninguno" junto con un icono llamado "crear parámetro": clic ahí.
3. Dentro de la ventana que nos aparece le damos un nombre
4. Los elementos que tengan algún parámetro global aplicado se distinguirán por el icono de un lápiz al seleccionar la cota o restricción.

Desde Gestionar → Parámetros globales podemos trabajar sobre ellos; modificando el nombre, eliminándolos, creando otros nuevos u ordenando la forma en que aparecen listados.

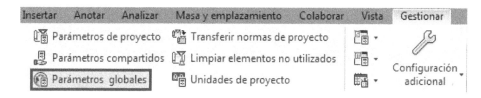

Fig.103 Parámetros globales desde la pestaña Gestionar.

Restricciones de niveles

Es posible utilizar estos bloqueos de cota para gestionar de forma rápida las distancias entre niveles. Por ejemplo, si tenemos 4 plantas tipo de viviendas, se puede hacer una cota continua que englobe las 4 plantas, aplicarles una restricción de igualdad y, con otra cota, bloquear la altura de nivel. De esta manera, si se modifica la altura de la planta baja, todos los niveles de planta tipo se mantienen sin modificarse.

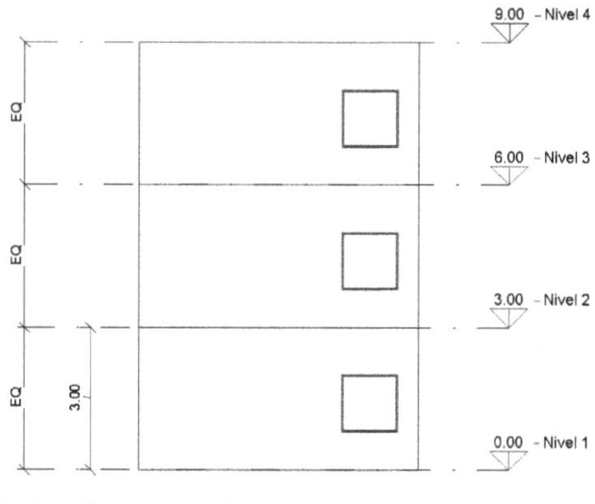

Fig.104 Restricciones de niveles.

No se cumplen las restricciones

Esta ventana aparecerá muchas veces a lo largo de nuestro trabajo con Revit. No hay que alarmarse, sino entenderla. Lo que nos está diciendo es, simplemente, que alguna de las restricciones que previamente habíamos establecido, no es posible mantenerla con la operación que estamos intentando efectuar.

Además, para saber qué restricción o restricciones se van a eliminar, en el cuadro de diálogo tendremos el botón de "siguiente" y podremos ver sombreados en la vista, qué elementos dejarán de estar vinculados por la restricción. Siempre podremos cancelar el comando, o aceptarlo si es necesario y, posteriormente, rehacer o revisar la restricción eliminada.

Mostrar restricciones

Desde Revit 2016 existe un icono en la barra de controles de vista que nos permite mostrar u ocultar las restricciones aplicadas en la vista. Es tremendamente útil porque así no estamos obligados a recordar qué elementos restringimos en su momento, o ha restringido nuestro compañero.

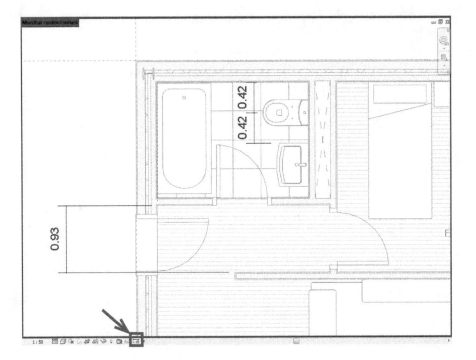

Fig.105 Mostrar restricciones.

18. GUARDAR UN DOCUMENTO

Los archivos de Revit tienen extensión .RVT y se guardan con el comando habitual de Guardar. La primera vez que guardemos el dibujo, las órdenes de "Guardar" y "Guardar como" sirven exactamente igual. A partir de ese momento, si usamos "Guardar como", estaremos guardando los cambios en un nuevo dibujo.

Copias de seguridad

Revit hace copias de seguridad secuenciales de nuestros dibujos. Aunque no es un tema complicado, vamos a explicarlo con un ejemplo.

Fig.106 Ejemplo de guardado.

1. Abrimos Revit, dibujamos un par de muros y lo guardamos como EJEMPLO.RVT a las 18:05h.

2. Tras guardar, seguimos dibujando durante 20 minutos más, colocando más muros y haciendo más cosas. Son las 18:25h.

3. Volvemos a guardar: Revit renombra el archivo EJEMPLO.RVT de las 18:05h y la guarda como EJEMPLO.0001.RVT; y genera el nuevo EJEMPLO.RVT de las 18:25h con los últimos cambios.

4. Esto lo hace de forma sucesiva. Si a las 19h guardamos de nuevo, el archivo EJEMPLO.RVT de las 18.25h se renombrará como EJEMPLO.0002.RVT y los últimos cambios aparecerán en EJEMPLO.RVT de las 19h.

Dentro de las opciones de guardado (en Guardar como → opciones) podemos especificar el número máximo de copias de seguridad (por defecto son 20). A partir de ese momento Revit irá sobreescribiendo los archivos.

Recordatorios de guardado

Cada X minutos, Revit lanzará un cuadro de diálogo preguntándonos si queremos guardar el dibujo. Esto es muy importante, porque aunque pueda parecer un estorbo, en 30 minutos (que es el intervalo de recordatorio por defecto) se pueden dibujar, y modificar, muchas cosas. Podemos establecer los recordatorios* cada 15 o 30 minutos, cada 1, 2 o 4 horas, o desactivarlos. A modo indicativo, entre 15 y 30 minutos puede ser una buena cantidad.

* *Para cambiar la frecuencia de recordatorios de guardado, debemos ir a Opciones → General.*

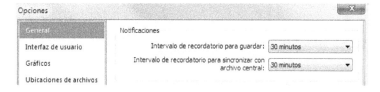

Fig.107 Ventana para modificar la frecuencia de recordatorios de guardado.

Historial de un archivo

Desde la pestaña Colaborar → Mostrar historial, Revit nos pedirá que seleccionemos un archivo y nos mostrará todos los guardados que haya tenido, indicando la hora exacta y el usuario que lo ha hecho.

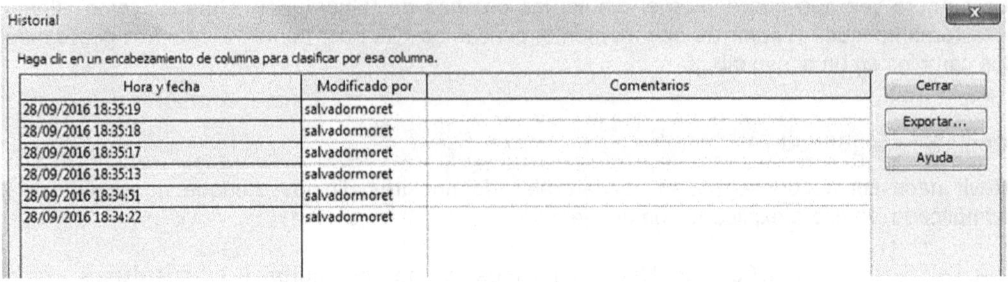
Historial
Haga clic en un encabezamiento de columna para clasificar por esa columna.
Hora y fecha
Modificado por
Comentarios
28/09/2016 18:35:19
salvadormoret
28/09/2016 18:35:18
salvadormoret
28/09/2016 18:35:17
salvadormoret
28/09/2016 18:35:13
salvadormoret
28/09/2016 18:34:51
salvadormoret
28/09/2016 18:34:22
salvadormoret
Cerrar
Exportar...
Ayuda

Fig.108 Historial del archivo.

19. COMENZAR UN PROYECTO

A la hora de empezar un proyecto, independientemente de la plantilla que vayamos a utilizar, nos podemos encontrar con varias situaciones. El flujo de trabajo siempre será muy similar, pero creo que es interesante contemplar estos casos para saber cómo abordarlos.

Principal: establecer correctamente los niveles

Es el primer paso. Si estamos haciendo una reforma de un piso, solamente habrá dos niveles, que definen la parte superior e inferior de nuestra actuación; si es una obra nueva, tanto unifamiliar como plurifamiliar, deberemos establecer los niveles correspondientes en función de las vistas que necesitemos. Esto sirve para organizar nuestro dibujo y debe ser algo que hagamos al principio.

Insertar una imagen

Tanto si estamos reformando una vivienda cuyos planos originales hemos escaneado, como si queremos copiar una distribución para calcar nuestra nueva propuesta, o insertar una vista de Google Maps® para dar un poco de entorno a nuestro proyecto, Insertar → Imagen es nuestra orden. No nos preguntará más que la ubicación de la imagen, y podremos insertarla donde queramos, medir sobre ella (sin precisión), escalarla*, moverla y rotarla.

En la paleta de Propiedades podemos especificar con precisión las dimensiones de la imagen, y también bloquear las proporciones para que no se deforme.

Una vez hayamos calcado nuestros muros, repararemos en que ya no podemos ver la imagen y nos es imposible ver la ubicación de las puertas o ventanas. Hay dos soluciones:
- Con la imagen seleccionada, en la barra de opciones elegimos "Primer plano". Veremos la imagen por encima del resto de elementos de modelo.
- Si ponemos la vista en modo Estructura alámbrica, los muros no ocultarán la imagen.

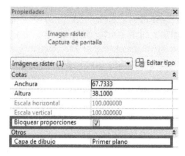

Fig.109 Propiedades imagen.

Todas las imágenes que carguemos, Revit las guarda DENTRO del dibujo, en su memoria; no necesitamos llevarnos la imagen detrás al cambiar de ordenador. Esto, que es genial, puede hacer que el dibujo pese más y más, si almacena imágenes que no usamos ya. Para gestionar qué imágenes tiene Revit cargadas en el dibujo, vamos a Insertar → Gestionar imágenes, y además de poder eliminar las que queramos, nos permite "volver a cargar" por si ha habido cambios en la imagen y queremos actualizarla.

Insertar una vista CAD

Si tenemos una distribución hecha en CAD y queremos seguir con Revit; o si vamos a hacer el edificio en Revit pero la implantación en CAD; o si simplemente necesitamos importar el plano catastral para documentar nuestro proyecto, lo haremos desde Insertar → Importar CAD. Si queremos que Revit mantenga la vinculación con el archivo CAD (si se modifica el CAD, se actualice en Revit), iremos a Insertar → Vincular CAD. Salvo el punto de que se vinculan las modificaciones, la operativa es la misma.

Dentro de la opciones de importar (o vincular) un archivo CAD, debemos tener en cuenta especialmente las siguientes:

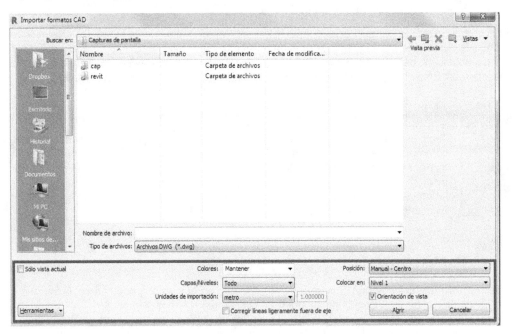

Fig.110 Ventana para importar CAD.

- **Sólo vista actual**. Si la marcamos, la vista CAD solamente se importará en esta vista; no aparecerá jamás en ninguna otra parte de nuestro modelo, ni en el 3D. Es la opción adecuada para "calcar" una distribución, o para un plano catastral. Si no la marcamos, las líneas CAD aparecerán flotando en todas nuestras vistas 3D.

- **Corregir líneas ligeramente fuera de eje**. A todos nos ha pasado que tenemos una línea que es "casi" vertical, y nos da problemas a la hora de recortar una puerta, por ejemplo. Revit permite corregir esto. Personalmente prefiero desactivarla: imaginad cuántas líneas de un plano catastral son "casi" verticales u horizontales.

- **Unidades de importación**. Elegid las unidades del dibujo, no debe quedarse Autodetectar porque no lo hace bien si no nos hemos preocupado nosotros de decirle al archivo CAD exactamente en qué unidades trabajamos (y no lo solemos hacer, o no nos podemos fiar del archivo que recibamos).

- **Capas/Niveles**. Las opciones son muy sencillas: todas – visibles – especificar. Creo que la mejor opción es "todas", ya que trae todas las capas sin importar si están activadas o desactivadas, y sin darme opción a elegir cuáles me traigo. ¿el motivo? Evitar el típico error de dejarse una capa importante desactivada, o no traer una capa que contenía ciertos bloques que me interesan. Así que mi consejo es importar todas las capas, y desde el propio Revit desactivar, o eliminar, las que necesite.

- Colores. Considero que "mantener" los colores de CAD es la mejor manera de entender cómo era el dibujo.

- Posición. Si vamos a importar varias plantas sucesivas, y en CAD hemos hecho el trabajo de referenciarlas correctamente al origen 0,0,0 , entonces podemos poner "Manual – origen" y seleccionar el mismo punto para cada planta. Si no hemos hecho ese trabajo, es posible que el origen del dibujo esté muy, muy lejos de nuestra planta; entonces "manual – centro" es la opción para todos. Luego habrá que alinear, eso sí.

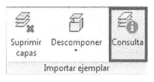

Fig.111 Consulta de capas del archivo cad.

Una vez hemos insertado una vista CAD, podemos consultar en qué capa está cada objeto. Para ello, seleccionamos el bloque insertado y, en la Cinta de opciones, tendremos la orden "consulta". Tocando en cualquier línea CAD, nos saldrá una ventana indicando a qué capa pertenece, y la posibilidad de ocultar o eliminar esa capa.

Para poder reactivar capas desactivadas, o incluso cambiar el color de las líneas de capas activadas, debemos entrar en el comando de Visibilidad/Gráficos (VV) o pestaña Vista, y en la cuarta pestaña, Categorías importadas, tendremos todas nuestras importaciones CAD. Al desplegarlas, aparecerán todas las capas que no hemos eliminado, y con la casilla de verificación indicaremos cuáles son visibles u ocultas. Con el botón "modificar" en cada capa, podremos cambiar color y/o grosor de las líneas de dicha capa.

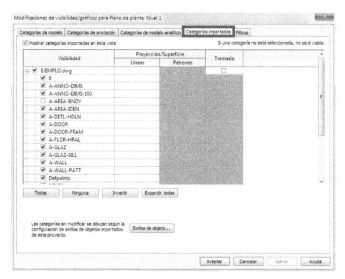

Fig.112 Ventana de visibilidad de gráficos, pestaña categorías importadas.

Si la extensión del archivo CAD es mayor que 33km, nos saldrá un aviso al insertar informándonos de la falta de precisión. Sin embargo, si nuestro archivo de CAD, sin ser muy grande, tiene líneas muy lejos del origen de coordenadas universal, habrá pérdida de precisión en Revit. Notaremos que las líneas "bailan" al hacer zoom, y que los elementos que dibujamos no concuerdan con los forzados de cursor que ponemos. Es necesario abrir el dibujo de CAD y mover los objetos al origen de coordenadas para evitar este problema.

Poner en primer plano

Al igual que con las imágenes, se puede seleccionar el archivo CAD y marcar "poner en primer plano" para que se vea por encima de nuestro modelo, y no al revés. Esto es muy útil si importamos información CAD para complementar nuestros planos (las instalaciones de un ingeniero calculadas en CAD, por ejemplo; o la distribución de elementos de seguridad y salud aportada por otro técnico).

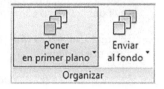

Hacer un levantamiento en Revit

Si vamos a empezar un proyecto pasando a ordenador un levantamiento manual, con sus cotas y sus triangulaciones, es perfectamente posible hacerlo desde Revit, sin necesidad de pasar por CAD. Para ello, utilizaremos la orden de Arquitectura → líneas de modelo, y con los diferentes bocetos dibujaremos líneas (o arcos para las triangulaciones) de la misma manera que lo haríamos en CAD. Cuando sea necesario, utilizaremos las órdenes de modificación (como Recortar/extender a esquina, Desfasar, Mover o Copiar) para terminar el dibujo.

Estas líneas base son líneas en 2D, pero que se pueden usar como referencia para levantar los muros: cuando seleccionamos la orden Muro, hay una línea de boceto que se llama precisamente así: seleccionar líneas, y tocando nuestra líneas 2D nos hará el muro correspondiente. Insisto en tener controlada la Línea de ubicación de muro, para saber hacia dónde lo generará (además, se previsualiza la posición del muro con unas líneas discontinuas).

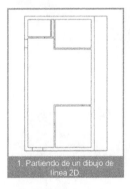

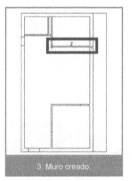

Fig.113 Levantamiento en Revit.

20. ALZADOS

Los alzados en Revit son las vistas que nos permiten, además de ver los propios alzados de nuestro proyecto, controlar otros elementos como los niveles.

Hacer un alzado

Desde Vista → Alzado, nos aparecerá una bolita en pantalla para poder colocar un punto de alzado y su dirección. Este símbolo se alineará automáticamente a cualquier muro que encuentre. Al hacer clic en el punto deseado, se generará una vista llamada Alzado 1 - a.

Ámbito de un alzado

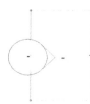

Seleccionando el puntero de alzado (el símbolo con forma de triángulo o flecha que apunta hacia la dirección de mira del alzado), vemos varios elementos:

• Símbolo de dos flechas en un rectángulo discontinuo; indican la profundidad del alzado.

• Línea discontinua: indica el "plano de corte" del alzado. Es muy útil para indicar el punto de partida de nuestra vista*.

• Pinzamientos en los extremos de la línea discontinua: podemos definir la extensión lateral y la profundidad.

Por ejemplo, en un alzado de una vivienda unifamiliar, podemos decidir si queremos que el vallado perimetral quede por delante o por detrás de nuestro alzado; o hacer coincidir cierto alzado con el corte de la piscina.

Alzados interiores

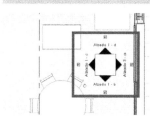

Fig.114 Símbolo de alzado.

Son una estrategia igualmente útil para mostrar el interior de una habitación. Un alzado interior no es más que un alzado (Vista → Alzado) que colocamos en el interior de una estancia y, pulsando sobre el símbolo del círculo de alzado, marcamos las casillas de verificación correspondientes a los 3 alzados ortogonales que faltan por activar. Este método tan sencillo nos garantiza unos alzados interiores que abarcan solamente el ámbito de la habitación; por supuesto, podemos estirar los pinzamientos de la vista para ampliarla tanto en horizontal como en vertical.

Alzados quebrados

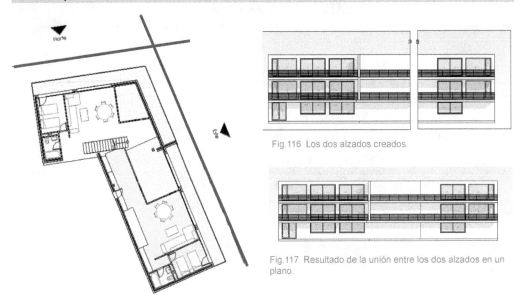

Fig.116 Los dos alzados creados.

Fig.117 Resultado de la unión entre los dos alzados en un plano.

Fig.115 Planta con una sección quebrada mediante dos alzados.

Aunque no es posible hacer un alzado quebrado de forma directa en Revit, se puede conseguir muy fácilmente haciendo dos alzados, cada uno orientado hacia la parte de fachada que se desee, y modificando los puntos de ámbito lateral. En un plano, insertaremos las dos vistas y, con ayuda de alguno de los elementos de alineación (como una rejilla o un plano de referencia, por ejemplo) colocarlos correctamente.

Alzados de estructura

Fig.118 Alzado de estructura.

Un alzado de estructura es un alzado (Vista → desplegar Alzado → Alzado de estructura) que depende de una rejilla y está pensado para documentar un vano estructural. Sin embargo, su uso trasciende al meramente estructural, puesto que la clave de estos elementos es que se alinean hacia una rejilla. Podremos hacer uso de este tipo de alzados para documentar nuestro proyecto sin estar necesariamente orientados a un muro.

Jirones de niebla (Profundidad de vista)

Aunque no es una herramienta exclusiva para los alzados (pues también funciona para secciones) la funcionalidad de Profundidad de vista (o jirones de niebla, antes de Revit 2017.1) permite jugar con la apariencia de las líneas en una vista (en este caso, un alzado) en función de su proximidad o lejanía a los planos de corte.

ALZADOS

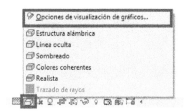

Fig.119 Opciones de visualización de gráficos.

Esta orden se encuentra dentro de las opciones de visualización de gráficos, dentro del icono de Estilos visuales de la barra de controles de vista.

Una vez activada la casilla de "Mostrar profundidad" tenemos dos controles deslizantes para modificar el grafismo.

1. <u>Ubicación inicial/final de fundido</u>. Determina los extremos del efecto de gradiente. No son distancias expresadas en metros, sino un porcentaje de cercanía o lejanía.

• La cercanía, o ubicación final de fundido, se mide desde el plano de corte del alzado o sección. Todos los elementos que estén más cerca de este plano, no se verán afectados por la profundidad.

• La lejanía, o ubicación final de fundido, es un porcentaje que empieza a contar desde el plano de delimitación lejana. Por esto, la orden funciona mejor si tenemos la propiedad de vista "Delimitación lejana" activa con la opción "Delimitación con línea".

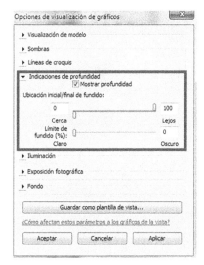

Fig.120 Indicaciones de profundidad.

2. <u>Límite de fundido</u>. Representa en qué porcentaje se verán aquellos elementos que estén por detrás de la ubicación final de fundido (es decir, más lejos). También es un porcentaje, donde el 0% es que no se verán (blancos) y el 100% es que se verán totalmente negros.

Esta orden no afecta a los siguientes elementos:

• Siluetas (dentro de las opciones de visualización de gráficos)
• Orden Tipo de línea
• Elementos de anotación
• Imagen de fondo
• color de fondo

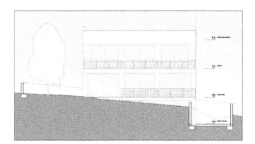

Fig.121 Ubicación Inicial / Final de fundido = 0

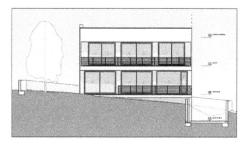

Fig.122 Ubicación Inicial / Final de fundido = 25

21. SECCIONES

Las secciones en Revit pasan de ser un documento del proyecto, a ser una herramienta de trabajo. Cuando consigamos hacer secciones sin pensar, o cuando las busquemos automáticamente para entender una parte del proyecto, entonces estaremos un poco más cerca de "pensar en BIM". Porque hoy en día, hacer una sección es un esfuerzo notable, y tenemos que elegir muy bien qué secciones desarrollaremos de nuestro proyecto.

Hacer una sección

Fig.123 Sección

En Vista → Sección, haremos clic en punto inicial y clic en punto final. También podemos acceder rápidamente a la orden desde la barra de herramientas de acceso rápido. Automáticamente Revit tendrá, en el Navegador de proyectos, un apartado llamado Secciones, con nuestra nueva sección añadida*, para que la veamos cuando queramos.

* *Sin seleccionar la sección, veremos que uno de los dos extremos es de color azul; si hacemos doble clic en este extremo, iremos directamente a la vista de sección.*

Ámbito de una sección

Fig.124 Detalle de una sección.

Seleccionando la línea central de una sección, aparecen varios elementos:

- Símbolo de 2 flechas invertidas; clicando en él, la sección cambia de lado.

- Rectángulo con unos pinzamientos: podemos definir la extensión lateral y la profundidad.

- Extremos laterales de la sección. Son mero grafismo para indicar por dónde va la sección: la extensión de ésta se define en el punto 2.

- Símbolo de discontinuidad en el centro de la línea de sección. Sirve para "limpiar" la planta y hacer que solamente permanezcan visibles los extremos.

Secciones quebradas

Seleccionando la línea central de la sección, en la Cinta de opciones tenemos la orden "dividir segmento", que nos permite hacer clic en un punto de la sección y dividirla; podemos hacer tantos segmentos como queramos, o volverlos a unir si desplazamos el pinzamiento hasta que se alinee con el tramo siguiente.

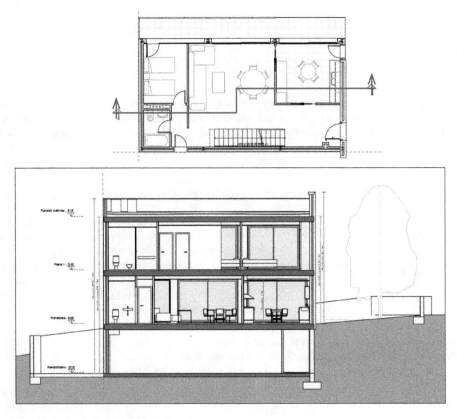

Fig.125 Sección quebrada con dividir segmento.

Alzados interiores

Aunque un Alzado interior no es una sección, es una estrategia igualmente útil para mostrar el interior de una habitación. Para más información revisar el apartado del mismo nombre en el capítulo alzados.

Ocultar en vistas con detalle más bajo que

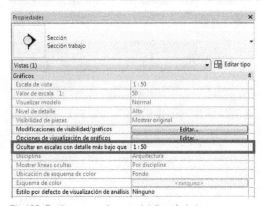

Este parámetro de ejemplar, permite ocultar las secciones en vistas con escalas muy lejanas. Nos sirve para controlar qué secciones se ven en qué vistas.

Fig.126 Ocultar en escalas con detalle más bajo que.

22. VISUALIZACIÓN BÁSICA II

Ventanas en mosaico (WT)

Cada ventana que abrimos en Revit se almacena "detrás" que la que tenemos abierta. Pero no estamos obligados a trabajar solamente en una vista al mismo tiempo, sino que podemos tener varias abiertas simultáneamente. Con la orden Vista → Mosaico, Revit ordenará todas las ventanas abiertas formando un mosaico.

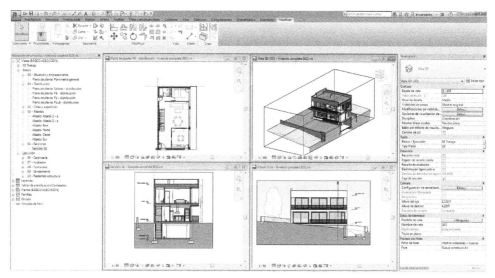

Fig.127 Ventanas en mosaico.

No obstante, cuando llevemos un rato trabajando, habremos abierto un montón de vistas y la orden Mosaico no servirá de nada. Hay que cerrar varias ventanas* para que se queden solamente 2, 3 o 4 abiertas y sea operativo.

La forma más interesante de hacerlo es dejar una ventana maximizada; pulsar la orden Vista → Cerrar ocultas; en el navegador, abrir la "otra" vista que nos interesa; y entonces usar WT.

Vista Subyacente

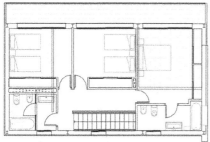

Fig.128 Planta con vista subyacente activada.

Una vista subyacente en Revit es una representación que se muestra "debajo" del dibujo, y que sirve normalmente, de referencia para la principal. Viene a ser la versión de Revit de aquellas plantillas de líneas horizontales que se usaban para escribir las líneas rectas, y que se ponían detrás del folio en blanco.

La vista subyacente es un parámetro de cada vista, y se encuentra en la paleta de Propiedades. Funciona delimitando las partes superior e inferior del rango que vamos a ver como subyacente, e indicando si miraremos hacia abajo o hacia arriba. La ventaja que tiene poder dar un rango mayor de una planta es, por ejemplo, la posibilidad de controlar si la alineación de todos los pilares o de un grupo de muros es correcta. Podemos poner cualquier vista como subyacente, no necesariamente la planta inferior.

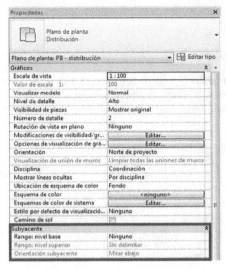

Fig.129 Subyacente.

Fig.130 Modificación de estilo de Tramado/Subyacente.

En las propiedades de selección (parte inferior derecha de la barra de estado / o desplegando la orden Modificar) podemos activar o desactivar la selección de objetos subyacentes, según nos interese.

Fig.131 Selección de elementos subyacente.

* *Si queremos controlar la apariencia de los elementos subyacentes, podemos hacerlo desde Gestionar → Configuración adicional → Tramado / Subyacente.*

Palladio X BIM WindowsLayout

Este plugin o complemento de Revit es de libre descarga. Aumenta un poco las capacidades de Revit de organización de ventana, permitiendo tener una ventana principal y varias más pequeñas en la disposición que elijamos (Top, Bottom, Right, Left); y además, ajustar de forma dinámica y muy rápida el tamaño de estas ventanas.

Fig.132 Complemento, Palladio X BIM WindowsLayout.

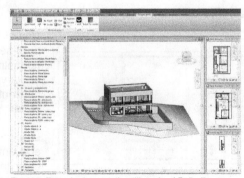

Fig.133 Ejemplo de pantalla utilizando el Palladio.

108

23. MUROS II: UNIONES

Los muros que confluyen en un mismo punto se unen de forma automática. Por eso, al desplazar un tabique, los muros que están unidos a los extremos también se desplazan, y eso nos hace ahorrar mucho tiempo. Sin embargo, a veces no queremos que se muevan, o a veces la unión no se ha hecho como nosotros esperamos.

Movimientos de muro no deseados

Cuando dibujamos muros que confluyen en una esquina, Revit crea una asociación invisible entre esos muros; es lo que hace que, si seleccionamos un muro y lo arrastramos, los demás le sigan sin separarse. Este comportamiento, que nos ahorra mucho tiempo en condiciones normales, a veces no queremos que sea así: puede que estemos moviendo un muro y detectemos que también se mueve otro que no queríamos. Para resolver esto no hay que hacer nada especial:

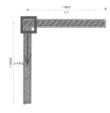

1. Seleccionamos el muro.
2. Localizamos el "pinzamiento" (en CAD eran rectángulos azules; aquí son bolitas).
3. Arrastramos el pinzamiento FUERA del resto de muros.
4. Movemos nuestro muro a la posición que queremos.
5. Volvemos a arrastrar el pinzamiento hasta que los muros se toquen.

Fig.134 Proceso para mover un muro.

Arreglar uniones de muro

Hay cuatro métodos para arreglar las uniones de muro. Están ordenados según prioridad, es decir; hay que probar el primer método y, si no funciona, acudir al segundo; y así.

1. Arreglar las capas de muro (método preventivo)
   - Los revestimientos deben estar fuera del núcleo
   - Los elementos dentro del núcleo, Función Estructura [1] *

* Esto es solamente una cuestión inicial. Poco a poco, conforme adquiramos destreza, modificaremos esta configuración según nuestras necesidades. Pero como regla inicial es válida y fácil de seguir.

2. Orden Uniones de muro (método oficial de Revit)

   - Clic en la orden, y sobrevolamos con el ratón encima de cada unión; clic en la que queremos cambiar, y en la barra de opciones pulsamos Siguiente hasta que la opción correcta aparezca. Tenemos 3 modalidades de unión entre dos muros:
   - Tope. La habitual, donde se aplican directamente los criterios de "Función"
   - Bisel. Se forma un bisel recto entre los dos muros
   - Cuadrar. Revit simula la construcción real de muros en ángulo girando una de las hojas para que acometa al otro muro en perpendicular. Al terminar de elegir nuestra unión, pulsamos ESC, o vamos a otra unión.

3. Arrastrar manualmente fuera de la unión uno de los muros, y volver a colocarlo. (es el método más bruto, pero el propio Revit lo recomienda cuando hay muchas combinaciones)

Fig.135 Mensaje de error.

4. No permitir unión (modo forzado). Si ninguna de las otras opciones sale bien, siempre podemos sacar el muro, clic derecho en el pinzamiento (la bolita) y seleccionamos la opción que dice "no permitir unión". A partir de este momento, ese muro podrá solaparse con otro, pero no calculará la unión.

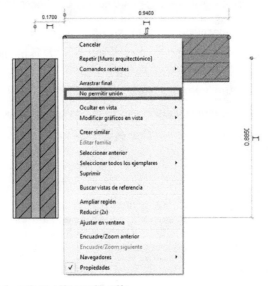

Fig.136 Botón derecho en el pinzamiento + No permitir unión.

Orden Uniones de muro

Dentro de la orden Uniones de muro, hay tres tipos de unión predeterminada:

- Tope. Es la más habitual.
- Bisel. Probablemente la menos usada.
- Cuadrar. Para uniones en ángulos agudos, quizá la más correcta constructivamente.

MUROS II: UNIONES

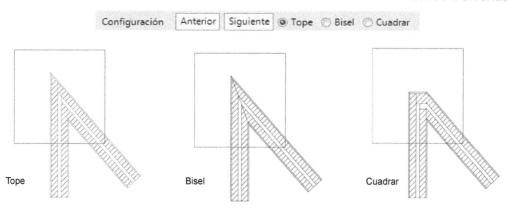

Fig.137 Ordenes de unión.

Enlazar y unir

Las uniones y enlaces de muro con suelos y cubiertas están descritas con detalle en el capítulo de "Suelos II: Pavimentos, forjados y muros". No obstante, como resumen general, las uniones entre muros y suelos se resumen de la siguiente manera:

1. Cerramiento exterior
   - Forjado superior – Unión
   - Pavimento inferior - Unión
   - Forjado inferior – no procede. En su caso, Unión.

2. Partición interior
   - Forjado superior – Enlazar
   - Pavimento inferior – Unión
   - Forjado inferior – no procede.

Un muro se puede enlazar a otro. Esta funcionalidad tiene interés solamente en el caso de muros cuyo perfil haya sido editado anteriormente, con el fin de evitar repetir trabajo.

24. SUELOS I

Suelo

Los suelos en Revit son, tanto los forjados, como los pavimentos. Es una familia de sistema, lo que significa que podremos crear tantos suelos nuevos como queramos a partir de otros, pero no podremos "cargar" suelos de otro dibujo*.

* Sí que podremos con el clásico Ctrl+C , Ctrl+V. También con Gestionar → Transferir normas de proyecto.

Boceto de suelos

Es una orden por boceto; cuando entramos en la orden, Revit no nos dejará salir de ella hasta que no pulsemos sobre el botón Aceptar o Cancelar, sin importar que pulsemos ESC un montón de veces. Los suelos son, además, elementos multicapa, de manera que podremos personalizarlos a nuestro gusto.

Mientras dibujamos el boceto, tenemos todas las opciones de boceto que Revit nos muestra en la cinta: línea, rectángulo, polígono, arco, spline... las condiciones para que el contorno se acepte son solamente dos:

1. el contorno debe estar cerrado
2. el contorno debe ser continuo (las líneas no deben solaparse ni intersecarse)

Los suelos están basados en un nivel y un desfase: un suelo de Nivel 1, desfase 0.00 tendrá la cara superior enrasada con el suelo (y, si el suelo se hace más grueso, la cara superior permanece en su sitio, y crece hacia abajo); un suelo con desfase positivo indica que la cara superior está a X cm del nivel, y un suelo con desfase negativo estará por debajo.

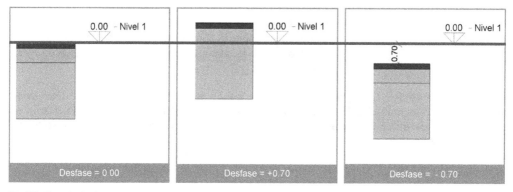

Fig.137 Tipos de desfase.

Una vez dibujado el contorno del suelo, siempre podremos volver a editarlo seleccionando el suelo y pulsando el botón de "Editar contorno", o bien con doble clic sobre el suelo.

Si estamos dibujando un suelo en una planta superior, y hay muros por debajo, SIEMPRE nos preguntará si deseamos ENLAZAR los muros de abajo. Enlazar hará que todos los muros queden hasta la cara inferior del suelo. Aunque esto es deseable en los tabiques interiores, no lo es en los cerramientos exteriores (que será mejor si los Unimos al suelo). Así que será nuestra decisión ver qué nos dará más faena: enlazar manualmente todos los tabiques interiores, o desenlazar todos los cerramientos exteriores. Se desarrolla en el siguiente capítulo.

La línea es demasiado corta

Más de una vez observaremos este error. Se debe a lo siguiente: cuando hacemos boceto por muros, Revit crear una minilínea entre dos muros consecutivos, para asegurarse de que, en caso de que movamos uno de ellos, él tenga una línea que poder estirar. Sin embargo, si borramos nosotros alguna de las dos líneas "normales" que tienen la minilínea entre ellas, Revit da el error de que esa línea "es demasiado corta". Simplemente es necesario seleccionarla con una ventana y eliminarla.

Forjados + pavimentos

Aunque Revit permite hacer en un sólo suelo forjado y pavimento, no es operativo. Porque cada parte de nuestro edificio tiene una combinación diferente: un pavimento distinto a otro, unas partes con enlucido bajo forjado y otras con falso techo... lo único que es común a todo es la propia estructura: el forjado.

Por tanto, mi propuesta operativa es tener UN suelo que sea solamente la estructura; lo que es común a toda la planta. Y después, tantos suelos de pavimento como sean necesarios. Normalmente no se hace un suelo por habitación, sino que es un único suelo por todas aquellas estancias que estén conectadas con el mismo pavimento.

Núcleo y desfase

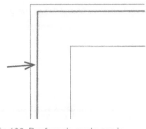

A la hora de dibujar un forjado, debemos tener en cuenta el retranqueo desde la línea de fachada. Si es un edificio con fachada ventilada no será necesario, pero en el resto de los casos es habitual.

Tradicionalmente ha habido dos maneras de representar el retranqueo del forjado: mediante distancia de la línea de fachada, o indicando el vuelo de la hoja exterior de fachada. Los dos métodos son igualmente correctos, y será decisión personal cómo enfocarlo.

Fig.138 Desfase de suelo con la fachada.

Al dibujar el contorno del suelo, la opción de boceto más interesante es "Seleccionar muros", pues haciendo clic en un muro, Revit dibujará por nosotros la línea delimitadora del forjado. Y aquí es donde entra en escena el párrafo anterior, acerca de colocar la distancia desde la fachada o desde la fábrica: en la barra de opciones tendremos un cuadro para colocar un "desfase" (donde valores positivos son hacia fuera del muro, y valores negativos son hacia dentro del muro); y una casilla de verificación que dice "Extender en muro (al núcleo)". Veamos qué debemos poner:

- Marcar la casilla del núcleo hace que la línea se coloque no en la cara de acabado del muro, sino en la cara del núcleo.

- Escribir un desfase negativo hará que dibujemos la línea desfasada X cm del borde del muro (o del núcleo, según si está marcada la casilla de antes o no).

SUELOS I

Por tanto, según nuestro método de calcular el retranqueo de los forjados, haremos:

- Calculando desde la línea de fachada. Casilla de verificación desactivada, desfase -0.05 (por ejemplo; tomando 1.5cm de mortero, 3.5cm de rasilla).
- Calculando desde la fábrica de ladrillo. Casilla de verificación activada, desfase -0.035 (si el vuelo es 1/3 del espesor de un ladrillo de 11cm, son 3.5cm)

Fig.139 Desfase.

Cuando estemos dibujando los pavimentos de una habitación (por ejemplo, de un cuarto húmedo como un baño o una cocina), deberíamos marcar la casilla de verificación (para que el pavimento llegue hasta la fábrica, no hasta el revestimiento) y poner desfase cero.

Alinear grafismo

Si el material superior del suelo (el acabado) tiene un patrón de relleno por superficie, podremos alinearlo sin ningún esfuerzo:

- Con la orden Alinear (AA), seleccionamos dónde (la referencia a la que queremos alinear el suelo), y qué (la línea del suelo que debe pasar por ahí).
- Si ponemos el cursor, sin pulsar, encima de una línea del patrón de sombreado y apretamos una o varias veces la tecla TAB, se seleccionará la línea; con eso podremos moverla, girarla, desplazarla o colocarla como deseemos.

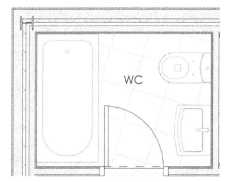
Fig.140 Suelo sin alinear.

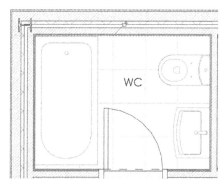
Fig.141 Suelo alineado.

115

25. SUELOS II: PAVIMENTOS, FORJADOS Y MUROS

En algún momento anterior hemos comentado que los niveles se corresponden con el acabado de pavimento. En realidad esto no tiene porqué ser así, y podrían corresponderse con la cara superior de forjado. En cualquiera de los dos casos, la decisión tiene consecuencias, y tendremos que mover otros elementos. Por eso, como es una decisión importante a la hora de trabajar el proyecto, vamos a repasarla entera:

1. Colocar en un único elemento de suelo tanto el forjado como el pavimento, no parece operativo porque hay mucha casuística, y tendríamos que ir dividiendo en trocitos el suelo.

2. Por tanto, decidimos separar por una parte la función estructural (el forjado) y por otra los revestimientos o acabados de pavimento.

3. Como los suelos se enrasan a la cara superior, tendríamos dos suelos superpuestos y eso sería incorrecto: hay que desplazar uno de ellos el espesor del paquete de pavimento (pongamos 7cm)

Aquí tenemos que tomar una decisión:

- Si el nivel se enrasa con la cara de forjado, tenemos que desplazar hacia arriba el paquete de pavimentos: seleccionaremos los pavimentos y les daremos un desfase de +7cm*.

Consecuencias: habrá que levantar todas las puertas y los mobiliarios 7cm, y calcular en +7cm los antepechos de las ventanas y las cotas de altura libre para los falsos techos.

- Si el nivel se enrasa con la cara de pavimento, tenemos que desplazar hacia abajo el forjado: seleccionaremos los forjados y les daremos un desfase de -7cm.

Consecuencias: habrá que desplazar todos los muros -7cm en la base y en la cara superior, para que vayan de forjado a forjado.

Fig.142 Nivel enrasado con la cara superior de forjado.

Fig.143 Nivel enrasado con la cara de pavimento.

Metodología

Mi propuesta es mantener el nivel como cota de pavimento; por tanto, veamos cómo proceder de la forma más rápida posible a desfasar todos los muros y suelos, y a arreglar todas las consecuencias.

1. Para mover los forjados, en una sección se puede seleccionar uno, seleccionar todos los ejemplares en el proyecto (SA) y en el parámetro de desfase en la paleta de Propiedades escribir -0.07. Si hay varios tipo de forjados, haremos lo mismo con cada uno de ellos.

2. Para mover los muros, en una vista 3D se puede seleccionar todo el modelo con ventana; y con la orden Filtro desmarcar todo excepto los muros. En el parámetro Desfase de base, de la paleta Propiedades, ponemos -0.07.

3. Si no tenemos dibujado ningún muro con altura "No conectada" también podremos escribir -0,07 en el parámetro Desfase superior; si no nos deja es porque hay muros con No conectado, y tendremos que hacer el proceso seleccionando por tipo de muro (o bloqueando los muros que sean No conectado para que al seleccionarlos no los coja).

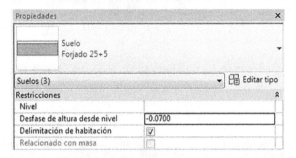

Fig.144 Desfase de altura desde nivel.

Suelos continuos debajo de los tabiques o interrumpidos

Según el tipo de pavimento, pueden ocurrir dos situaciones:

1. El pavimento se interrumpe en el tabique, siendo continuo solamente en los huecos de puertas. Esto pasa en pavimentos tipo gres, o laminados.

2. El pavimento pasa corrido debajo del tabique, siendo un único suelo. Pavimentos de mármol o terrazo, como consecuencia de solar antes de tabicar.

3. La forma de reproducir exactamente este comportamiento en Revit es extremadamente sencilla:

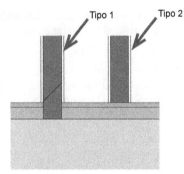

Fig.145 Tipo 1 y 2 de uniones entre pavimento y suelo.

- Los suelos que han de pasar por debajo del tabique, deben tener todas sus capas dentro del núcleo, con Función Estructura [1].

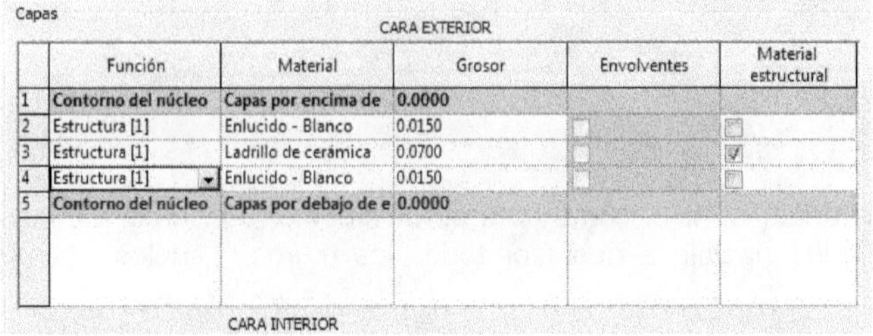

	Función	Material	Grosor	Envolventes	Material estructural
1	Contorno del núcleo	Capas por encima de	0.0000		
2	Estructura [1]	Enlucido - Blanco	0.0150		
3	Estructura [1]	Ladrillo de cerámica	0.0700		✓
4	Estructura [1]	Enlucido - Blanco	0.0150		
5	Contorno del núcleo	Capas por debajo de e	0.0000		

Fig.146 Tabique para que los suelos pasen por debajo.

SUELOS II: PAVIMENTOS, FORJADOS Y MUROS

- Los suelos que se interrumpen en cada tabique, deben tener todas sus capas dentro del núcleo, con Función Substrato [2].

	Función	Material	Grosor	Envolventes	Material estructural
1	Contorno del núcl	Capas por encima	0.0000		
2	Substrato [2]	Enlucido - Blanc	0.0150		
3	Substrato [2]	Ladrillo de cerá	0.0700		✓
4	Substrato [2]	Enlucido - Blanc	0.0150		
5	Contorno del núcl	Capas por debajo	0.0000		

Fig.147 Muros para que el suelo se interrumpa en cada tabique.

Cerramientos exteriores y forjados

Si hacemos una sección, veremos que el resultado no es, de momento, como esperamos; se ven todas las líneas superpuestas. Los cerramientos exteriores (la envolvente del edificio) deberían unirse al forjado superior. El método es mediante la orden Unir (UU) y seleccionar ambos elementos (el orden no importa). Sin embargo, hay una forma de hacer la unión de todos los cerramientos exteriores y el forjado más rápida:

1. Vamos a una vista de plano de techo (para ver los muros y el forjado superior)
2. Orden Unir (UU), marcamos Unión múltiple
3. Seleccionamos el forjado superior
4. seleccionamos, uno a uno, los cerramientos exteriores. Si no nos deja seleccionar alguno, es porque ya está unido.

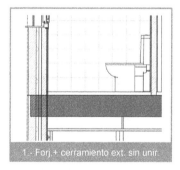 

Fig.148 Unión entre el cerramiento exterior y el forjado.

Unión pavimentos - tabiques

Además, al aceptar el suelo, Revit detectará que se solapa con los muros perimetrales del suelo y nos ofrecerá la opción de unirlos automáticamente. *("El suelo/la cubierta se solapa con los muros resaltados. ¿desea unir la geometría y cortar el volumen solapado?")* La respuesta es SÍ, porque nos ahorrará tiempo. Sin embargo, aquellos tabiques que no sean perimetrales al suelo no los detecta para hacer la unión automática (por ejemplo, un tabique que está íntegramente contenido dentro del suelo y no toca ningún borde). Estas uniones las haremos manualmente.

Fig.149 Unión múltiple.

1. Seleccionamos la orden Unir (UU).
2. Marcamos la casilla "unión múltiple" en la barra de opciones.
3. Seleccionamos el suelo.
4. Seleccionamos cada uno de los tabiques que debemos unir.

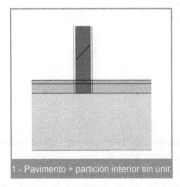
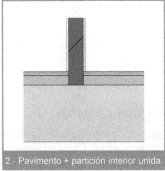

Fig.150 Unión entre pavimento y partición interior.

Particiones interiores

En la vista de sección observaremos también que los muros interiores llegan hasta la cara superior del forjado superior, en vez de terminarse en la cara inferior del forjado. Aunque una posibilidad es editar el desfase superior y restar el canto del forjado, esto hace que ante una modificación del espesor del forjado, tendríamos que volver a modificar todo; es más práctico emplear la orden Enlazar. Veamos el proceso:

1. En una vista, seleccionamos todos los muros de una planta (por ejemplo, en un alzado o en una vista de plano), incluso ayudándonos con la orden Filtro o Seleccionar todos los ejemplares en la vista (SV)
2. En la Cinta de opciones, aparece a la derecha el comando Enlazar. Clic.
3. En la barra de opciones, elegimos si queremos enlazar la base o la cara superior: en este caso, queremos la cara superior
4. Seleccionamos el forjado superior

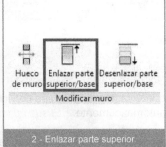
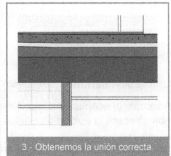

Fig.151 Proceso de enlace de una partición interior con el forjado superior.

Si lo hemos hecho correctamente, los muros llegarán hasta la cara inferior del forjado superior, con la ventaja de que, si cambiamos el espesor del forjado, los muros también modificarán su altura.

Puertas en separación de pavimentos

Las puertas que separan dos habitaciones con pavimentos diferentes puede que se queden sin pavimento por debajo; la solución es, simplemente, editar el contorno del suelo y alinear esa línea al otro lado*. Se podría contornear manualmente el hueco de la puerta, pero será mucho más trabajo.

* *El cambio de pavimento se produce siempre debajo de la hoja de la puerta cerrada, así que con este criterio claro no debería haber duda sobre qué suelo editar.*

 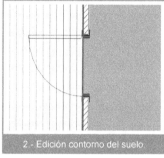 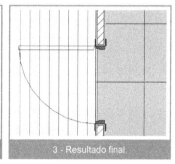

Fig.152 Proceso de cambio de pavimento en paso de puerta.

Diferencia entre Unir (UU) y Enlazar

Aunque da la impresión de que las dos órdenes sean muy parecidas (y lo son), hay una diferencia fundamental:

Enlazar parte superior/base

- La orden Enlazar estira la cara superior del muro (o la base, según lo que hayamos escogido) hasta llegar al elemento al que está enlazado, sin importar la distancia. Por mucho que movamos el elemento, el muro llegará hasta ahí (o nacerá desde ahí).

Unir ▾

- La orden Unir (UU) hace una especie de "unión booleana". Utiliza los parámetros de Función de los elementos para establecer qué capas de un elemento prevalecen sobre otras.

No hay una orden "mejor" que otra. Nosotros utilizaremos, como regla general:

1. La orden Unir (UU), para encuentros entre:
   - Cerramientos exteriores con forjado superior
   - Tabiques con pavimentos
   - Antepechos con cubiertas planas
2. La orden Enlazar, para encuentros entre:
   - Tabiques con el forjado superior
   - Tabicas de falso techo con los elementos de techo
   - Cerramientos con cubiertas inclinadas o de geometría orgánica
   - Muros en general con planos de referencia.

¿Aceptar enlazar? ¿Aceptar unir?

Cada vez que creemos, o editemos, un suelo o cubierta que tenga muros por debajo, Revit nos preguntará si deseamos que "*los muros suban hasta este nivel del suelo para enlazar con parte inferior*". Si se tratase solamente de tabiques interiores, diría que sí, porque me ahorrará trabajo.

Si editamos, o creamos, un suelo cuyos contornos son muros (y están dibujados con línea de muro, no con líneas simples), también nos informará de que "*el suelo/cubierta se solapa con los muros resaltados. ¿desea unir la geometría y cortar el volumen solapado?*". Aquí la respuesta debería ser siempre que sí.

26. TECHOS

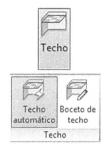

La herramienta de Techos en Revit nos permite crear tanto falsos techos suspendidos, como revestimientos inferiores de forjado (enlucidos o enfoscados). La forma normal de colocarlos es desde una vista de techo, ya que si lo hacemos desde una vista de planta, probablemente Revit nos avise de que el elemento "no es visible en la vista". Pulsando sobre la orden, en la Cinta de opciones podremos elegir entre Techos automáticos (delimitados por muros) o Techos por boceto (dibujando nosotros el contorno del techo, con las mismas condiciones que al dibujar un suelo: el contorno debe ser cerrado y continuo).

En la paleta de Propiedades podremos elegir la altura a la que se sitúa el techo (Nivel y desfase); el desfase se refiere hasta la cara inferior del techo, de manera que es directamente la altura libre de la planta*.

Fig.153 Restricciones de altura.

* El plano de corte del rango de vista de un plano de techo está a 2.30m. Si hacemos un muro a 2.20 nos dirá que "No es visible en la vista" y habrá que cambiar el rango de vista.

Los techos, igual que los suelos y demás elementos por boceto, pueden editarse una vez creados (haciendo doble clic sobre el techo, o bien seleccionándolo y pulsando en el botón de "Editar contorno").

Techos continuos

Para dibujar un techo continuo (un enlucido o enfoscado bajo forjado) crearemos un nuevo tipo, con el material y espesor correspondiente (dentro de la ventana clásica de edición de estructura multicapa) y, la opción más cómoda, es dibujarlo a una altura estándar, para luego alinearlo a la cara inferior del forjado mediante la orden Alinear (AA).

Foseados perimetrales y tabicas

Tanto si tenemos un falso techo a dos alturas, como un foseado perimetral, o una bandeja perimetral de techo liso junto a un techo modular de placas, resolveremos el sistema mediante el mismo proceso.

1. Desde la vista de techo, dibujamos un techo que ocupe toda la habitación.
2. Editamos el contorno del techo y hacemos otro contorno interior. Al aceptar, habremos hecho un agujero.
3. En ese agujero generamos un segundo techo, a la cota deseada.
4. Si necesitamos hacer una tabica, habremos de crear un tipo de muro que llamaremos

"Tabica FT" con el material y el espesor adecuado. Dibujamos un muro que contornee la unión entre los dos techos. No importa la altura: de planta a planta, por ejemplo.

5. Para que la unión sea correcta, ambos techos deben "envolver" el muro. Conseguiremos esto editando uno de los contornos de techo y moviendo o desfasando las líneas X cm*.

* *Tras poner la orden Desfase (EQ), si ponemos el cursor sobre una de las líneas, sin seleccionarla, y pulsamos TAB, seleccionaremos toda la cadena de líneas; haciendo clic se seleccionan y desfasan todas.*

6. Seleccionamos todos los muros de tabica y, en una sección, aplicamos la orden Enlazar. Con la opción de "parte superior" enlazamos por arriba, y con la opción de "base" enlazamos por debajo.

  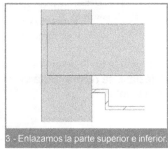

Fig.154 Proceso de creación de una tabica.

Pendientes en techos

Para dar una pendiente a un techo, lo haremos mediante flechas de pendiente:
1. Seleccionamos el techo
2. Clic en Editar contorno (o doble clic sobre el techo)
3. Justo debajo de "línea de contorno" tenemos "Flecha de pendiente"
4. Dibujamos la flecha, teniendo en cuenta los siguientes puntos:
   - "extremo inicial" y "extremo final" están traducidos al contrario de como lo entenderíamos nosotros. El extremo final de una flecha de pendientes, en Revit, no es la punta de la flecha, sino el otro extremo
   - el extremo inicial (el que no tiene la flecha) debe estar, necesariamente, sobre el contorno del techo
   - en las propiedades de la flecha de pendiente, podemos determinar la altura bien por "Altura en extremo final" o bien por "pendiente", en grados decimales.

Fig.155 Proceso para crear un techo inclinado.

27. MUROS III: REVESTIMIENTOS

Una de las cuestiones en Revit que más debates plantean es cómo enfocar los acabados de los muros: ¿se detallan o no? Mi respuesta es absolutamente personal, y es "depende". Depende de la fase del proyecto en la que estemos.

Para un concurso, o un anteproyecto (situaciones ambas en las que trabajamos a ciegas y sin garantías de éxito) NO detallaría los muros. Tendría unos muros básicos de 10, 15, 20, 25 o 30 cm, incluso con una cámara dibujada si quiero demostrar algo más de sensibilidad al grafismo, pero ya está. No voy a perder tiempo con esto.

Para un proyecto de ejecución, o incluso para un básico (pues en Revit, la información se genera simultáneamente con el modelado, y es muy difícil mantener la actitud tradicional en CAD de "ya detallaré esto") SÍ que diferencio acabados.

Esto genera una serie de muros adicionales: por ejemplo, el cerramiento exterior pasa de ser un tipo de muro a ser dos, o incluso tres (acabado interior enlucido, o alicatado, o incluso enfoscado, si se da el caso de un garaje); y los tabiques interiores también (de un solo tabique de ladrillo hueco del 7, paso a uno con enlucido a ambas caras, otro con alicatado a ambas caras, y otro con enlucido / alicatado... sin contar con los de enfoscado). Pues bien, aunque pueda parecer un engorro, esto tiene las siguientes ventajas:

1. Estás modelando lo que realmente vas a poner. Conceptualmente es mejor
2. Las dimensiones serán exactamente ésas. Sabemos que un muro con enlucido mide menos que el mismo muro con alicatado a ambos lados; con Revit esto se refleja desde el principio, y dimensionamos de forma acorde.
3. Cada sección o alzado que haga ya tiene el grafismo de esos muros de alicatado con su despiece, resultando en un nivel de detalle y de grafismo más adecuado y adelantado.
4. La tabla de mediciones de materiales recoge exactamente los m² que estoy usando de esos materiales, lo que me ayudará en las mediciones de proyecto.

También tiene desventajas, por supuesto:
1. la generación de muros adicionales es una de ellas
2. es más que posible que varios muros que hemos dibujado continuos, debamos dividirlos en dos para que una parte, por ejemplo, sea doble enlucido y otra, enlucido y alicatado.

28. MUROS IV: BARRIDOS

Un **Barrido de muro** es una adición lineal a un muro. Por ejemplo, una cornisa o moldura, un rodapié, una albardilla o una bandeja perimetral.

Por su parte, un **Telar de muro** es justo lo contrario: una sustracción lineal a un muro. Por ejemplo, la modulación de un regle para mortero monocapa, o los berenjenos de encofrado de hormigón.

Ambos elementos pueden ser verticales u horizontales. Se encuentran en Arquitectura, desplegando la herramienta Muro. El funcionamiento de ambos es muy similar: dentro de Editar tipo, podemos elegir un Perfil y, en el caso del barrido, también un material.

Fig.156 Barrido y telar.

Fig.157 Modificar el perfil del barrido/telar.

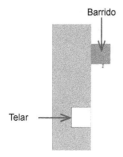

Fig.158 Barrido y Telar

Una vez seleccionada la orden, elegimos en la parte derecha de la Cinta de opciones si queremos realizar el Barrido o Telar en horizontal o en vertical, y seleccionamos un muro*. Si tocamos más muros, hará el barrido o telar continuo de un muro a otro; y a la hora de seleccionarlo después se comportará como un único elemento.

* *No es posible seleccionar más veces el mismo muro, así que si queremos hacer el mismo barrido varias veces, tendremos que salir de la orden (ESC) y, con Copiar, hacer las copias necesarias. También se puede usar Matriz si queremos hacer muchas copias de una sola vez.*

Al dibujar un barrido o telar, podemos habernos olvidado de seleccionar un muro más, o haber clicado en algún muro que no debíamos; simplemente seleccionamos el barrido y aparecerá en la Cinta de opciones la orden "Añadir/Eliminar muros". Clicando en un muro que NO tenga el elemento, añadirá* un barrido (o telar, según el caso), y clicando en un muro que SÍ lo tiene, lo eliminará.

A la hora de seleccionar un muro para añadir un barrido o telar, hay que tener cuidado de seleccionar el mismo lado del muro que en el resto, porque si no hará el barrido o telar por el lado contrario.

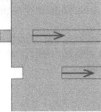

Si tocamos un barrido o telar, podremos desplazar los pinzamientos extremos para que no vaya hasta el final del muro, sino que termine antes. Si se encuentra con otros barridos o telares, Revit resuelve automáticamente la intersección. Y, por supuesto, tocando el barrido o telar de muro, aparecerán unas cotas temporales para colocarlos con total precisión.

Fig.159 Desplazar pinzamientos.

Crear nuevo perfil

A la hora de crear un barrido o telar, querremos hacer nuestros propios perfiles para que responda, exactamente, a lo que buscamos. Para ello debemos ir Revit → Nuevo → Familia y seleccionar "Perfil métrico – telar". Debemos dibujar un perfil (en milímetros) que sea continuo y cerrado; es decir, las mismas condiciones que con los suelos. Deberá estar dibujado hacia la derecha, tanto si lo usamos como barrido o como telar. La intersección de las líneas de referencia será el punto de inserción del perfil.

Al terminar, debemos guardarlo primero, ponerle un nombre; y entonces Cargar en proyecto (o Cargar en proyecto y cerrar).

Ahora, al Editar tipo dentro del barrido o telar, nuestro perfil aparecerá en la lista de perfiles*.

Si al seleccionarlo e intentar crear un barrido o telar nos aparece el símbolo de Prohibido, significará que el perfil está mal hecho: o bien hay líneas duplicadas, o no está cerrado. Debemos editar el perfil para localizar y corregir el fallo.

Editar un perfil existente

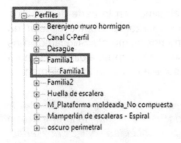

Fig.160 Navegador de proyectos / Familias / Perfiles

Simplemente debemos ir, dentro del Navegador de proyectos, hasta Familias → Perfiles, localizar el nuestro, botón derecho → Editar. Entraremos en el perfil que está guardado en nuestro dibujo; lo podremos modificar; y al "Cargar en proyecto" nos preguntará dos cosas:

1. ¿Quieres guardar cambios en el archivo? Si sí, sobrescribiremos el archivo de nuestro ordenador. Si no, los cambios solamente se actualizarán en el dibujo de Revit

2. ¿Quieres sobrescribir, o sobrescribir también los parámetros? Los parámetros no los hemos empezado a modificar; aunque si elegís esta opción, siempre acertaréis.

MUROS IV: BARRIDOS

Algunos usos de barrido

Fig.161 Perfil de albardilla.

Fig.162 Perfil para oscuro perimetral

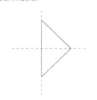

Fig.163 Perfil para crear los berenjenos

Albardilla. Hay dos métodos generales para hacer una albardilla (o una piedra de remate para un muro de piscina) en Revit. Uno de ellos es mediante un muro apilado; pero el que vamos a describir aquí es generar un perfil de barrido y aplicarlo a un muro, con desfase desde arriba cero. Así queda como un sombrerete por encima del muro. El proceso es exactamente igual que lo mostrado hasta ahora, y la única peculiaridad es que, como nuestra intención sea, probablemente, que el barrido sobresalga un poco por una parte del muro, y recubra íntegramente por encima el resto, haremos el perfil de manera que lo que vaya hacia la derecha sea lo que sobresale; el resto del perfil irá hacia la izquierda del plano vertical.

Oscuro perimetral o tabica de falso techo. Mediante un muro que tenga ambos extremos enlazados, se puede hacer una tabica de falso techo; pero si queremos una forma concreta de ese oscuro, resultará mejor hacerlo mediante un barrido, ya que además podemos modificar el parámetro de ejemplar "Desfase desde muro" y controlar así la separación.

Berenjenos de un muro de hormigón. Se realizarían con un telar. Con la orden Matriz (MA) podemos fácilmente distribuirlos a lo largo del muro.

Muros terminados en ángulo. Para hacer que el extremo de un muro no sea ortogonal, sino en ángulo, podemos usar uno de los siguientes métodos:
a. Telar de muro con la forma del vacío
b. Familia in situ de categoría muro, con elemento de vacío
c. Plano de referencia y enlazar el muro (sólo para la parte superior/inferior)

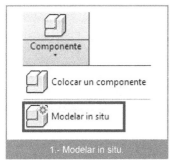

Fig.164 Proceso de ejecución de un muro terminado en ángulo mediante Familia in situ.

Fig.165 Proceso de ejecución de un muro terminado en ángulo mediante plano de referencia.

Modificar retorno

Al dibujar un barrido, podemos querer que el perfil "gire" en las inserciones (puertas, ventanas o huecos) o que, en el testero o canto de un muro, lo bordee por completo. Para conseguir esto debemos seleccionar el barrido y, en la Cinta de opciones, pulsar en "Modificar retorno" y tocar el borde del barrido. Esto hará que el barrido gire 90º, y podremos seleccionar el pinzamiento y estirarlo.

En los testeros de muro hay que hacer el retorno de muro en ambos barridos; con la orden Unir (UU) borraremos la línea de unión entre ambos.

* *Si cerramos un muro con dos barridos en el testero, y modificamos el grosor del muro, no se actualizará automáticamente la distancia de retorno de los barridos.*

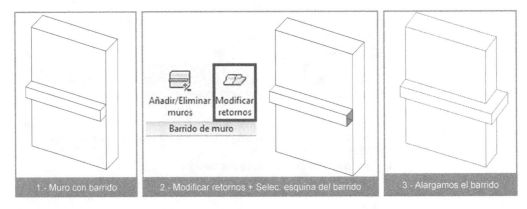

Fig.166 Proceso para modificar retornos.

29. MUROS V: APILADOS

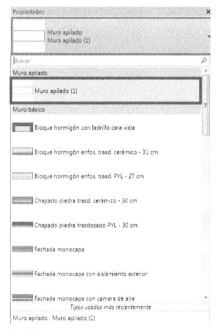

Fig.167 Crear un muro apilado.

Un muro apilado es, como su nombre indica, un muro. Y por tanto, se crean desde la orden Muro; están en la parte superior del desplegable de los tipos de muro ("A-pilado" va antes que "B-ásico" y que "C-ortina"; salvo en inglés que "S-tacked" va después de "B-asic"). La diferencia principal es que, en vez de estar compuesto por capas de diferentes espesores que configuran su grosor final, está compuesto de 2 o más Tipos de muro; todos con alturas definidas excepto uno de ellos, que tiene altura Variable y absorberá la diferencia entre altura total del muro, y la suma de alturas del resto de tipos.

Las condiciones, o reglas generales de los muros apilados, son:

1. Cada una de las "capas" o tipos de muro, podrá tener una altura no inferior a 3,1cm*.

Lo cual, por otra parte, es lógico... muros de 3,1cm de altura no son muy comunes.

2. La altura mínima cuando creemos un muro apilado, será la suma de las alturas de los diferentes muros que lo componen.

Dentro de la ventana de creación de muros apilados, podremos:

- Alinear los muros entre sí a eje, cara exterior o cara interior, por ejemplo.
- Controlar el desfase entre muros: si es cero, estarán perfectamente alineados según el punto 1; pero se les puede poner un retranqueo o saliente de 2cm a una parte, por ejemplo.
- Cambiar la altura de la muestra, en la parte superior derecha

Cuándo usar muros apilados

Si una composición de muro es variable a lo largo de su altura se resolverá muy bien con un muro apilado. Por ejemplo, los cerramientos de viviendas en las construcciones tradicionales del interior se componen, normalmente, de lo siguiente:

- La base es muro de 1m de alto y 80cm de ancho de mampostería
- Se continúa con bloques de hormigón, o de termoarcilla, o panal
- En la parte superior hay un remate de 30cm de hormigón, o bloque, o otros

También es útil si queremos hacer un tabique que tenga alicatado hasta 1,5m y después enlucido; o un murete de cerramiento de parcela compuesto por 1m de muro de bloque y después un cerramiento ciego de 2m; o en naves industriales, o centros comerciales, donde hay una fachada representativa que se compone de varios elementos que no están relacionados con los niveles.

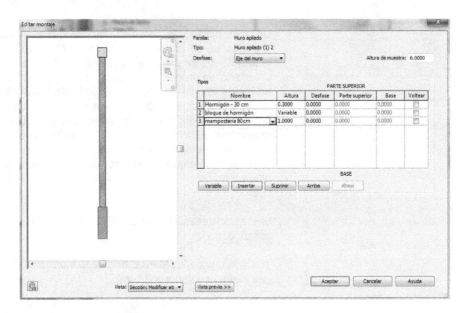

Fig.168 Muro apilado, ejemplo construcción tradicional.

Cuándo no usar muros apilados

En composiciones dependientes de niveles. Porque es muy cómodo usar las restricciones de nivel a nivel de Revit, y evitamos problemas; si la planta baja de un edificio tiene aplacado de piedra, la planta sótano es de hormigón armado, y las plantas superiores son enfoscado tradicional, eso son muros distintos; pero no necesariamente muros apilados. Ya que los muros apilados no responden a los niveles, sino a las alturas que hemos introducido manualmente dentro del tipo.

Casos especiales: albardilla / piedra de remate de piscina

Hay dos métodos generales para hacer una albardilla en Revit. Uno de ellos es mediante un barrido; pero el que vamos a describir ahora es mediante un muro apilado. Para ello, debemos tener creados los dos tipos de muro que van a entrar en juego:

1. el muro en sí. Pongamos un antepecho de dos hojas de LH7*

* *Muro de hormigón gunitado para el caso de piscina*

2. la albardilla. Deberá ser un tipo de muro (podemos llamarlo "albardilla de hormigón polímero", por ejemplo) que tenga el espesor adecuado. Si nuestro antepecho de 2 hojas de LH7 tiene 20cm, nuestra albardilla deberá tener, al menos, 25cm. Éste será el grosor que debemos asignar a nuestro muro*.

* *En el caso de la piedra de remate de piscina, el muro de piedra será de 50 o 60cm*

MUROS V: APILADOS

Ahora, simplemente creamos un nuevo muro apilado y creamos dos capas o tipos de muro, alineados a eje*: la primera será la albardilla, con un espesor mínimo de 3.1cm; y la siguiente, la que será Variable, el antepecho de LH7.

En el caso de la piedra de remate de piscina, en vez de alinearlos a eje, es más interesante alinearlos a la cara de acabado interior, con un desfase de 2cm de uno de los dos muros.

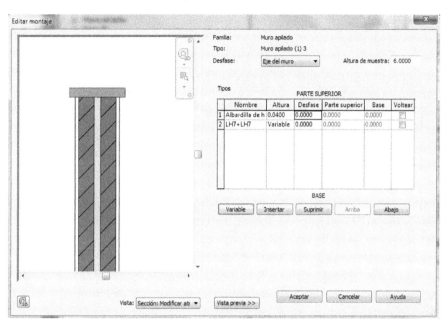

Fig.169 Muro apilado, albardilla.

30. CUBIERTAS

El elemento Cubierta de Revit funciona exactamente igual que un techo; es un elemento multicapa por boceto, y la cara de referencia es la cara inferior. Lo cual tiene sentido: si aumentamos el espesor de la capa de grava o de la plancha de aislamiento, la cubierta será más gruesa, pero el forjado se mantiene en su sitio.

¿las cubiertas incluyen el forjado?

En Revit podemos hacer que la cubierta sea el paquete forjado + cubierta, o solamente cubierta. Si optamos por el primer método, debemos dejar el forjado dentro del núcleo y el resto fuera, para que las uniones se realicen correctamente.

Yo recomiendo trabajar con el segundo método: las cubiertas son un paquete que se coloca tras haber colocado el forjado y, por tanto, independientes a él. Los forjados serán siempre suelos, tanto si delimitan plantas interiores como si es la envolvente del edificio. Esto hace, a mi modo de ver, mucha más cómoda la creación de niveles (pues hay una única regla a seguir a la hora de calcular alturas) y simplifica mucho las situaciones en las que un mismo forjado delimita áreas interiores y exteriores (por ejemplo, un forjado de planta primera que sirve como base para la cubierta del patio interior, pero también como un forjado intermedio estándar del edificio).

El caso especial donde la cubierta debería incluir el espesor del forjado dentro del mismo paquete es una cubierta inclinada con forjado inclinado; aquí no parece muy razonable duplicar el tiempo de dibujar ambos elementos.

Fig.170 Paquete de cubierta con y sin forjado.

Modelado básico de cubiertas

Una vez dentro de la orden de Cubierta, podemos utilizar cualquiera de los Bocetos disponibles, incluso el de Muro, que es más interesante para mantener la relación y la dependencia entre la cubierta y los muros que la delimitan. Los criterios a la hora de decidir qué desfase (o voladizo) queremos, y si nos interesa a núcleo de muro o no, son más constructivos y, por tanto, personales, que de manejo del programa.

Fig.171 Define pendiente y voladizo.

Conforme estamos dibujando las líneas de cubierta, podemos marcar o desmarcar la opción "Define pendiente"* dentro de la barra de opciones: cada línea con la casilla marcada será el alero de un faldón de cubierta: el nacimiento de un plano inclinado, cuyos grados también podemos modificar. Si no está marcada, esa línea no comenzará ningún alero*.

* No se puede tener marcado "define pendiente" y darle un ángulo cero. Dará error.
* Si ninguna de las líneas de cubierta tienen marcada la casilla de "define pendiente", generaremos una cubierta plana. Conforme vayamos marcando la casilla en las diferentes líneas, haremos cubiertas a 1, 2, 3 o 4 aguas.

Pendientes en XX

Para colocar las pendientes en cubiertas planas -y en suelos exteriores-, una vez seleccionada la cubierta, pulsaremos el botón de "Modificar subelementos". Aquí podremos crear puntos y líneas que definirán las pendientes de recogida de aguas.

La intersección de dos líneas genera automáticamente un punto; así que hay que crear las líneas con cuidado para no hacer puntos adyacentes, que habrá que eliminar luego, y repetir parte del trabajo*.

* Cuando intentamos dibujar una línea cuyo ángulo está cerca de la horizontal, o la vertical, o incluso 45°, Revit nos "ayuda" a hacerlo ortogonal; pero si NO queremos, puede convertirse en un engorro. Dos propuestas: una pulsación de la tecla TAB hará que Revit alterne su fijación con la línea ortogonal y vaya al punto final más próximo. O bien, desactivar temporalmente el forzado de cursor (por defecto, SO).

Fig.172 Punto para modificar pendiente

Una vez tenemos la red de pendientes dibujada en plano, procedemos a cambiar las cotas de los elementos (por ejemplo, de los puntos de recogida de aguas). Tocamos uno de los puntos y sustituimos el valor 0.00 por defecto, por la elevación necesaria (número positivos sube hacia arriba, números negativos baja hacia abajo).

Si en algún punto de la edición de subelementos de cubierta apretamos ESC o, sin querer, hemos salido de la orden, podemos volver en cualquier momento tocando de nuevo la cubierta y pulsando el botón de "Modificar subelementos".

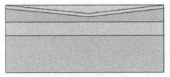

Fig.173 Sección de cubierta, con todas las capas quebradas.

	Función	Material	Grosor	Envolventes	Variable
1	Acabado 1 [4]	Cerámica bl	0.0200		
2	Substrato [2]	Hormigón y	0.0800		✓
3	Contorno del	Capas por enci	0.0000		
4	Capa térmica/	Aislamiento	0.0800		
5	Estructura [1]	Hormigón	0.2200		
6	Contorno del	Capas por deb	0.0000		

Fig.174 Dentro de las propiedades de cubierta indicar que capa absorbe la pendiente (Variable).

Viendo la sección de nuestro trabajo, nos daremos cuenta de que toda la cubierta se quiebra para ajustar los valores; si no es lo que estamos buscando, debemos editar la estructura de la cubierta y marcar la casilla Variable en una sola de las capas, que es la que absorberá las diferencias de cota: normalmente, la capa de formación de pendientes.

Fig.175 Cubierta con la variable indicada.

Revit ajustará automáticamente los planos necesarios para generar exactamente la cubierta que hemos pedido; si mantenemos todos los bordes a cota 0, Revit generará líneas adicionales que estropean el diseño que estamos intentando reproducir.

Para solucionar esto, lo primero es colocar las cotas correctas en todos los lados. Si no, en el apartado siguiente "Cubiertas con quiebros" se describe un método manual, pero efectivo, para conseguir solucionar este tema en algunos casos.

La visibilidad de las líneas de pendiente se controla desde Visibilidad/Gráficos (VV) dentro de la subcategoría Bordes internos de Cubiertas.

Balcones o terrazas a un agua

Si queremos hacer este proceso en balcones o en terrazas a un agua, podemos ahorrar algo de tiempo seleccionando la línea que se va a subir o bajar, en vez de cada punto.

El perímetro de la cubierta, cuando se encuentra con los paramentos verticales, debería ser hasta el núcleo del muro, para poder decidir hasta dónde baja el revestimiento del muro.

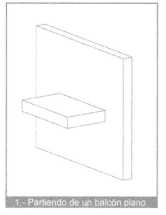
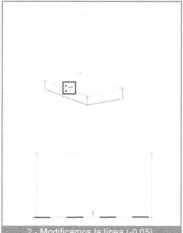
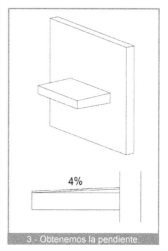

Fig.176 Ejemplo para crear un balcón con pendiente.

Rampas mediante cubiertas o suelos

Con el procedimiento de Modificar subelementos se pueden generar muy rápidamente forjados o cubiertas con un quiebro inclinado. Solamente hay que hacer dos líneas divisorias donde necesitamos que empiece y acabe la parte inclinada, y entonces dar los valores de la altura seleccionada a una de las dos líneas divisorias y a una de las líneas perimetrales.

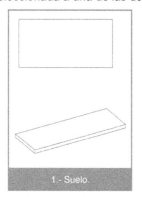

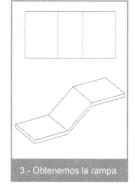

Fig.177 Proceso para la creación de una rampa mediante cubiertas o suelos.

Cubiertas con quiebros para conseguir las pendientes correctas

Imaginemos una terraza en forma de **L** gorda, donde la parte superior de la L está a cota 0.00, y la base de la L queremos que esté a -0.10m. La parte superior de la base estará a una cota intermedia, así que tendremos que escribir exactamente esa cota para que Revit no genere líneas adicionales que nos estropeen la cubierta. Una forma sencilla consiste en dibujar una cubierta rectangular que sea la envolvente de lo que queremos, ajustar las pendientes, y finalmente hacer un hueco vertical en la parte que no queremos que exista (el espacio vacío que deja la L respecto al rectángulo envolvente).

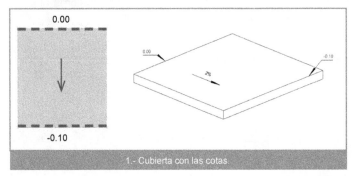

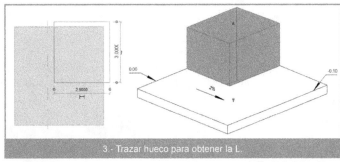

Fig.178 Proceso para la creación de una cubierta en L con una sola pendiente.

Cubiertas inclinadas – conceptos varios

En las cubiertas inclinadas hay una serie de conceptos que, si bien no son fundamentales, ayudarán a conseguir dibujar la cubierta exactamente como la queremos.

1. Enlazar muros. Para conseguir que los muros lleguen hasta la parte inferior de las cubiertas, debemos enlazar los muros a las mismas.

CUBIERTAS

 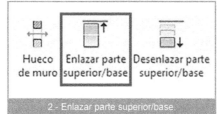 

Fig.179 Muros enlazados con cubierta inclinada.

2. <u>Alero o Viga de celosía</u>. Este parámetro de cada cubierta indica en qué cara interseca la cubierta con el nivel de referencia,este parámetro aparece cuando el perímetro de la cubierta se realiza con la orden de seleccionar muros. Alero: por dentro. Viga de celosía: por fuera.

Fig.180 Ejemplo de alero

Fig.181 Ejemplo de viga de celosía.

3. <u>Corte de alero.</u> Cómo termina la cubierta.
   - Corte a plomo. En recto.
   - Dos cortes a plomo. Recto, y tras la profundidad de imposta, horizontal.
   - Dos cortes a escuadra. Perpendicular al faldón; tras la profundidad de imposta, horizontal.

Fig.182 Corte a plomo. Fig.183 Dos cortes a plomo. Fig.184 Dos cortes a escuadra.

139

4. <u>Profundidad de imposta</u>. Distancia vertical del alero hasta el corte horizontal.

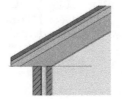

Fig.185 Prof. imposta = 0.00   Fig.186 Prof. imposta = 0.1240

En cualquiera de los tres casos anteriores, si la Profundidad de imposta tiene valor cero, se verá simplemente un corte horizontal.

Cubiertas alabeadas

Modificando los puntos de altura de una cubierta, podemos generar tanto cubiertas alabeadas, como cubiertas tensiles o formas más orgánicas.

Fig.187 Ejemplo de cubierta tensil.

Imposta y canalón

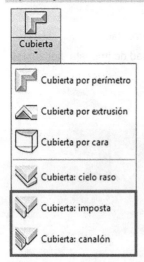

Fig.188 Menú desplegable de cubierta

Son dos elementos complementarios a la cubierta, del mismo modo que el Barrido de muro es un elemento complementario al muro. Se encuentran desplegando la orden de cubierta. Su funcionamiento es, de nuevo, equivalente al de Barrido o Telar de muro: colocan un añadido en el alero de la cubierta, pudiendo especificar el perfil, material y desfases horizontal o vertical.

Algunas características de estas dos órdenes:

• El canalón solamente puede colocarse en los perímetros de cubierta que son horizontales, o que definen pendiente (en los inclinados no). Sin embargo, la imposta puede ponerse en cualquiera de ellos.

• El canalón conservará el perfil siempre recto; la imposta se ajustará a la inclinación.

* *Para suelos, podemos consultar la orden "borde de losa". Es exactamente el mismo concepto pero para categorías Suelos.*

CUBIERTAS

Cubierta por extrusión

Permite generar una curva continua (formada por líneas, arcos, spline) que, al aceptar, definen el perfil superior de una cubierta, y podremos cambiar la distancia de extrusión a nuestro gusto en ambos extremos. Los muros podrán enlazarse sin problemas a esta forma.

Fig.189 Ejemplo de cubierta por extrusión.

La única peculiaridad de esta orden es que, al entrar en ella, nos pregunta si queremos elegir o seleccionar un plano (donde dibujar el perfil de la cubierta); aunque los más cómodo es seleccionar un muro y dibujar en el plano que define, también podremos desplegar en "Nombre" y seleccionar como plano de trabajo cualquier rejilla que hayamos dibujado.

Plano de trabajo

Fig.190 Definir y Mostrar.

Tanto para modelar in situ, como para determinar correctamente el plano de las cubiertas por extrusión (entre otras muchas aplicaciones) debemos saber modificar el plano de trabajo. Desde Arquitectura → Definir plano de trabajo, podremos seleccionar el plano que nos interese y dibujar sobre él. El comando "Mostrar plano de trabajo" nos ayuda a entender dónde estamos dibujando. No es necesario tenerlo activo, pero ayuda para saber en todo momento dónde nos encontramos.

* *El plano de trabajo es infinito y podemos trabajar donde queramos; la representación azul que se obtiene cuando activamos Mostrar plano de trabajo es meramente eso: una representación a efectos prácticos. Podremos modificar el tamaño de ese plano estirando los pinzamientos.*

Flechas de pendiente

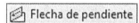 Las flechas de pendiente permiten hacer varias cosas:

1. Hacer faldones de cubierta no perpendiculares a fachada
2. Controlar no el ángulo del faldón, sino qué diferencia de cota hay entre el inicio y el final de la flecha
3. Haciendo que dos flechas converjan en un punto de la cubierta, se puede dividir un faldón en dos, con inclinaciones diferentes, como las cubiertas mansardas.

Los aspectos a tener en cuenta con las flechas de pendiente son:

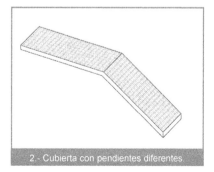

Fig.191 Ejemplo de cubierta mansarda.

- No son compatibles con la casilla "define pendiente"
- No son compatibles con la casilla "Variable" dentro de suelos o cubiertas
- Podemos hacer varias flechas de pendiente en una cubierta, pero sólo una en suelos o en techos
- Para que funcionen, el extremo sin flecha debe estar tocando el borde de la cubierta
- Debido a una mala traducción, la punta de la flecha (que llamaríamos "final", en Revit es el inicio -head, en inglés-) y el extremo sin flecha (el "inicio", en Revit se llama extremo final -tail, en inglés-).

Cubiertas cristaleras

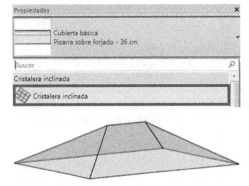

Las cubiertas tienen una familia llamada "Cristalera inclinada" que reflejará todas las opciones de un muro cortina, dentro de una cubierta. Es el tipo adecuado para resolver, por ejemplo, la cubierta piramidal del Louvre. Los muros cortina se detallan ampliamente en su capítulo correspondiente.

Fig.192 Ejemplo cristalera inclinada.

Claustro mediante cubiertas

No es posible hacer de forma directa, con una única cubierta, un claustro cerrado. Debemos emplear dos cubiertas para poder ejecutar esta solución, y luego Unir (UU) las dos cubiertas para eliminar la línea de separación. Para que no exista problema con las pendientes, y suponiendo un claustro de 4 lados, una solución práctica podría ser hacer una "C" que contuviese 3 de las caras y un poco de la cuarta cara en cada extremo. El trozo que falta sería una cubierta recta a dos aguas.

  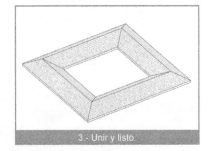

Fig.193 Proceso para crear una cubierta de un claustro.

¿Cubiertas o suelos?

Si queremos superficiar posteriormente la estancia mediante habitaciones (por ejemplo, una terraza exterior) debemos utilizar la orden Suelos. Aparte de este condicionante, con cualquiera de las dos órdenes resolveremos perfectamente el pavimento.

Esto no afecta a la hora de dibujar o plantear las áreas construidas. Solamente tiene su repercusión en las superficies derivadas de habitaciones.

Cubiertas inclinadas y buhardillas

Si necesitamos hacer una buhardilla de cubierta, usaremos dos órdenes consecutivamente, ya que solamente con una no sería posible.

1. Dibujamos ambas cubiertas, la "principal" y la "buhardilla". La cara de la cubierta de buhardilla que queremos unir hacia la principal no debe tener pendiente.
2. Modificar → Unir/separar cubierta. Seleccionamos el borde la cubierta abuhardillada y después la principal: Revit prolongará aquélla hasta ésta.
3. Arquitectura → Buhardilla (en la sección de "Huecos" que hay en la parte derecha). Seleccionamos la cubierta principal y después tocamos la cubierta abuhardillada. Al aceptar, habrá generado el hueco que necesitamos.

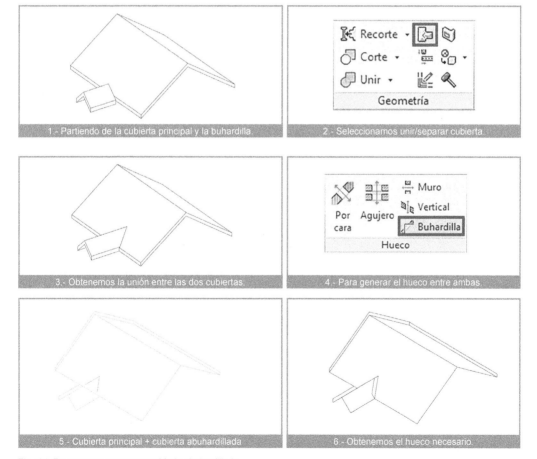

Fig.194 Proceso para crear una cubierta abuhardillada.

31. RANGO DE VISTA

El Rango de vista (VR) es un parámetro de cada una de las vistas de planta de Revit, que indica cómo se van a ver los objetos, y hasta qué profundidad se verán. Entramos desde la paleta Propiedades → Rango de vista → Editar; y nos encontramos con las siguientes partes:

Fig.195 Parámetros de rango de vista.

1. Parte superior. Define la parte superior de la vista. No es importante en arquitectura; tiene más sentido cuando estemos trabajando con instalaciones (MEP).

2. Plano de corte. Marca por dónde estamos cortando; controlamos la altura con el desfase desde el nivel en el que estemos aplicando el rango de vista

3. Parte inferior. hasta dónde llega nuestra vista; todo lo que veremos en líneas negras normales

4. Profundidad de vista. Opcionalmente, si hacemos que la profundidad de vista sea más lejana que la parte inferior, los elementos que estén entre el punto 3 y el punto 4 se verán atenuados en gris.

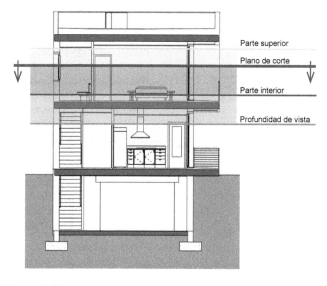

Fig.196 Esquema del rango de vista.

Además de la teoría básica, hay una serie de normas que conviene conocer:

1. Si un elemento está fuera del rango de vista, no se verá representado. Esto puede parecer muy obvio, pero si esperamos ver una cimentación estructural que está por debajo del nivel, debemos recordarlo*.

Excepcionalmente, los suelos sí que se ven aunque estén debajo del rango de vista.

2. Los objetos que estén entre la Parte superior (1) y el plano de corte (2) tampoco se verán, excepto si son ventanas o muebles de obra.
3. Los elementos que corten con el plano de corte (2) se verán en Corte, excepto los que no puedan ser cortados, como algunos mobiliarios.
4. Lo que esté entre el plano de corte (2) y el nivel inferior (3) se verá en proyección.
5. Los elementos entre el nivel inferior (3) y la profundidad de vista (4) se verán en gris.

Casos donde es necesario aplicar el Rango de vista

1. Queremos ver el mobiliario de una planta inferior de una doble altura. Moveremos el valor del parámetro "Profundidad de vista".
2. Para seccionar un muro de antepecho. Cambiaremos el valor de plano de corte a 0.80m y, si fuera necesario para respetar la excepción de arriba, moveremos los valores de Parte inferior y Profundidad de vista a -1.20m.
3. Para ver una estancia que está hecha en dos cotas (por ejemplo, un salón-comedor con dos peldaños hacia abajo entre ambas estancias). Moveremos los valores de Parte inferior y Profundidad de vista (si se mueve el primero hay que mover el segundo) a -0.40m.

Muros que no se cortan

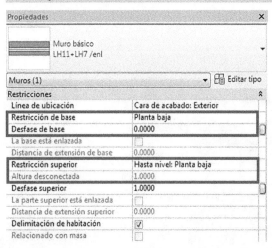

Fig.197 Para que el muro corte. Opción 2.

Si hacemos una planta de una vivienda unifamiliar, probablemente queramos que se vean los muros seccionados; sin embargo, los muros de parcela no son "importantes" a estos efectos y es casi seguro que los representemos en proyección.

Revit atiende a estos criterios y, si tenemos un muro (no un muro apilado) con altura No conectada de menos de 2m, es muy posible que NO se vea cortado, sino que lo veremos como si estuviera en proyección.

Esto, que a priori puede parecer una ventaja, quizá se convierta en un engorro en ciertos casos (a la hora de ver seccionados los antepechos de una cubierta, por ejemplo). Tenemos tres formas de resolverlo:

1. Si cambiamos el tipo de muro a muro apilado, siempre se seccionará.
2. Si el muro no tiene altura No conectada, sino que el desfase superior es el mismo nivel de su base, pero con un desfase X (muro de Planta baja desfase 0, hasta planta baja desfase 1m) sí que aparecerá seccionado.
3. La regla. Tiene que haber al menos 2 metros desde la cara superior del muro (no desde el plano de corte) hasta la parte inferior de la vista

RANGO DE VISTA

Región de plano: cambiar el rango de vista en una parte de la vista

Dentro de Vistas → Vistas de plano → Región de plano, podremos hacer una región de nuestra vista donde cambiar de forma local los parámetros del Rango de vista. Esto será útil cuando queramos, por ejemplo, seccionar unas ventanas altas de nuestro proyecto sin afectar al resto de la vista; o para modificar el corte de la escalera.

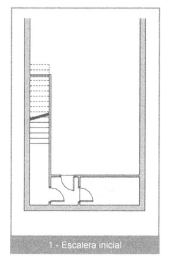

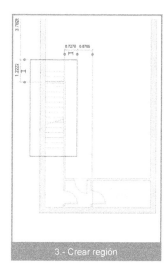
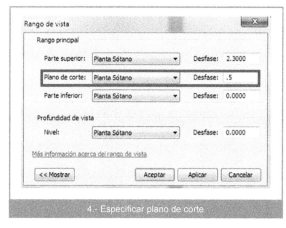
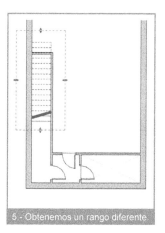

Fig.198 Proceso para generar una vista con diferentes rangos de vista.

Grafismo de los elementos que se ven en "Profundidad de vista"

Los elementos que visualizamos desde la Parte inferior hasta la Profundidad de vista, responden al estilo de líneas "Más allá", que podemos controlar y modificar desde Gestionar → Configuración adicional → Estilos de línea.

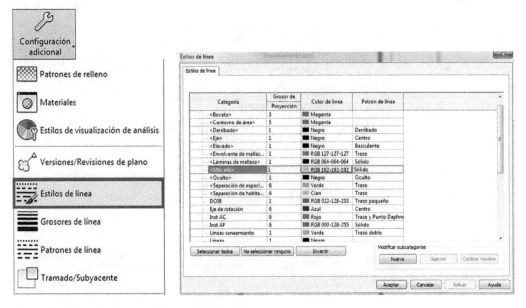

Fig.199 Modificar estilo de línea de la profundidad de vista.

32. ACOTACIÓN

Tipos de cota

La acotación es la representación de las dimensiones de los elementos; en Revit es un procedimiento mucho más sencillo y rápido de lo que podría ser en CAD. No obstante, además de lo evidente habrá una serie de cosas que deberemos tener en cuenta. Empecemos enumerando los tipos de cota que Revit nos permite hacer:

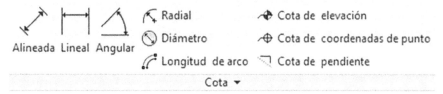

Fig.200 Tipos de cota.

- Alineada. La más común. Sirve para acotar tanto elementos ortogonales como inclinados.
- Lineal. Es horizontal o vertical, y a diferencia de la cota alineada, toma como referencia puntos e intersecciones, no los elementos tridimensionales como sales.
- Angular. Seleccionando dos elementos, acotará el ángulo que hay entre ellos.
- Radial / Diámetro. Seleccionando un elemento curvo, nos devolverá el valor.
- Elevación. Para conocer la altura de un punto; tanto relativa como absoluta.
- Coordenadas de punto. Devuelve las coordenadas Norte/Sur y Este/Oeste.
- Pendiente. Indica la inclinación del elemento.

Propiedades básicas de cota

Todas las cotas funcionan de manera similar: dentro de Propiedades → Editar tipo, podremos cambiar los siguientes parámetros generales:

- Tipo de letra, altura del texto y fondo transparente u opaco
- Color, para todo el conjunto de la cota
- Formato de unidades (por defecto, las del propio dibujo; si se edita, podremos cambiar la precisión o las unidades)
- Unidades alternativas (ninguna – derecha – abajo). Útil si estamos preparando algún proyecto para un país con otras unidades de medida y queremos enviar los planos con las cotas en ambos sistemas (por ejemplo, en metros y en pulgadas).
- Marca, o directriz de punta de flecha (el símbolo de la cota)

Funcionamiento básico de las cotas lineales y alineadas

Haciendo clic en un muro comenzamos la cota; (en la barra de opciones elegiremos si el muro es a eje o a caras -y con TAB alternaremos en cualquier momento) y a partir de este momento, cada clic adicional sobre un muro u otro elemento (incluso un patrón de sombreado de modelo) generará una línea de cota adicional. Al final, NO hay que apretar ESC, o de lo contrario estamos cancelando la cota; hay que hacer clic sobre un espacio vacío.

Las cotas a ejes tendrán la línea de referencia discontinua; una cota a cara será una línea continua.

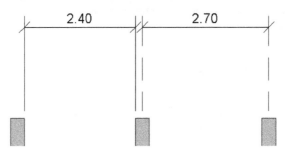

Fig.201 Cota a cara del muro con linea continua y cota a eje con linea discontinua

Este conjunto de cotas se comportará como uno solo, y podremos añadir o eliminar referencias tocando en la cota y pulsando el botón de la Cinta de opciones "Editar líneas de referencia", pero no podremos borrar una cota intermedia. Es decir, si acotamos una habitación, luego el espesor del tabique y luego otra habitación, no podremos eliminar la cota del interior del tabique y mantener las otras dos intactas.

La acotación es increíblemente rápida y, por supuesto, está completamente ligada a los elementos; si movemos muro o puertas, se actualizarán; y si lo eliminamos, desaparecerán.

Referencias individuales o muros enteros

En la barra de opciones, podremos elegir si acotamos "referencias individuales" (cada clic determina de dónde o a dónde se acota), o bien "muros enteros", donde con un solo clic designamos el muro completo. En el caso de muros enteros, podremos ir al botón de Opciones e indicar a Revit que, además, acote también los huecos de puertas y ventanas (a eje o su anchura), o la distancia a rejillas o muros intersecantes.

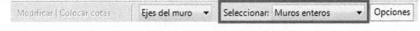

Fig.202 Barra de opciones donde se puede indicar si acotar referencias individuales o muros enteros

Este concepto, que puede parecer una maravilla, se ve un poco mermado cuando nos damos cuenta de que los muros están, muchas veces, partidos o divididos a consecuencia de un acabado interior diferente, con lo que muchas veces usaremos la acotación tradicional.

Acotar un muro inclinado

Para este caso concreto, debemos utilizar la tecla TAB para ir alternando referencias. Si lo que necesitamos acotar es un extremo libre de muro, deberemos pasar por todas las referencias hasta que se marque "Intersección de Muro A y muro B" en la barra de estado.

ACOTACIÓN

Cota de pendiente

Fig.203 Ejemplo de configuración de cota de pendiente.

14% ▶

Fig.204 Ejemplo de cota de pendiente.

Podremos acotar la pendiente de cubiertas o suelos inclinados, tanto en planta como en alzado o sección, simplemente con la orden de Cota de pendiente. Para conseguir una cota decente, aquí hay una serie de pasos que se hacen desde Propiedades → Editar tipo:

1. Dentro de Formato de unidades, si desmarcamos "Utilizar configuración de proyecto", se pueden cambiar las unidades a grados decimales o a porcentaje, con un decimal y el símbolo de unidad correspondiente, según nos interese

2. En Directriz de punta de flecha, modificamos el tipo de flecha al gusto, por ejemplo a "flecha abierta 90°"

3. Establecer la "Longitud de línea directriz" en 4 o 5mm, también al gusto

4. "Desfase de texto desde directriz" define la distancia entre la flecha y el texto.

Cotas de elevación

Indican la altura del elemento donde están hospedadas.

1. Dentro de Editar tipo, en Origen de elevación, determinamos si son absolutas o relativas (según hagan referencia al punto de base del proyecto, al punto de reconocimiento, o incluso al nivel actual)
2. En las propiedades de ejemplar, tenemos la posibilidad de mostrar la cota superior, la inferior o ambas, del elemento donde se hospedan (esto es útil para marcar la cota de pavimento y la cota de forjado, por ejemplo)
3. Siguiendo con el punto anterior, si deseamos que cada elevación tenga un prefijo o sufijo, lo podemos establecer desde Editar tipo, Indicador superior / inferior.

+0.05

Fig.205 Ejemplo de cota de pendiente.

Fig.206 Configuración cotas de elevación.

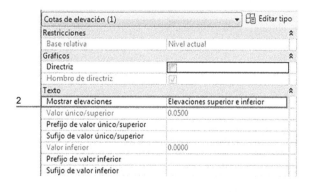

Fig.207 Opción de mostrar elevaciones.

151

Cotas acumulativas y por línea base

Dentro de las cotas lineales y alineadas, la primera propiedad es "Tipo de cadena de cota".

- Continuo. La tradicional

- Por coordenadas. Son cotas acumulativas, como las que tomaríamos en un levantamiento para evitar el error acumulado en una cota lineal larga

- Línea base. Más utilizadas en mecánica que en arquitectura, crea una cota encima de otra con cada clic adicional que se hace.

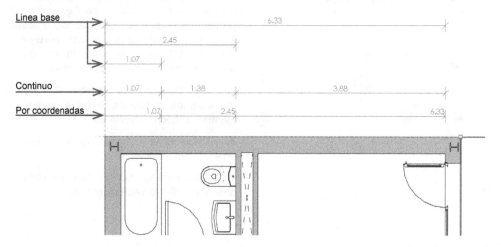

Fig.208 Tipos de cotas lineales y alineadas.

Personalizar la punta de flecha

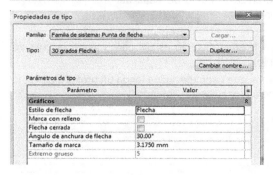

La marca, o punta de flecha, es un elemento totalmente personalizable en Revit; para modificarlo, o crear uno nuevo a nuestro antojo, debemos ir a Gestionar → Configuración adicional → Puntas de flecha. Dentro de los estilos disponibles (además de flecha, hay otro como diagonal – punto – triángulo – etc) podremos decidir si es hueca o rellena, cerrada o abierta, el tamaño de la flecha y el ángulo.

* Al personalizar la punta de una flecha, no se le puede dar un ángulo mayor que 90 grados.

Fig.209 Propiedades tipo para personalizar la punta de flecha

Directrices de cota

Si el texto no cabe correctamente entre las dos líneas de referencia, si hay varias cotas pequeñas muy juntas, o si dos cotas perpendiculares se cruzan entre sí, puede que se solapen los textos entre ellos o con las marcas de extremo de cota. Para evitar o arreglar esto, podemos desplazar el texto de cota manualmente, y quedará referenciado a su cota mediante una directriz, que podemos configurar.

ACOTACIÓN

- Cuándo aparece la directriz. Puede mostrarse al desplazarse el texto lejos del punto inicial, o bien al salir más allá de las líneas de referencia. Esta segunda opción da más flexibilidad.
- Cómo se muestra la directriz. El tipo de directriz puede ser en arco, o en línea. Si es una línea podemos definir una longitud de hombro (o distancia horizontal).

Fig.210 Línea de directriz con arco.

Fig.211 Línea de directriz con línea y longitud de hombro = 1mm

Fig.212 Línea de directriz con línea + longitud de hombro = 1mm + marca de directriz = flecha 15°

Prefijos y sufijos

Fig.213 Prefijos y sufijos en una cota. Ejemplo prefijo de altura libre.

Dentro del texto de cota (doble clic sobre el valor del texto) podemos colocar un sufijo, prefijo, texto encima y texto abajo. Las posibilidades de esto son muy grandes, puesto que podemos añadir comentarios a las cotas habituales. Como ejemplos de utilización:

- En una sección, podemos incluir el prefijo "Altura libre =" y el sufijo "> 2,50m"
- En un alzado, podemos colocar el prefijo "Altura de cornisa =" y el sufijo ">7m"

Fig.214 Ejemplo de sección con cotas que llevan prefijo y sufijo.

153

Unidades de acotación y unidades alternativas

Las cotas, por defecto, utilizan las unidades de proyecto. Podemos modificarlas desde Gestionar → Unidades de proyecto; y ahí tendremos las unidades de uso común (longitud, área, volumen o pendiente, entre otros) y las unidades del resto de disciplinas (estructura, fontanería, climatización, electricidad o energía).

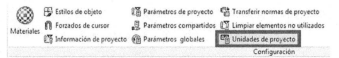

Fig.215 Unidades de proyecto, dentro de la pestaña Gestionar.

En Revit se dibuja a escala real. Esto significa que un muro de 2 metros de longitud, si cambiamos las unidades a pulgadas, medirá algo más de 78 pulgadas; esto facilita mucho la comunicación internacional entre despachos que utilicen diferentes sistemas de unidades.

Dentro del estilo de cota también podemos añadir unas unidades alternativas, que tenemos opción de colocar a la derecha o abajo, con respecto a las unidades principales. De esta manera, una misma cota puede mostrar su valor en unidades métricas e imperiales, sirviendo así de forma simultánea para su revisión por dos equipos diferentes, sin necesidad de reimprimir ni hacer mayores alteraciones.

Alterar el texto de cota

En Revit NO es posible "mentir" en la cota. Además, eso es algo contrario a la filosofía BIM, donde todo es exactamente lo que es. Podemos, eso sí, hacer doble clic en el texto de cota y reemplazar el valor real por un texto descriptivo.

* *Como mucho, se puede utilizar un separador decimal de coma (y no de punto, o viceversa) para alterar una medida. Pero no debe hacerse.*

Fig.216 Reemplazar con texto una cota.

Unidades de proyecto y decimales

Revit separa los decimales con un punto, y las agrupaciones de millares con comas. Si queremos cambiar eso, y hacer que los decimales sean coma y la agrupación de millares sean puntos -en nuestro proyecto- simplemente debemos ir a Gestionar → Unidades de proyecto. En la parte inferior de la ventana podemos elegir la agrupación de cifras y la separación decimal.

Fig.217 Modificar el símbolo decimal de la numeración en el proyecto.

33. MUROS VI: MUROS CORTINA

Un muro cortina es, ante todo, un muro; por ello se encuentra dentro de la orden Muro. Es un muro especial, porque está compuesto por paneles. Veamos los pasos básicos para la creación de un muro cortina.

Fig.218 Rejilla muro cortina.

1. Dibujar el muro. Es un tipo de muro más, y se dibuja igual.
2. Dibujar rejillas Pestaña Arquitectura. Son las particiones de cada paño de muro en paneles más pequeños y construibles. Podemos dibujar rejillas verticales y horizontales. Una vez colocadas podemos seleccionarlas para moverlas con precisión, copiarlas o eliminarlas.
3. Añadir o eliminar segmentos de rejilla. Si no queremos que una rejilla exista a todo lo largo (o alto) del muro cortina, podemos segmentarla: por ejemplo, para un hueco de puerta. Simplemente tocamos una rejilla que hayamos hecho, y en la Cinta de opciones aparece la orden "Añadir o eliminar segmentos". Tocando en un segmento, lo quita (si ya existe) o lo vuelve a colocar (si no estaba).

Fig.219 Añadir / Eliminar segmentos.

4. Colocar la carpintería. En Revit se llaman montantes (pestaña Arquitectura). Podemos colocar los montantes "angulares"* en los bordes entre dos paños de muro; o los normales (circular / rectangular). Al colocarlos, en la cinta nos pregunta si queremos colocarlos en TODAS las lineas de rejilla, o en una línea completa, o solamente en un segmento*.

* Los montantes angulares pueden editarse con mucha facilidad (Editar tipo) y modificar su espesor o longitud.

* Una vez colocado un montante, podemos tocarlo y elegir (Cinta de opciones) si se corta en la unión o si permanece continuo.

 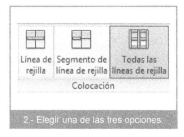 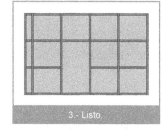

Fig.220 Colocar carpintería.

5. Cambiar los paneles. Pulsando TAB sucesivamente podemos seleccionar el muro cortina, o las rejillas, o los montantes, o los paneles). Si seleccionamos un panel, podemos cambiarlo por cualquier tipo de muro que haya en el proyecto.

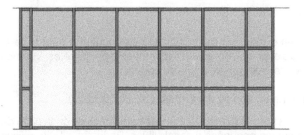

Fig.221 Muro cortina con paneles de vidrio y un panel de madera lacada en blanco.

Nuevos tipos de panel

Crear un panel nuevo consiste, simplemente, en seleccionar uno existente, Propiedades → Editar tipo → Duplicar. Y allí cambiaremos material – espesor – desfase.

Podemos insertar nuevos tipos de paneles desde Insertar → Cargar familia → Paneles de muro cortina. Los elementos más interesantes serán:

- Panel vacío. Para hacer huecos en un muro cortina.

- Puertas o ventanas. Debemos cargar los tipos de panel correspondientes. Por ejemplo, en Puertas → Externas, tenemos puertas de una y dos hojas para muros cortina

- Losas alveolares o paneles de hormigón prefabricados

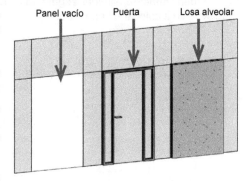

Fig.222 Tipos de panel.

Muros cortina automáticos

Colocar rejillas manualmente en una fachada larga, o alta, puede ser una tarea muy lenta; por eso, dentro de Propiedades → Editar tipo, podemos crear nuestro nuevo tipo de muro cortina y personalizarlo para que se haga todo automáticamente:

1. Condición de unión. Qué montantes pasan, por defecto, por delante de los demás. Si queremos que sean, por ejemplo, los montantes horizontales, pero que además los bordes perimetrales sean continuos, elegiremos "Borde y rejilla horizontal continua".

2. Panel. Si ponemos "ninguno", indicamos que no hay ninguno "obligatorio", y pondrá el panel de vidrio. Si queremos uno concreto, lo seleccionamos de la lista.

3. Rejilla vertical / horizontal. Marca cada cuánta distancia se coloca una rejilla. Las opciones son:

   - Ninguno. No genera rejillas.

   - Distancia fija. Cada X m. Por ejemplo, si hacemos un año de muro de 10m y la distancia fija son 3m, hará montantes cada 3m y tendremos un panel de 1m.

   - Espaciado máximo / mínimo. Redondea hacia abajo o hacia arriba, respectivamente, el

MUROS VI: MUROS CORTINA

número de paneles, resultantes de dividir la distancia de paño entre el espaciado colocado.
- Número fijo. Permite modificar, en cada ejemplar, el número de rejillas.
4. Montantes horizontales / verticales. Coloca automáticamente un montante en cada línea de rejilla
   - Borde 1. parte izquierda o inferior
   - Borde 2. parte derecha o superior
   - Interior. Paneles interiores

* Si pones montantes en ambos bordes, cuando hagas un muro de varios paños, se superpondrán; si piensas en este tipo de muros, mejor deja uno de los bordes verticales vacío y así solamente tendrás que añadir un montante en uno de los extremos finales del muro cortina

Cuando colocamos tipos de muro cortina donde hemos establecido los montantes y los paneles, esos elementos aparecerán siempre como bloqueados, pues dependen del tipo; si necesitamos

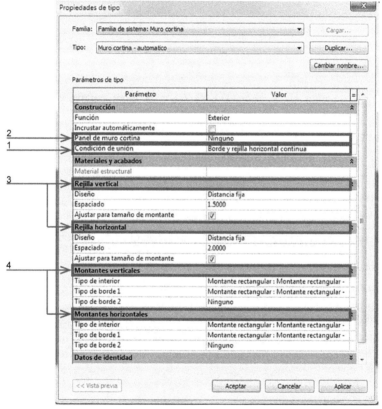

Fig.223 Ejemplo muro cortina automático.

cambiar alguno de ellos, simplemente se desbloquean*.

* Si no nos deja seleccionar el panel o el montante, es posible que tengamos desactivado el modificador de selección de Objetos bloqueados (barra de estado, esquina inferior derecha).

157

Selección avanzada de elementos de muro cortina

Si seleccionamos un muro cortina y pulsamos el botón derecho, tenemos una serie de opciones especiales para ayudarnos con la selección:

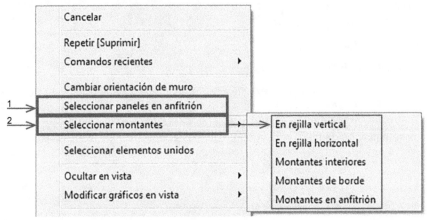

Fig.224 Seleccionar paneles o montantes.

1. <u>Seleccionar paneles en anfitrión</u>. Deselecciona el muro cortina y selecciona todos los paneles.

2. <u>Seleccionar montantes</u>
   - En rejilla vertical / horizontal. Selecciona todos los montantes verticales/horizontales
   - Montantes interiores
   - Montantes de borde
   - Montantes en anfitrión. Selecciona todos los montantes

Del mismo modo, si con TAB seleccionamos un panel, con el botón derecho podremos:

- Seleccionar paneles en anfitrión (todos los paneles)
- Seleccionar paneles en rejilla vertical / horizontal

Usos complementarios de muros cortina

La gran potencia de los muros cortina es que no sólo sirven para hacer muros cortina; podemos usarlos para una serie de cosas bastante interesantes, al menos a nivel de anteproyecto para agilizar nuestro trabajo:

1. <u>Ventanas conceptuales rápidas</u>
   - Panel: acristalado
   - Rejillas: ninguna
   - Montantes en todos los bordes: 5x10cm*
   - Marcar la casilla de "Incrustar automáticamente"

* *Si queremos alinear la ventana conceptual a la cara interior del cerramiento, creamos un nuevo tipo de muro cortina llamado, por ejemplo, "Ventana conceptual enrasada". En él debemos crear también un nuevo tipo de panel y un nuevo tipo de montante -seleccionando simplemente el panel o el montante existente y utilizando el método básico de "editar tipo - duplicar"- donde el*

MUROS VI: MUROS CORTINA

parámetro Desfase sea la mitad del ancho del montante de borde. Entonces , aplicando estos nuevos tipos de montante y panel a esta ventana, podremos utilizar sin problemas el eje del muro cortina para alinear la ventana al borde del muro.

2. Armarios conceptuales rápidos

   - Panel: personalizado. Panel madera lacada, por ejemplo
   - Rejilla vertical: espaciado máximo 45cm
   - Rejilla horizontal: distancia fija 2.20m
   - Montantes en todos los bordes: 5x10cm
   - Marcar la casilla de "Incrustar automáticamente"*

* *Muro con desfase de base +0.10 y restricción superior No conectada de 2.20 quedará perfecto*

Fig.225 Ventana conceptual rápida con desfase superior e inferior.

3. Brisoleil o lamas horizontales de control solar

   - Panel: vacío
   - Condición de unión: borde y rejilla vertical continua
   - Rejilla horizontal: espaciado máximo 30cm
   - Rejilla vertical: espaciado máximo 1.5m
   - Montantes en todos los bordes: 5x20cm
   - Montantes verticales: 5x20cm
   - Montantes horizontales:10x40cm

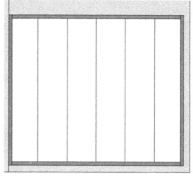

Fig.226 Ejemplo de armario conceptual rápido.

4. Cubiertas de cristalera

   - Dentro de las cubiertas, hay un tipo especial para este caso

5. Rejas de ventana

   - Panel: vacío
   - Condición de unión: borde y rejilla horizontal continua
   - Rejilla horizontal y vertical: espaciado máximo 25cm
   - Montantes en todos los bordes: ninguno
   - Montantes verticales y horizontales: circular, o 5x5cm
   - Dimensiones: justo las de la ventana

Fig.227 Ejemplo lamas horizontales de control solar.

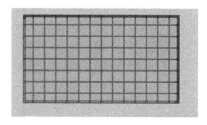

Fig.228 Ejemplo Reja de ventana.

6. Panelado modular en fachada ventilada*
   - Panel: personalizado. Panel gres cerámico, por ejemplo
   - Rejilla horizontal. Distancia fija 0.45m
   - Rejilla vertical. Distancia fija 1.20m
   - Montantes: ninguno
   - Desmarcar la casilla de "Incrustar automáticamente"

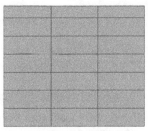

Fig.229 Ejemplo panelado modular en fachada ventilada.

* Si queremos generar los huecos, la opción más cómoda es Editar perfil con una vista alámbrica, donde podamos recortar con facilidad el perímetro de la puerta o ventana para hacer el agujero del muro cortina.

7. Panelado modular en oficinas, tanto opacos como transparente
   - Panel: un tipo de muro básico creado con las capas necesarias.

Editar perfil

Un muro cortina es, ante todo, un muro. Es posible editar el perfil de muro cortina para generar formas más personales. Es posible, sin embargo, que el panel vacío no admita formas fuera de las rectangulares.

Origen y ángulo de rejilla

Al seleccionar un muro cortina desde una vista de alzado o 3D, hay un símbolo central, que al pulsarlo nos muestra un icono de origen de coordenadas y unos valores en cero. Pulsando sobre el origen de coordenadas modificaremos hacia dónde crece la rejilla; y pulsando en los números cambiaremos el ángulo de los montantes (horizontales o verticales) y el desfase de origen de la rejilla.

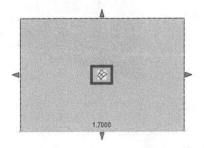
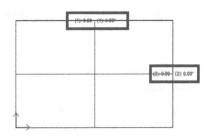

Fig.230 Origen y ángulo de rejilla.

Crear nuevos montantes de muro cortina

Tanto si deseamos modificar un perfil rectangular o circular para cambiar las dimensiones, como si necesitamos crear un nuevo montante desde cero, el proceso más rápido quizá sea duplicar un tipo estándar (rectangular, por ejemplo).

MUROS VI: MUROS CORTINA

Podemos hacerlo yendo al Navegador de proyectos → Familias → Montantes de muro cortina → Rectangular → Duplicar*. Damos un nuevo nombre y modificamos dimensiones AxB, material, desfase y ángulo.

Sin embargo, el proceso más ortodoxo sería crear un nuevo montante desde cero.

1. Revit → Nuevo → Familia → Perfil métrico montante

2. Dibujamos el perfil en mm (por ejemplo, una lama especial), guardamos la familia, y entonces pulsamos el botón de Cargar en proyecto.

3. Volvemos al Navegador de proyectos → Familias → Montantes de muro cortina → Rectangular → Duplicar.* Cambiamos el nombre y, en perfil, desplegamos hasta elegir el nuestro; introduciendo los valores necesarios de material, desfase y ángulo.

* También desde Arquitectura → Montante de muro cortina → Editar tipo → Duplicar.

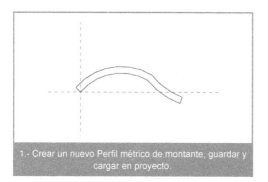
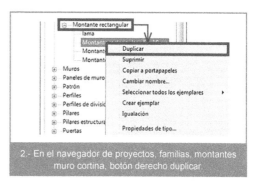
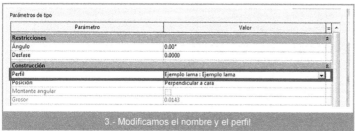

Fig.231 Proceso de creación de un perfil nuevo para montantes.

Muros curvos

A la hora de dibujar un muro cortina, podemos usar un boceto de arco de circunferencia, pero no responderá a esta forma: generará una poligonal mediante paneles rectos. Cuantas más rejillas haya en el tramo del muro cortina, más se aproximará ese tramo a una forma circular.

Si empezamos dibujando un "Muro cortina simple", que no tiene divisiones, lo que veremos será una línea recta, y solamente al sobrevolar el muro con el ratón podremos ver la línea discontinua en forma de arco que indicaría la posición ideal del muro, caso de ser curvo. Añadiendo rejillas sucesivamente se va generando la poligonal adaptándose al boceto.

Pero ¿qué pasa si necesito que el muro SEA curvo? Bueno, simplemente haremos un tipo de muro básico, con el material Vidrio y un espesor de 2cm. Ya tenemos nuestro muro de vidrio curvo. Y además, recordemos que se pueden incrustar muros en los paneles de un muro cortina.

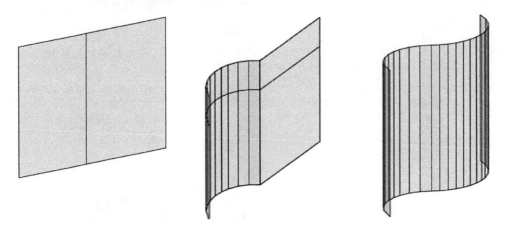

Fig.232 Ejemplo de muro cortina curvo: al ir añadiendo rejillas verticales se va aproximando a las curvas trazadas.

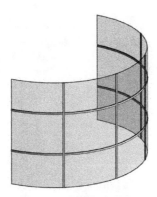

Fig.233 Ejemplo de muro curvo, realizado mediante un muro básico, con material vidrio y montantes realizados mediante barrido..

34. MODELADO IN SITU

Si debemos dibujar algo completamente personalizado, que no reutilizaremos en otros proyectos. Por ejemplo, una estantería de obra a medida; una zapata de cimentación cuya forma y dimensión se ciñe a la geometría irregular de la parcela; o una pieza de mobiliario de autor generada expresamente para este proyecto.

En estos casos, Revit pone a nuestra disposición la orden Arquitectura → desplegar Componente → Modelar in situ. Cuando nos pregunta la categoría, es muy importante: así podremos activar o desactivar lo que hemos dibujado, o modificar su grafismo, junto con el resto de elemento de la categoría correspondiente.

Fig.234 Modelar in situ.

Modelar in situ ofrece una serie de herramientas muy sencillas que son la base de cualquier programa de modelado:

Fig.235 Herramientas de dibujo.

- <u>Extrusión</u>. Dado un perfil, lo extruye perpendicularmente una distancia concreta

- <u>Fundido</u>. Dados dos perfiles y una distancia, genera la superficie que se amolda desde una forma a la otra

- <u>Revolución</u>. Un perfil girando alrededor de un eje

- <u>Barrido</u>. Un perfil que se desarrolla a lo largo de una trayectoria

- <u>Fundido de barrido</u>. Combinación de los puntos 2 y 4.

- <u>Formas vacías</u>. Mismos criterios que los puntos 1 a 5, con el fin de modificar y complementar las formas sólidas creadas o los elementos del modelo

- <u>Líneas de modelo</u>. Simples líneas 2D que se verán en cualquier vista.

En Modelar in situ, cada una de las piezas que modelemos podrá tener un material diferente; al aceptar la orden, todas las piezas pertenecen a ese modelo in situ, aunque tengan distinto material (por ejemplo, una mesa compuesta de 4 patas de aluminio, con 4 tacos de goma, y 1 tablero de vidrio).

Fig.236 Ejemplo mesa modelada in situ.

Cortes mediante formas vacías

Si queremos editar un muro para que la coronación no sea horizontal sino inclinada, o hacer que el borde de un forjado no sea vertical, podemos resolverlo mediante la creación de formas vacías desde Modelar in situ.

Las formas vacías intersecarán con los elementos de modelado in situ que hayamos creado, pero también con los elementos de nuestro dibujo; si antes de aceptar el modelo in situ usamos la orden Modificar → Corte, podremos seleccionar nuestra forma vacía y el elemento a recortar, y Revit hará la sustracción correspondiente.

Para el caso concreto de un muro cuya coronación deba ser inclinada, también se puede resolver mediante un telar con la forma correcta.

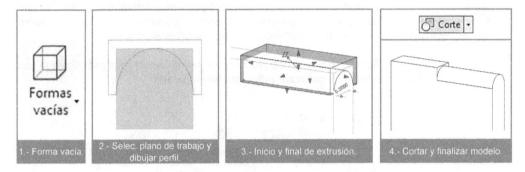

Fig.237 Proceso para crear un corte mediante una forma vacía.

Plano de trabajo

Tanto para modelar in situ, como para determinar correctamente el plano de las cubiertas por extrusión (entre otras muchas aplicaciones) debemos saber modificar el plano de trabajo. Desde Arquitectura → Definir plano de trabajo, podremos seleccionar el plano que nos interese y dibujar sobre él. El comando "Mostrar plano de trabajo" nos ayuda a entender dónde estamos dibujando. No es necesario tenerlo activo, pero ayuda para saber en todo momento dónde nos encontramos.

* *El plano de trabajo es infinito y podemos trabajar donde queramos; la representación azul que se obtiene cuando activamos Mostrar plano de trabajo es meramente eso: una representación a efectos prácticos. Podremos modificar el tamaño de ese plano estirando los pinzamientos.*

Fig.238 Definir y mostrar plano de trabajo.

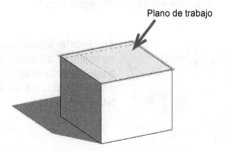

Fig.239 Ejemplo de visualización de un plano de trabajo.

35. TRABAJO CON GRUPOS

Fig.240 Crear grupo.

Un grupo en Revit equivale a los bloques de CAD; sobre todo en lo que respecta a las relaciones: modificado uno, se modifican todas las instancias de grupo.

Para crear un grupo de uno o más elementos, simplemente se les debe seleccionar y pulsar la orden de Crear grupo (GP). Desde este momento, podremos:

1. Insertar nuevas instancias del grupo arrastrando desde Navegador de proyectos → grupos
2. Editar la definición de grupo, haciendo doble clic sobre ella, modificando lo necesario y pulsando aceptar
3. Insertar de forma independiente en el grupo puertas o ventanas, desde fuera de la edición de grupo.

Grupos de detalle enlazados

Si hacemos un grupo que represente, por ejemplo, un dormitorio doble tipo, o un salón con su sofá, sillón, mesa de centro y mueble de TV, puede que nos resulte interesante hacer un grupo para insertarlo de forma mucho más automática en sucesivos proyectos

Pero además, si estos elementos deben responder a una normativa dimensional como la DC09, podemos enlazar a estos grupos de modelo, unas líneas de detalle que solamente se verán en las vistas que indiquemos, pero de una forma muy rápida.

1. Insertamos toda la geometría 3D necesaria
2. Con la orden de Anotar → Línea de detalle, en un estilo de líneas generado para la ocasión, reproducimos las dimensiones lineales necesarias (por ejemplo, un rectángulo de 2.00x2.60 en una habitación doble, y un rectángulo de 2.50x3.00 en el salón)
3. Seleccionamos todo y generamos el Grupo, observando que se crea también un "Grupo de detalle enlazado"
4. Insertamos de forma habitual un grupo de modelo (Familias → Grupos → Modelo)
5. Seleccionando el grupo, en la Cinta de opciones aparece la orden de "Grupos de detalle enlazados", con una ventana que nos permitirá marcar el/los detalles, y Aceptar.

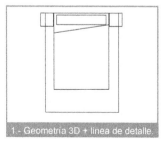
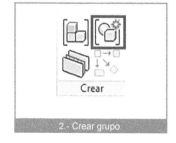
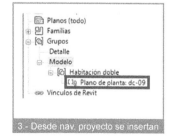

Fig.241 Grupo de detalle enlazado.

Copiar grupos por niveles

Una vez realizada la máxima información posible de una planta, es posible hacer un grupo de la "planta tipo" que incluya, además de la geometría, la información de habitaciones. A la hora de insertar esta planta tipo en X niveles, debemos hacer lo siguiente:

1. seleccionamos el grupo de la planta tipo (o, en su defecto, lo creamos)
2. Pulsamos el botón de Modificar → Copiar al portapapeles
3. Vamos a una vista 3D o un alzado donde se comprenda mejor la sección
4. Desplegamos el botón "Pegar" y seleccionamos "Alinear con los niveles seleccionados"
5. En la ventana que aparece, elegimos en qué niveles queremos pegar nuestro grupo, y pulsamos Aceptar*

* Esto solamente funcionará correctamente si todas las plantas tienen la misma altura; caso de no ser así no quedará correctamente.

Las estrategias de copiar entre niveles no están restringidas a los grupos: se puede copiar entre niveles cualquier elemento.

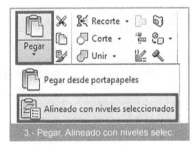

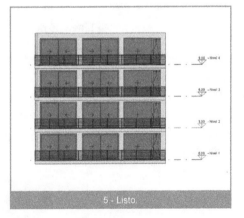

Fig.242 Proceso para pegar grupos en diferentes niveles.

TRABAJO CON GRUPOS

Grupos de detalle

Se puede crear un grupo de detalle que represente, unicamente los círculos inscribibles de la DC09, o para crear los símbolos de instalaciones; en definitiva para representar cualquier elemento en 2D sin necesidad de que vaya enlazado con el mobiliario (como en el apartado de Grupos de detalle enlazados).

1. Dibujamos las líneas con las que formaremos el grupo, por ejemplo un círculo de 150cm. Mediante la orden de Anotar → Línea de detalle, en un estilo de líneas generado para la ocasión, reproducimos las dimensiones lineales necesarias.
2. Seleccionamos todo y generamos el Grupo.
3. Insertamos de forma habitual un grupo de modelo (Familias → Grupos → Detalle o desde la pestaña Anotar → Grupo de detalles.

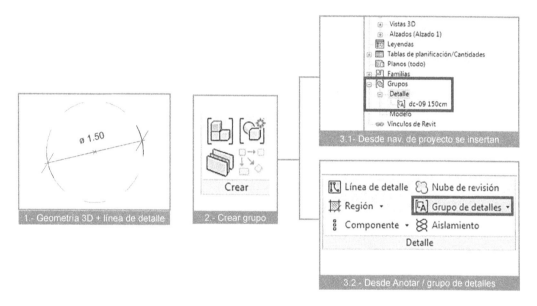

Fig.243 Grupo de detalle.

Vínculos y exportación

Una vez creado un grupo, se pueden hacer ciertas cosas con ellos a efectos de compartir la información o mejorar el rendimiento del dibujo:

- Exportar el grupo como un archivo independiente. Navegador de proyectos → Grupos → Modelo → seleccionar grupo → botón derecho: Guardar grupo.
- Sustituir el grupo por un vínculo. Cinta de opciones → Vincular.

36. NORTE REAL Y NORTE DE PROYECTO

¿Qué son el Norte real y el Norte de proyecto?

El Norte real es la orientación auténtica de nuestro proyecto, o parcela, con respecto al Norte geográfico.

El Norte de proyecto, sin embargo, es la orientación cómoda que nosotros elegimos en un proyecto para representar las líneas con mayor facilidad; normalmente, alineando con la horizontal o vertical una de las caras principales de nuestro proyecto.

Rotar el Norte real

Definir correctamente el Norte Real tiene las siguientes ventajas:

- creación de planos de emplazamiento, situación, suministros o catastro correctos
- ubicación auténtica del Sol de cara a estudios de soleamiento

El proceso para definir el Norte Real es el siguiente:

1. Nos ubicamos en una vista de planta donde tengamos la información del Norte real (por ejemplo, una flecha indicando hacia dónde señala el norte)
2. Paleta de Propiedades → Orientación de vista, seleccionamos Norte Real
3. Gestionar → Posición → Rotar Norte real
4. Debemos colocar el punto de rotación correctamente. Para ello podemos:
    - pulsar una vez la tecla ESPACIO y elegir un nuevo origen de rotación
    - pulsar con el ratón en el pinzamiento de origen y moverlo
    - pulsar en Centro de rotación → Colocar y elegir un nuevo punto
    - En este caso, el centro de rotación debería ser la base de la flecha o símbolo que indica cuál es el norte real
5. El proceso para la rotación es el siguiente:
    - Clic en centro de rotación
    - Clic en ángulo inicial o de referencia (en este caso, clic en la punta de la flecha que indica el norte real)
    - Clic en ángulo final (en este caso, debe quedar vertical)
    -
6. Paleta de Propiedades → Orientación de vista, seleccionamos Norte de proyecto

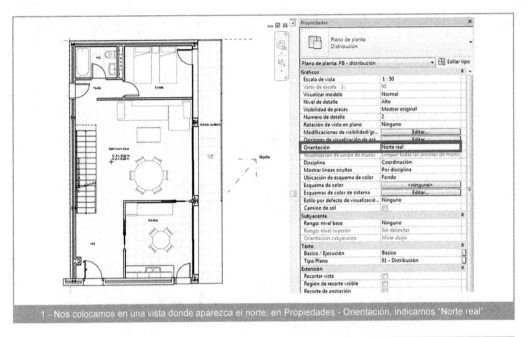
1.- Nos colocamos en una vista donde aparezca el norte; en Propiedades - Orientación, indicamos "Norte real".

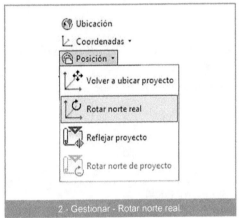
2.- Gestionar - Rotar norte real.

3.- Marcamos el centro de rotación y el ángulo de giro.

4.- Vista orientada.

5.- Volvemos a Norte de proyecto.

6.- Esta información queda en el dibujo.

Fig.244 Proceso para colocar el norte real.

NORTE REAL Y NORTE DE PROYECTO

Rotar el Norte de proyecto

Rotar el Norte de proyecto implica girar todas nuestras vistas para que se alineen a un nuevo eje. Esto tiene sentido si:

- Hemos empezado dibujando un proyecto con la alineación a Norte real
- El Norte de proyecto que tenemos actualmente no es el idóneo y queremos modificarlo

El proceso para rotar el Norte de proyecto es el siguiente:

1. Nos ubicamos en una vista de planta donde tengamos la información del Norte real (por ejemplo, una flecha indicando hacia dónde señala el norte)
2. Paleta de Propiedades → Orientación de vista, seleccionamos Norte de proyecto
3. Gestionar → Posición → Rotar Norte de proyecto
4. Aparece una ventana que nos pregunta si queremos rotar 90 grados en sentido horario o antihorario, 180 grados, o alinear una línea o plano hacia el plano principal más próximo (norte/sur, o este/oeste)

* *Revit también nos pregunta si queremos mantener la orientación de las notas de texto durante la rotación.*

5. Seleccionando cualquiera de las opciones (si es la última, faltaría hacer clic sobre una línea o plano) rotará todo nuestro proyecto, manteniendo en su posición el Norte real.

* *Algunos elementos no se giran al rotar el Norte de proyecto, como las importaciones CAD. Si Revit deja sin rotar algún elemento, te muestra un aviso indicándolo.*

37. CIRCULACIONES VERTICALES I: RAMPAS

Propiedades de las rampas

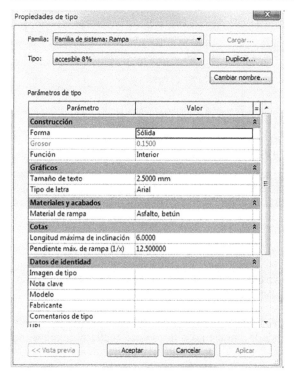

Fig.245 Propiedades rampa accesible del 8% tramo máx 6m.

Las rampas son los elementos de comunicación vertical más sencillos. Tienen tres propiedades básicas que debemos conocer:

1. <u>Rampa gruesa / sólida</u>. La sólida es una rampa maciza desde el nivel de partida hasta la parte superior; mientras que la gruesa tiene un parámetro de grosor.

2. <u>Longitud máxima de inclinación</u>. O longitud máxima de tramo inclinado, antes de que Revit pare la rampa y nos obligue a realizar un descansillo.

3. <u>Pendiente</u>. La pendiente se expresa en porcentaje, pero con una fórmula poco usual; si deseamos una pendiente del 20%, por ejemplo, dividimos 100/20 y el resultado es 5; pues ese valor, "5", es el que pondremos en la casilla de la pendiente.

También funciona a la inversa: si vemos un "5" en la casilla, dividimos 100/5 y nos indica que es una pendiente del 20%.

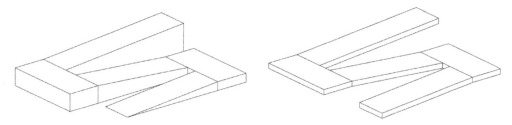

Fig.246 Rampa sólida y rampa gruesa.

El dibujo general de una rampa se hace indicando, en la paleta de Propiedades, el nivel inicial y el final; Revit calculará cuántos metros necesarios y los iremos dibujando. Si llegamos a la "longitud máxima de inclinación", la rampa se parará y tendremos que seguir en otra parte del dibujo, para que Revit haga automáticamente un descansillo. Al terminar la rampa, debemos pulsar Aceptar para salir de la orden. También se pueden dibujar rampas por boceto, mediante líneas rectas o arcos.

* *La rampa se adhiere automáticamente a los muros cercanos; así podemos hacer una rampa inclinada sin mayores complicaciones.*

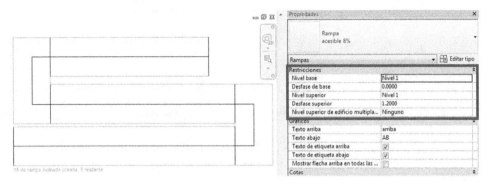

Fig.247 Dibujo inicial de una rampa.

Caso especial: rampa de una longitud concreta

Si necesitamos una rampa cuya longitud ya está determinada (por motivos de proyecto, por ejemplo), nos falta el dato de su pendiente, para que Revit la haga perfecta; si dibujamos la rampa necesaria y luego la editamos, podremos estirar la línea central y hacer que llegue al punto que necesitamos.

Anotar pendiente de una rampa

No es posible anotar la pendiente de una rampa o dibujar una flecha de subida de forma automática. Hay, no obstante, varios trucos o caminos que nos permiten conseguirlo.

1. Dibujando suelo separado de la rampa. Anotamos la pendiente de ese suelo (normalmente pondrá "[No hay pendiente]". Arrastramos la pendiente a la rampa; desde el nombre, no desde la bolita. No funciona para rampas creadas por boceto ni rampas curvas.

2. Mediante las órdenes de Línea de modelo*. Debemos dibujar una línea de modelo que descanse sobre la rampa y, sobre esa línea, ya anotamos correctamente la pendiente. Si ocultamos o eliminamos la línea, desaparecerá también la anotación.

* *Para hacer las líneas de subida de una rampa mediante líneas de modelo, necesitaremos cambiar el plano de trabajo; para ello, en Arquitectura → Definir plano de trabajo, podremos seleccionar el plano inclinado de la rampa y dibujar sobre él.*

Flechas de subida

Las flechas de subida de las rampas no funcionan todo lo bien que deberían. Por tanto, tenemos alguno caminos alternativos para hacerlo.

1. Con líneas de detalle sobre la rampa, dibujamos la forma deseada.
2. Con un componente adaptativo que realicemos nosotros o bajemos de Internet.

Rampas a partir de suelos

Con la herramienta de Modificar subelementos de los suelos o cubiertas de Revit (generando las líneas de inicio y fin de rampa, y entonces levantando a la cota deseada las líneas de fin de rampa y fin de suelo) es posible generar una "rampa" cuyos encuentros con el forjado sean mejores, y cuya pendiente se pueda anotar más rápidamente.

 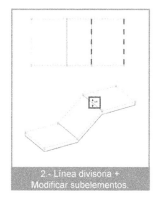 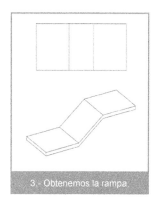

Fig.248 Proceso para la creación de una rampa mediante suelos.

Fórmulas de pendiente en rampas

Al igual que en las cotas temporales, es posible escribir una fórmula para colocar la pendiente exacta de una rampa en Revit. Una rampa del 6% debería tener, en propiedades, la pendiente 16,66, que equivale a 100/6. Si nosotros escribimos -sin comillas- "=100/6" Revit escribirá la pendiente exacta sin preocuparnos por los decimales.

Fig.249 Fórmulas de pendiente en rampas.

Patrones de sombreado

Una rampa en planta no mostrará nunca un patrón de sombreado; sí lo hará en alzado o 3D.

38. CIRCULACIONES VERTICALES II: ESCALERAS

Las escaleras en Revit son uno de los elementos que más configuración interna tienen. Sin embargo, la operativa es bien sencilla. Una vez clicamos en la orden, debemos tener en cuenta los siguientes parámetros:

- <u>Boceto de escalera.</u> Por tramos, helicoidal, compensada o por boceto

- <u>Inicio y final de la escalera</u>. Nivel y desfase, en cada caso

- <u>Anchura de tramo</u>

- <u>Número de contrahuellas</u>. Revit nos marca las mínimas que resuelven la escalera con su baremos de alturas. Nosotros podemos poner más o menos

- <u>Profundidad de huella</u>. Revit coloca la huella mínima, pero podemos modificarla.

- <u>Contrahuellas restantes</u>. Cada vez que vamos dibujando la escalera -en planta- Revit nos indica cuántas contrahuellas faltan para llegar al nivel superior marcado

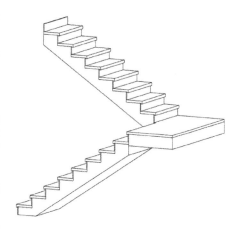

Fig.250 Ejemplo escalera 3D.

Una vez realizada la escalera, incluso haciendo varios tramos y dejando que Revit resuelva los descansillos por nosotros, debemos pulsar aceptar.*

* A la hora de hacer un tramo, podemos elegir el lado desde el que dibujamos, de forma muy similar a la "Línea de ubicación" de los muros. En esta ocasión los valores dependen del Tramo y son Centro - Izquierda - Derecha, entendidos en el sentido ascendente de la escalera.

Propiedades básicas de escalera

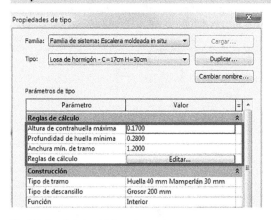

Fig.251 Propiedades básicas de escalera.

Las tres propiedades básicas que definen un tipo de escalera, y que se modifican dentro de Editar tipo, son:

1. Anchura de tramo mínimo.

2. Altura de contrahuella máxima

3. Profundidad de huella mínima

Escaleras por boceto

Revit permite hacer dos tipos diferentes de escaleras por boceto. El primero, desplegando la orden Escalera. Este método no es el adecuado porque no dejará, entre otras cosas, numerar las huellas o añadir caminos de escalera. El método correcto, por tanto, es hacer clic en la orden Escalera y, dentro de los tipos de tramo, seleccionar el último, Por boceto.

Si seleccionamos Escaleras por boceto, tendremos que dibujar, por un lado, los "Contornos" o zancas de escalera; y por otro lado, las "Contrahuellas". No es necesario que las contrahuellas lleguen hasta el contorno, ni que no sobresalgan: Revit las dibujará bien por nosotros.*

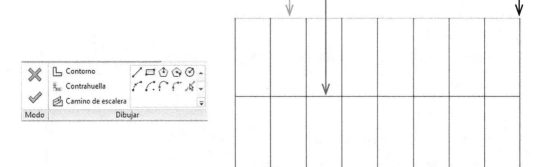

Fig.252 Partes de una escalera por boceto.

* Los iconos de Revit en este caso pueden llevar a confusión. El icono de Contorno muestra un contorno cerrado por todos los lados, mientras que solamente hay que dibujar las "zancas" laterales. Del mismo modo, el icono de las contrahuellas no incluye las dos extremas, y sí que es necesario dibujarlas.

Las escaleras por boceto nos permiten resolver tramos de escalera no paralelos, o con formas personalizadas. Si hacemos contrahuellas no paralelas, Revit también resolverá la escalera, pero generará discontinuidades en la losa de la escalera.

Una escalera "normal" se puede convertir a escalera por boceto, editando la escalera y, tras seleccionar un tramo, pulsar el botón "Convertir". Esta operación no es reversible.

Fig.253 Convertir escalera "normal" en escalera por "boceto"

Cuando dibujamos una escalera por boceto, Revit colocará automáticamente una línea de Camino de escalera, empezando en el primer peldaño y terminando en el último. Si nuestra escalera por boceto es en L o curva, es posible que la línea que Revit dibuje no sea correcta; en ese caso, nosotros mismos la dibujaremos desde la orden "Camino de escalera".

Modificadores básicos

- Invertir dirección. Al seleccionar una escalera en planta, aparece una pequeña flecha en la parte superior; pulsando sobre ella, invertimos la dirección de la escalera.

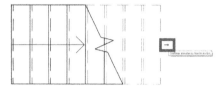

Fig.254 Invertir dirección

- Pinzamientos de forma. Seleccionando la escalera y pulsando sobre "Editar escalera", podemos seleccionar los pinzamientos triangulares para modificar el ancho de cada tramo o reajustar la altura del descansillo (si estiramos del pinzamiento en la parte superior, los peldaños que añada en ese tramo se eliminan del nacimiento de la escalera)

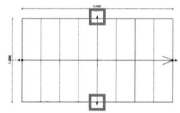

Fig.255 Pinzamientos para editar la forma.

- Añadir peldaños. Seleccionando el pinzamiento circular, añadimos o restamos peldaños directamente.

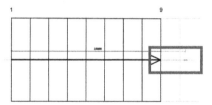

Fig.256 Añadir peldaños.

Grafismo

1. Flecha de escalera. Revit las llama "Camino de escalera" y, por defecto, es una dirección ascendente o descendente, según si estamos en la vista de arranque de escalera, o de desembarco. Seleccionando el Camino de escalera, podemos desplegar el tipo y elegir "Dirección ascendente fija". Dentro de las opciones del camino de escalera podremos modificar el tipo de flecha y otras opciones:

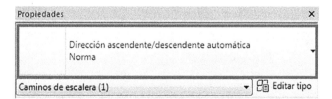

Fig.257 Desde las propiedades se puede modificar la dirección ascendente / descendente automática a fija

- Distancia hasta marca de corte. Distancia de la flecha al corte de escalera
- Dibujar para cada tramo. Si se desactiva es una flecha única que recorre la escalera. Podemos elegir también si es recto o curvo
- Flecha de peldaño completo
- Extensión inicial de línea, y símbolo inicial

* El cambio de Dirección ascendente fija, hay que hacerlo en todos los caminos de escalera. La opción más rápida es seleccionar uno → SA → cambiarlo.

* El texto "Arriba" es una propiedad de ejemplar. La forma más rápida de quitarlo es en el paso anterior, aprovechar para desmarcar "Mostrar texto arriba".

* Si dentro de VV → Anotación, desmarcamos "texto arriba" y "texto abajo", ya no se verá nunca en esa vista y nos olvidaremos de tener que desactivarlo.

* Para hacer que Revit utilice por defecto la Dirección ascendente fija, debemos eliminar uno de los caminos de escalera, y Anotar → Camino de escalera → Dirección ascendente fija → seleccionar la escalera. Esto vendrá bien para las próximas escaleras y, por supuesto, para nuestra plantilla.

* Para personalizar la flecha en sí, iremos a Gestionar → Configuración adicional → Puntas de flecha.

2. <u>Grafismo de líneas en proyección</u>. Dentro de Gestionar → Estilos de objeto → Escaleras, tenemos todas las subcategorías para personalizar.

3. <u>Marca de corte de la escalera</u>. Dentro del tipo de escalera encontramos el parámetro de "Tipo de marca de corte" y, pulsando en los puntos suspensivos, podremos editar su grafismo:
   - Una línea o dos líneas, y qué ángulo
   - Si debe sobresalir o no de los laterales de la escalera
   - Símbolo de corte (línea, curva o ninguno)

Fig.258 Estilos de objeto, para editar las líneas de las escaleras.

4. <u>Mostrar u ocultar ciertas líneas de la escalera</u>. Visibilidad/Gráficos (VV).

5. <u>Numeración de peldaños</u>. Desde la pestaña Anotar → Número de huellas, podremos etiquetar los peldaños de nuestra escalera, tanto en planta como en alzado o sección, y determinar algunos de estos parámetros:

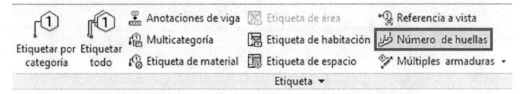

Fig.259 Numeración de peldaños.

CIRCULACIONES VERTICALES II: ESCALERAS

- Tipo de etiqueta (huella o contrahuella).
- Regla de visualización (todos los peldaños, los extremos, o pares / impares).
- Referencia (centro de la escalera, bordes o cuarto).
- Justificación en cada peldaño (inicio, centro o final).
- Orientación del texto, horizontal o vertical.
- Tamaño del número (no el tipo de letra).

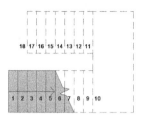

Fig.260 Ejemplo número de huellas.

* *Para modificar el color de la letra, podemos hacerlo desde Visualización/Gráficos (VV) o desde Gestionar → Estilos de objeto → Anotación → Números de huella/contrahuella.*

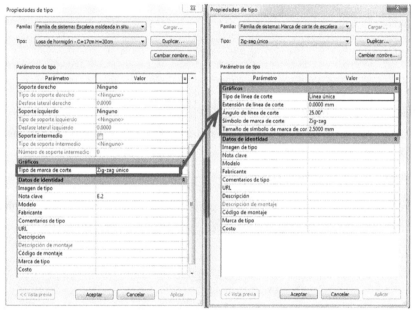

Fig.261 Marca de corte de escalera.

Reglas de cálculo

Fig.262 Reglas de cálculo.

Dentro de Editar Tipo, y debajo de los parámetros extremos de huella, contrahuella y tramo, tenemos el botón de Reglas de cálculo. Dentro de esta ventana, si activamos la casilla de verificación de "Usar calculadora de escaleras para el cálculo de pendiente" podremos generar una definición de cuánto debe medir cierta combinación. Por ejemplo, la fórmula tradicional de "una huella más dos contrahuellas debe ser igual al paso". En el Código Técnico en España se especifica que 54 ≤ 2C + H ≤ 70cm.

Esta calculadora nos permite generar, por tanto, esta regla, indicando tanto el resultado deseado como sus valores máximos y mínimos (traspasados los cuales nos saldría una advertencia), y conociendo siempre el valor de la escalera actual.

181

Propiedades básicas de tramo monolítico

Los tramos de escalera son exactamente eso: cada uno de los tramos que la componen. Recae sobre ellos todo lo referente a materialidad y espesores de revestimientos y losa. Podemos llegar a la ventana de edición de tipo de tramo, de tres formas diferentes:

1. Editando el tipo de la escalera. Dentro de las propiedades, está Tipo de tramo.
2. Pulsando TAB sobre la escalera, alternaremos entre escalera y tramo.
3. Seleccionando la escalera y editándola; lo que seleccionemos dentro será un tramo.

Las propiedades generales dentro de un tramo son:

1. <u>Superficie de la parte inferior y profundidad estructural</u>. Para hacer escaleras con el intradós plano o escalonado, y definir su espesor.*

* *Si se coloca un espesor fino y el tramo escalonado, podemos simular una escalera de chapa metálica. Será necesario también revisar, dentro de las propiedades de ejemplar del tramo, los valores de Iniciar con contrahuella o terminar con contrahuella, para que empiece y termine como nos interesa.*

2. <u>Materiales.</u> Losa, huella y contrahuella
3. <u>Huellas</u>. Si se marca, se genera un pavimento de huella, del espesor que establecemos en la propiedad siguiente, "grosor de huella"*.

* *Si queremos desactivar el saliente, o mamperlán de la escalera, debemos poner el parámetro de Longitud de mamperlán a cero, y el perfil en Por defecto.*

4. <u>Contrahuellas</u>. Si se marca, se genera un pavimento de tabica con el espesor asignado.

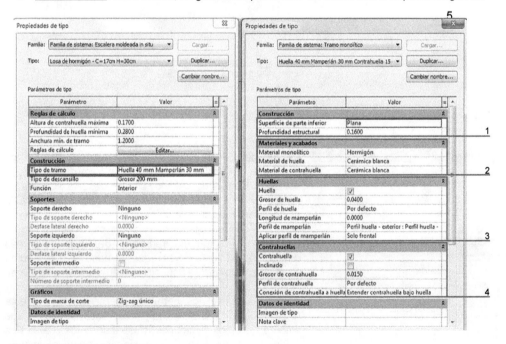

Fig.263 Propiedades de un tramo.

Descansillos

Los descansillos conectan diferentes tramos de escalera. Para añadir un descansillo manualmente, pulsaremos el botón Descansillo desde el modo de edición de escalera, y seleccionaremos uno a uno ambos tramos. Lo único que hay que tener en cuenta, es que los peldaños de ambos deben ser correlativos. Si esto no fuera así, con el pinzamiento de círculo podremos añadir o quitar según corresponda.

Para hacer una forma especial de los descansillos, es posible convertirlos a boceto; con el descansillo seleccionado, marcamos la orden "Convertir" y entonces modificamos a nuestro gusto el perímetro del mismo. Por ejemplo, para conseguir un descansillo semicircular.

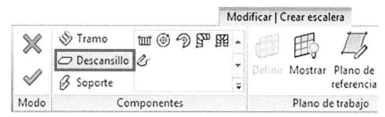

Fig.264 Descansillo.

Otros tipos de escalera

En Revit hay varios tipos de escalera, además de la que hemos estado revisando hasta ahora, que es la escalera "Moldeada in situ". Son los siguientes:

1. Escalera prefabricada
2. Escalera ensamblada
3. Escalera compensada
4. Escalera helicoidal

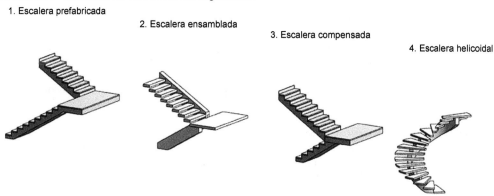

Fig.265 Tipos de escalera.

1. <u>Escalera prefabricada</u>. Define los métodos de conexión entre las piezas y también permite colocar zancas.

2. <u>Escalera ensamblada</u>. Desde ésta se pueden hacer escaleras de zancas laterales, centrales o incluso escaleras voladas, pues dentro de las propiedades de tipo están los valores de Soporte derecho, izquierdo e intermedio. Modificando éstos, y seleccionando los que nos interesen, establecemos las dimensiones y la ubicación de estos soportes, para conseguir nuestra escalera ensamblada perfecta.

3. <u>Escalera compensada</u>. Es un bloque de escalera con pocas variaciones o parámetros a realizar por nosotros. Existe en dos modalidades (L y U) y podremos modificar, entre otras cosas, el número de huellas paralelas al inicio y al final, o el modo de compensación de peldaños; también disponemos de pinzamientos de flecha para ajustar los anchos o el ojo de la escalera.

4. <u>Escaleras helicoidales</u>. Las escaleras en espiral se pueden realizar mediante dos iconos diferentes en Revit. El primero, mediante centro y radio; el segundo mediante un centro y extremos inicial y final, para poder hacer solamente un tramo y no la escalera completa.

Conexión de escaleras con el forjado

Una escalera con tramo detallado -con contrahuella y huella- termina, por defecto, con una tabica de contrahuella. Si queremos mejorar la unión con el forjado superior haciendo que el primer peldaño nazca del propio nivel, tenemos que hacer lo siguiente desde una vista de sección:

1. Seleccionar la escalera → Editar escalera
2. Seleccionar el tramo
3. En la paleta de Propiedades, desmarcar "Terminar con contrahuella"
4. Arrastrar el pinzamiento circular para añadir un peldaño más (esto lo hacemos a ciegas; hasta que no soltemos el cursor, no sabremos cuántos hemos añadido)
5. Aceptar la escalera, y hacer los recortes de pavimento y uniones que se necesiten

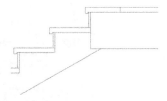

Fig.266 Ejemplo de conexión de escalera con el forjado.

Para la unión con el forjado inferior, de nuevo desde una sección con nivel de detalle alto, podemos utilizar la orden Unir (UU) entre escalera y pavimento (sólo servirá si las capas del pavimento tienen Función 2 o siguientes); o bien seleccionar el tramo (pulsando sucesivamente la tecla TAB hasta que en la barra de estado indique que hemos preseleccionado el tramo, o bien editando la escalera y luego seleccionando el tramo)

Para controlar el nacimiento de una escalera, desde una sección, seleccionamos la escalera y la editamos, para seleccionarla de nuevo (esta vez tenemos seleccionado el tramo). Esto también se puede hacer sin necesidad de editar la escalera, haciendo uso de la tecla TAB para alternar entre la selección de la escalera y el tramo (comprobando en la barra de estado qué tenemos seleccionado cada vez).

Con cualquiera de los dos métodos, una vez tengamos el tramo, podemos modificar la propiedad de ejemplar "Extender por debajo de contrahuella" para hacer que el intradós de la escalera se prolongue, simulando de una forma más realista la unión con el forjado.

Escaleras en edificio multiplanta

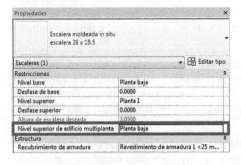

Fig.267 Activar nivel superior de edificio multiplanta.

Una vez tenemos definida una escalera, es posible generar una escalera "multiplanta", que funcionará solamente si todas las plantas tienen la misma altura y, por tanto, todas las escaleras son iguales. Es decir, es una estrategia adecuada para una planta tipo.

Para activar una escalera multiplanta, simplemente se selecciona la escalera y se cambia el parámetro de la paleta Propiedades "Nivel superior de edificio multiplanta".

Escaleras modeladas in situ

A partir de la versión 2017 es posible dibujar escaleras in situ desde la orden de Arquitectura → Componente → Modelar in situ. De esta manera, escaleras que hasta ahora parecían imposibles de dibujar, o de conseguir una unión perfecta con el forjado, pueden ahora resolverse de forma individual.

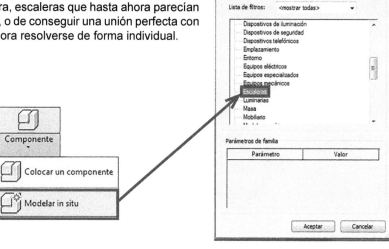

Fig.268 Modelar in situ una escalera.

39. CIRCULACIONES VERTICALES III: BARANDILLAS

Barandilla

Las barandillas se añaden automáticamente cuando generamos rampas y escaleras; son una categoría basada en línea (dibujamos un boceto o camino continuo mediante segmentos rectos o curvos, y la barandilla se creará a partir de este camino).

Para crear una barandilla desde cero, los pasos a seguir son los siguientes:

1. Arquitectura → Barandilla
2. Con los bocetos, se genera un único camino continuo; Aceptar
3. Si la barandilla sale horizontal y queremos que esté asociada a un elemento inclinado (por ejemplo, una rampa o una barandilla) seleccionamos la barandilla y, en la Cinta de opciones, marcamos la orden "Seleccionar nuevo anfitrión" y designamos el elemento que ha de hacer de anfitrión de la barandilla.

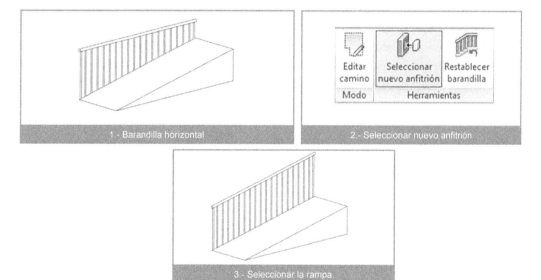

Fig.269 Proceso para colocar nuevo anfitrión de barandilla

4. Para editar el camino, seleccionamos la barandilla y pulsamos sobre "Editar camino".

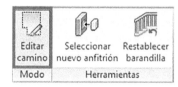

Fig.270 Editar camino de la escalera.

Para que Revit alterne automáticamente entre segmentos inclinados y horizontales, al editar el camino debemos hacer segmentos separados (por ejemplo, para cubrir una rampa con un descansillo en medio, habremos de dibujar tantos segmentos como transiciones haya entre inclinado y horizontal; incluso usando la orden Dividir (PA) para ello). También es posible seleccionar cada segmento de forma independiente y, en la barra de opciones, seleccionar el valor deseado en "Pendiente". El valor por defecto es "por anfitrión", pero podemos forzar a que sea plana o inclinada.

Las barandillas se componen de varios elementos, que podemos entender por separado:

- Balaustres. Los elementos verticales intermedios.

- Pilastras. Se hallan dentro de la configuración de balaustres, y son el elemento vertical inicial, final, o de esquina entre dos tramos.

- Barandales. Son los elementos horizontales que van entre balaustres. Por ejemplo, los cables horizontales de acero.

- Barandal superior. El barandal más alto; Revit les da un tratamiento especial a éstos.

- Pasamanos. Barandales laterales para poder generar barandillas compuestas solamente de pasamanos, entre otros.

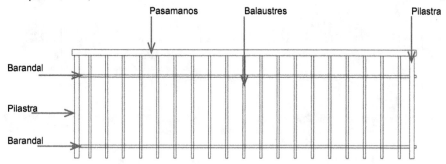

Fig.271 Elementos de una barandilla.

A todos estos elementos se accede desde Editar tipo; vamos a verlos en profundidad con ejemplos para cada caso.

Barandales

Son el elemento más sencillo dentro de las barandillas. Se configuran desde Editar tipo → Estructura de barandal (no continuo), podemos Insertar todos los necesarios. Los valores que los definen son:

1. Nombre identificativo (recomendado para cuando se coloquen los balaustres)
2. Altura de colocación y desfase.
3. Tipo de perfil* y material

Para crear un nuevo perfil a partir de uno existente, dentro del Navegador de proyectos → Familias → Perfiles → botón derecho sobre el que queramos usar de partida y duplicar. Si necesitamos partir de cero, Revit → Nuevo → Familia → Perfil métrico – barandal.

Balaustres

Los balaustres son la estructura vertical de una barandilla. Las pilastras también se configuran desde el mismo lugar. Con una barandilla seleccionada, dentro de Editar tipo → Colocación de balaustres, podemos colocar todos balaustres que necesitemos:

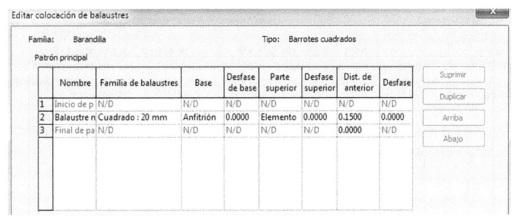

Fig.272 Editar colocación de balaustres.

1. Duplicamos el balaustre existente (o lo modificamos, según necesidad)
2. Asignamos un nombre para su posterior identificación (recomendado)
3. Elegimos una familia de balaustres*

Si queremos cargar más balaustres, vamos a Insertar → Cargar familia → Barandillas → Balaustres; o bien lo creamos desde cero en Revit → Nuevo → Familia → Balaustre métrico (normal, panel o poste)

4. Indicamos una base y parte superior, con los desfases pertinentes. Esto permite generar balaustres que no vayan desde el suelo hasta el barandal superior, sino que empiecen o terminen en unos de los barandales que hemos creado.
5. En "Distancia del anterior" indicamos la separación que habrá entre este balaustre y el anterior. En definitiva, lo que estamos haciendo desde esta ventana es definir un patrón que se repetirá a lo largo de toda nuestra barandilla.
6. Por último, en "Desfase", podemos desfasar el balaustre de forma perpendicular a la barandilla.

Dentro de esta ventana, existen aún más parámetros para acabar de configurar los balaustres:

- Dividir patrón. Permite hacer un patrón continuo en toda la barandilla, empezarlo en cada tramo, o interrumpirlo solamente en ángulos mayores que uno definido por nosotros.
- Justificar. Controla cómo se ajusta el patrón cuando la distancia de la barandilla no cuadra con un patrón exacto (que es la mayoría de los casos).
- Usar balaustres por huella en escaleras. Con esta opción marcada, Revit ignorará el patrón que hayamos creado si el anfitrión de nuestra barandilla es una escalera; y colocará X balaustres por huella de la familia indicada.

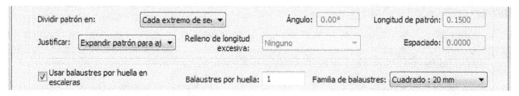

Fig.273 Usar balaustres por huella en escaleras.

Para la configuración de pilastras, vamos a la parte inferior de esta misma ventana. Podemos configurar la pilastra inicial, final e intermedias (pilastras de esquina) con los mismos valores que unos balaustres normales. Además, en la parte más inferior de la ventana, elegimos poner pilastras de esquina según el criterio que queramos: siempre, nunca, o a partir de determinado ángulo.

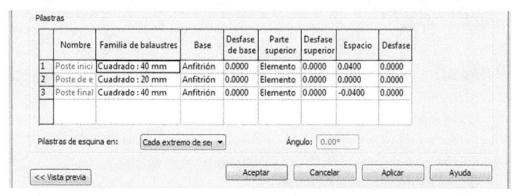

Fig.274 Pilastras o postes

Barandal superior

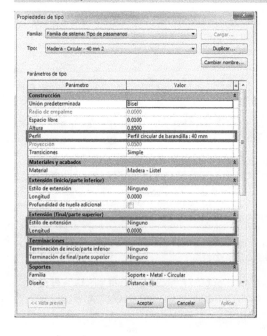

Fig.275 Propiedades tipo del barandal superior.

El barandal superior se configura desde Editar tipo, sin entrar dentro de la configuración de barandales. Permite indicar qué tipo de barandal superior se usará, y a qué altura.

Los tipos de barandales superior se pueden editar desde el Navegador de proyectos → Familias → Barandillas → Tipo de barandal superior. También se puede seleccionar el barandal superior de una barandilla mediante la tecla TAB. La ventana que aparece cuando hacemos doble clic en uno de ellos es bastante completa:

1. Perfil y material.
2. Terminaciones. Para colocar remates en cualquiera de los extremos del barandal.
3. Extensiones. Indican cuánto continúa el barandal al terminar la escalera, y si tiene alguna forma especial, haciendo que el barandal gire hacia:

- El suelo
- El muro
- La pilastra final

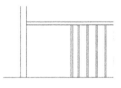

Fig.276 Ejemplo de barandal con extensión a suelo.

Fig.277 Ejemplo de barandal con extensión a pilastra final

Fig.278 Ejemplo de barandal con extensión a muro.

Uniones entre barandales

Quizá una de las partes más difíciles de conseguir que queden perfectas; aunque es importante tener en cuenta el alcance o importancia "real" de una unión de barandilla dentro de un plano o un alzado. Aquello que apenas se vaya a distinguir en un plano a escala 1:100 o, como mucho, 1:50, es susceptible de documentarse mediante un detalle 2D.

Cuando una unión entre barandales no es correcta, seleccionamos la barandilla y marcamos Editar camino. En la Cinta de opciones hay una orden llamada Editar juntas, que nos permite seleccionar (en el boceto) una junta entre barandales y editar el tipo; si además marcamos la casilla de "Vista previa", podremos ver en 3D qué alternativas estamos tomando:

- Por tipo. Mismo valor que dentro del barandal
- Extender barandales para unirlos
- Insertar segmento vertical/plano
- Sin conector

Transiciones. (Propiedad de tipo de barandal superior) Sirve para elegir el tipo de transición entre barandales en descansillos. Además de "Ninguna" (donde el barandal terminará en la primera o última huella del descansillo), tenemos dos opciones más:

- Simple. Transiciones justas con un perfil circular
- Continua. Transiciones justas con perfiles complejos.

Ajuste de altura para descansillo. (Propiedad de tipo de barandilla) Controla la altura de las barandillas en los descansillos de escaleras.

- No. Las barandillas de los descansillos tienen la misma altura que las barandillas de los tramos de escalera.

- Sí. Se puede aumentar o reducir la altura de la barandilla en los descansillos. Se pueden conseguir transiciones de barandales más suaves si en el parámetro de Uniones tangentes se especifica "extender barandales para unirlos".

Uniones. (Propiedad de tipo de barandilla)

- Uniones en ángulo. Cuando dos tramos coinciden pero verticalmente no están conectados; se pueden dejar "Sin conector" o bien "Añadir segmentos verticales/horizontales".

- Uniones tangentes. Dos tramos son tangentes o colineales, pero verticalmente no están conectados. Además de las opciones de Uniones en ángulo, se puede utilizar "extender barandales para unirlos" y tratar de hacer una transición más suave.

Conexiones de barandal. (Propiedad de tipo de barandilla) Si no es posible una conexión perfecta en bisel, Revit da dos opciones:

- Recortar. Corta los segmentos por un plano vertical
- Soldar. La opción más adecuada para barandales circulares; intentará unir los segmentos de la forma más parecida a un bisel.

Pasamanos

Para crear una barandilla que sea solamente un pasamanos, debemos hacer lo siguiente:

1. Duplicar el tipo de barandilla.
2. Entrando en "Colocación de Balaustres" poner "Ninguno" tanto en el perfil del balaustre como en los correspondientes a Pilastras; y desmarcar "Usar balaustres por huella en escaleras".

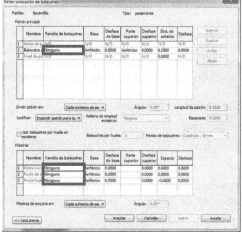

Fig.279 Eliminar balaustres para hacer pasamanos.

3. Dentro de las propiedades de tipo, elegir Pasamanos 1 o Pasamanos 2, y elegir un tipo (por ejemplo, "Madera – Circular – 40 mm" y una posición (izquierda).

En Barandal superior, poner "Ninguno".

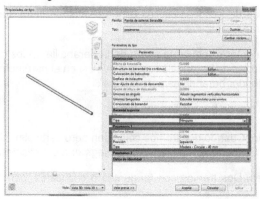

Fig.280 Pasamanos tipo.

Este pasamanos que acabamos de crear cumple su función, pero no tiene ningún tipo de conector con los muros que le dan sustento; y tampoco podemos controlar su altura de colocación. Para editarlo, podemos acudir al Navegador de proyectos → Familias → Barandillas → Tipo de pasamanos, y seleccionarlo desde ahí; o bien con TAB seleccionarlo desde nuestra vista y editarlo. Dentro de la ventana del pasamanos tenemos:

- Perfil, material y altura
- Extensiones y terminaciones. Igual que en un barandal superior
- Soportes. Aquí podemos controlar los elementos que sustentan el pasamanos a la pared. Elegimos una familia y un diseño (espaciado máximo, por ejemplo)

Si el soporte no se queda exactamente donde deseamos, una forma rápida de modificarlo es seleccionarlo con TAB, desbloquearlo pulsando en el Pin o Chincheta, y moverlo manualmente.

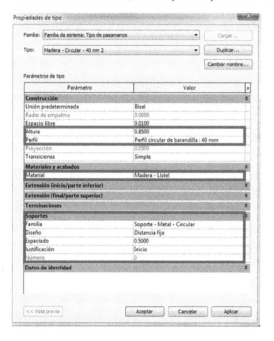
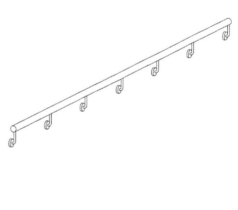

Fig.281 Pasamanos con soportes a pared.

40. CIRCULACIONES VERTICALES IV: AGUJEROS

Existen varias formas de hacer agujeros en los objetos de Revit. Por una parte tenemos las órdenes específicas para agujeros; y por otro tenemos la propia edición del contorno, perfil o perímetro.

Fig.282 Seleccionando el muro, editar perfil.

La edición de contorno, perfil*, boceto o perímetro (según la familia correspondiente) nos permite modificar el perímetro del elemento; pero también, si dibujamos una figura dentro de la que ya tenemos (un contorno cerrado dentro del contorno cerrado existente) Revit hará un "agujero" en esa zona, comportándose igual que los Sombreados por islas en CAD.

La orden "Editar perfil" en los muros permite hacer auténticas maravillas con los muros. Podremos dibujar muros almenados, muros con coronación, base o laterales inclinados o curvos, múltiples agujeros, huecos de puertas orgánicos... la única condición es, como siempre, que ha de ser un perfil continuo y cerrado.

El otro modo de hacer agujeros es mediante las órdenes de huecos. Los huecos permiten "vaciar" una zona concreta, afectando cada vez a determinadas categorías. Tienen algunas ventajas respecto del método anterior:
- Permiten hacer huecos en pilares o vigas
- Se puede controlar si el hueco es vertical o perpendicular a cara
- Se puede modificar la posición del hueco arrastrando sin necesidad de editar el boceto

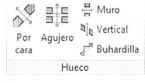

Fig.283 Tipos de huecos.

Todos ellos se encuentran en la pestaña Arquitectura, y tenemos los siguientes:
1. <u>Hueco por cara</u>. Crea un corte perpendicular a la cara en cubiertas, suelos, techos, losas, plataformas de construcción, vigas y pilares estructurales. Funcionan en modo Boceto y, como siempre, debemos dibujar un contorno continuo y cerrado.

2. <u>Hueco vertical</u>. Crea un corte vertical en cubierta, suelos, techos, losas y plataformas de construcción. También funciona en modo boceto.

3. <u>Hueco de muro</u>. Solamente funciona en muros, y permite hacer huecos rectangulares. Es la única manera de hacer huecos en muros curvos.

4. <u>Agujero</u>. Es un hueco vertical con un rango de alturas, que afecta a todos los elementos que se crucen en su desarrollo (cubiertas, techos, suelos y losas). A efectos prácticos es la mejor alternativa para patinillos de instalaciones, huecos de escaleras en un edificio multiplanta, o agujeros de ascensor. Además, dentro de la orden Agujero, si seleccionamos "Líneas simbólicas", podemos dibujar el grafismo que indique la existencia de un hueco, y se verá en todas aquellas plantas que estén cortadas por nuestro agujero*.

* *En realidad, si el plano de corte del rango de vista corta el agujero, también se verán; así que debemos estar pendientes para subir un poco el agujero en caso necesario.*

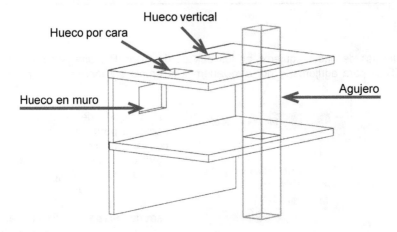

Fig.284 Tipos de huecos.

Ascensores

Dentro de las familias de Equipos especializados → Elevadores y ascensores, tenemos varios tipos de ascensores genéricos para insertar. Estas familias no hacen automáticamente los agujeros, que debemos hacer por nuestra cuenta.

Para etapas tempranas de proyecto, una funcionalidad extra de la orden Agujero es utilizar el comando de "líneas simbólicas" para dibujar la geometría en planta del ascensor. De esta forma, en una única orden tendremos el agujero y el grafismo en planta. Esto no nos libera de insertar las puertas de ascensor, o de grafiar en sección.

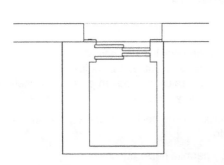

Fig.285 Ascensor en planta dibujado mediante líneas simbólicas.

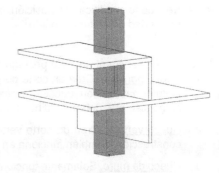

Fig.286 Agujero en 3D para simular el ascensor.

EMPLAZAMIENTO Y TOPOGRAFÍAS

41. EMPLAZAMIENTO Y TOPOGRAFÍAS

Dentro de la pestaña "Masa y emplazamiento" encontraremos todas las órdenes necesarias para resolver con Revit el entorno cercano de nuestro proyecto. La orden principal es la generación de topografías, con la orden Superficie topográfica.

Topografía desde puntos

Dentro de la orden Superficie topográfica, con el botón "Colocar punto" podemos ir colocando puntos a la cota que está marcada en la barra de opciones*. Al terminar, pulsamos Aceptar y ya tenemos nuestra superficie.

* *Para poder ver correctamente la superficie y que no se seccione por el plano de corte, es más recomendable hacerla desde "Planimetría general" porque así se ve toda entera, ya que el Plano de corte de esta vista está situado a 1000 m por encima de la cota +0.00.*

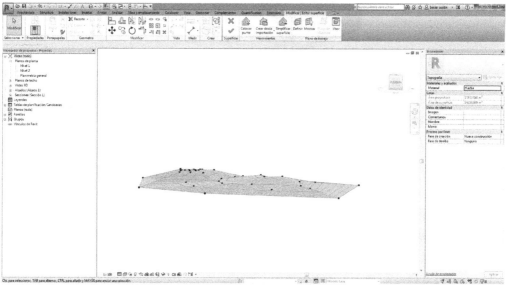

Fig.287 Topografía desde puntos.

Por supuesto, una vez generada la superficie, se puede seleccionar y editar; añadir puntos nuevos, modificar la cota de los existentes, o eliminar alguno sobrante.

Topografía desde CAD

Si importamos unas curvas de nivel desde CAD -las curvas deben estar en 3D- podemos generar automáticamente la superficie topográfica seleccionando la opción Crear desde importación → Seleccionar ejemplar de importación → seleccionamos la importación CAD* → marcamos qué capas contienen la información → Aceptar → Aceptar. No hay que olvidar eliminar la importación CAD si ya no la necesitamos.

Fig.288 Importar topografía desde CAD.

197

* *La importación CAD está detallada en el capítulo "Comenzar un proyecto en Revit" dentro del apartado "Insertar una vista CAD". El caso particular aquí es que no se debe marcar "Sólo vista actual")*

* *Para insertar la topografía a la cota deseada, debemos tener en cuenta que la parte inferior de la topografía se alineará con el nivel que hayamos seleccionado al importar la vista de CAD. Controlando estos parámetros no tendremos ningún problema.*

Grafismo

Es posible que en la vista 3D la superficie topográfica aparezca como una "sábana" sin espesor; y que en los alzados pase lo mismo.

- En la vista 3D. Activamos la caja de sección. Cuando los bordes laterales de la caja de sección corten la superficie, se verá seccionado, y estirando el pinzamiento inferior haremos más o menos profunda la base.

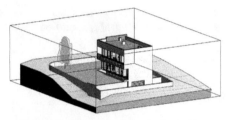

Fig.289 3D con la superficie topográfica seccionada mediante la caja de sección.

- En los alzados. Dentro de una vista en planta, seleccionando el triángulo del alzado (no la marca circular) aparecerá la Línea de ubicación del alzado; moviéndola hasta que corte con la superficie topográfica, conseguiremos que se vea seccionado.*

* *Este procedimiento también es útil para decidir si un alzado de parcela, por ejemplo, se hace por delante de la valla perimetral o por detrás, por ejemplo.*

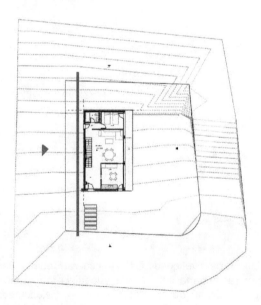

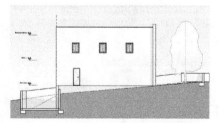

Fig.290 Colocar plano de corte sobre la superficie topográfica.   Fig.291 Alzado con sup. topográfica cortada.

EMPLAZAMIENTO Y TOPOGRAFÍAS

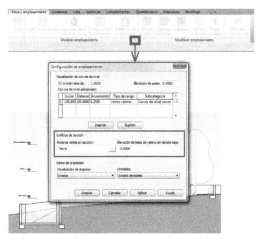

Fig.292 Configuración aspecto de la sup. topográfica.

Una vez hemos conseguido que tanto en alzados y secciones, como en 3D, aparezca el terreno seccionado, vamos a ver cómo modificar su aspecto. Para ello, dentro de la pestaña Masa y emplazamiento, localizamos una pequeña flecha diagonal en la parte inferior de la Cinta de opciones. Pulsando sobre ella nos aparece la ventana de "Configuración de emplazamiento".

• Material visible en sección. Podemos seleccionar un nuevo material, o modificar el grafismo en corte del material Tierra que aparece.

• Elevación de base de relleno en detalle bajo. Simplemente se refiere a desde qué cota empieza a verse el relleno seccionado.

Curvas de nivel

Dentro de la orden "Configuración de emplazamiento" (la pequeña flecha diagonal que se encuentra en la parte inferior derecha de la sección Modelar emplazamiento en la pestaña Masa y emplazamiento) podemos configurar también las curvas de nivel:

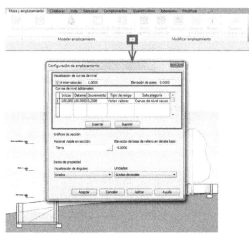

Fig.293 Curvas de nivel.

• A intervalos de. Se refiere a las curvas de nivel principales; cada cuánto queremos las curvas de nivel, y a la derecha, "Elevación de paso", una cota de referencia.

• Curvas de nivel adicionales. Podemos crear tantas cuantas queramos, con un solo valor o múltiples valores, y separadas cada X distancia.

• En Gestionar → Estilos de objeto → Topografía, podemos cambiar el grafismo general de todo el dibujo para las curvas de nivel. En Visibilidad/Gráficos (VV) lo cambiamos para una sola vista.*

* *Dentro de Gestionar → Estilos de objeto → Topografía, aparece como material por defecto Hierba; ése será el material que veremos en la topografía en proyección. Podemos modificarlo para todas las topografías, o bien seleccionar la nuestra y en la propiedad de ejemplar "Material" indicar uno diferente.*

Para etiquetar las curvas de nivel, en la pestaña Masa y emplazamiento, a la derecha, aparece el botón correspondiente. Nos hará dibujar una línea y, donde esa línea interseque con una curva de nivel, aparecerá la cota.

Dentro de Editar tipo podremos modificar color, tipo de letra y tamaño. También estará a nuestro alcance decidir si queremos etiquetar todas las curvas o solamente las principales, y por supuesto el formato de unidades. No podremos incidir sobre la dirección de lectura o la inclinación del texto, pues por convención internacional se lee en el sentido de subida y alineada con la línea de pendiente cero.

Fig.294 Etiqueta de curvas de nivel.

Secciones ocultas

Todas las secciones tienen un parámetro de ejemplar que es "Ocultar en vistas con detalle más bajo que", para que cada sección pueda ocultarse automáticamente si la vista tiene una escala menor a la que indiquemos. Por defecto, en Planimetría general, que está a 1:200, las secciones que hagamos no aparecen. Esto nos resultará útil para ocultar los monitos de sección, por ejemplo; o para indicar exactamente qué secciones deben verse en un plano de emplazamiento, entre otros.

División de una superficie

Hay dos maneras de dividir una superficie en Revit. Todos los métodos están siempre dentro de la pestaña de Masa y emplazamiento.

- **Subregión**. Genera una sub-superficie con un material diferente. Esta subregión depende de la superficie principal y se modifica a través de ésta. Se puede eliminar en cualquier momento con DEL. Se utiliza para generar caminos o senderos con la misma orografía del terreno, o para mostrar "manchas" o zonas de materiales concretos como tierra – césped – gravilla – arboleda – etc.*

- <u>Dividir superficie</u>. Generando un boceto de línea, divide completamente dos superficies, haciéndolas totalmente independientes entre sí.

  * Si hacemos un boceto de subregión con spline, no se puede cerrar; es necesario añadir un tramo de línea recta o de arco.

  * Con la orden "Fusionar superficies" podemos hacer el camino inverso.

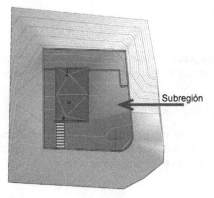
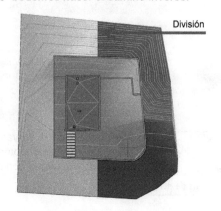

Fig.295 Ejemplo de subregión y división.

EMPLAZAMIENTO Y TOPOGRAFÍAS

Plataforma de construcción

Genera plataformas horizontales que se excavan en el terreno -o se levantan sobre éste- con un talud vertical. Sirven para interrumpir la superficie topográfica al llegar el edificio y que no se solape el terreno con la edificación. Se generan por boceto igual que los suelos. Tienen dos condiciones:

1. No pueden sobresalir de una topografía
2. No pueden solaparse dos o más plataformas entre sí (pero pueden compartir bordes o, lo que es lo mismo, estar juntas)

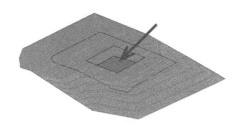

Fig.296 Ejemplo de plataforma de construcción.

La plataforma la usaremos en general como un elemento que se ocultará. Es posible darle capas y utilizarla como solera, pero ciertos detalles constructivos demuestran que la solera y la plataforma de construcción no deben llegar al mismo sitio. Por tanto, las plataformas serán un elemento de trabajo que después ocultaremos de nuestros planos finales. También podemos crear diferentes tipos de plataformas para usos distintos, y utilizar filtros de vista para mostrar u ocultar los que deseemos.

Es posible dar pendientes a una plataforma (para hacer una rampa de garaje sobre el terreno, por ejemplo) mediante el comando de Flecha de pendiente.

Generación de taludes

Al hacer una plataforma de construcción, Revit no genera automáticamente taludes, desmontes o terraplenes. Pero podemos hacerlos nosotros. El proceso es el siguiente:

1. Suponemos una plataforma que está levantada sobre la superficie.
2. Con la orden Cota de elevación, podemos ver que la cota superior de la plataforma es de, por ejemplo, -2.00m.
3. Editamos la superficie.
4. Con la orden Colocar punto, en la barra de opciones seleccionamos Relativa a superficie, valor cero. Esto significa que añadiremos puntos en la superficie que ya tenemos, sin modificar su orografía.
5. Hacemos un "perímetro de seguridad" con varios puntos, cuantos más mejor; para indicarle a Revit que, cuando modifiquemos luego las cotas de altura, los cambios deben llegar solamente hasta esos puntos. Éste es el equivalente digital del spray sobre el suelo, o las barras de armadura clavadas marcando los límites.
6. Si dentro de nuestro "perímetro" hay puntos originales que nos van a molestar, los eliminamos sin problemas con DEL.
7. Volvemos a la orden Colocar punto, pero esta vez en la barra de opciones seleccionamos Absoluta y, en el valor, ponemos +3 (o, por ejemplo, +2.95, para que quede un pequeño escalón).

* *Vamos haciendo clic en el perímetro de nuestra plataforma (no en el perímetro de seguridad) y veremos cómo Revit recalcula los puntos para adecuar el talud.*

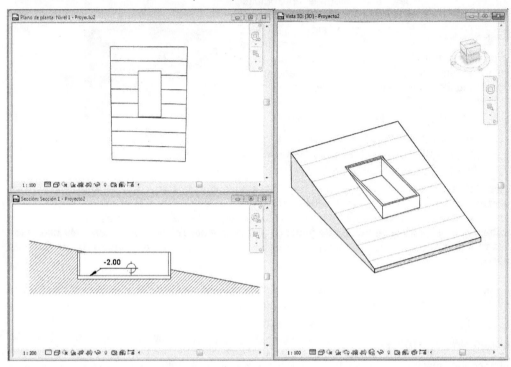

Fig.297 Ejemplo de taludes en una piscina.

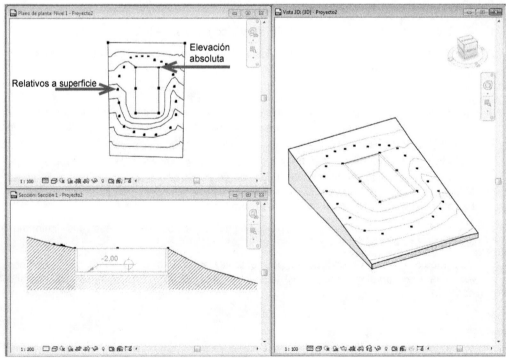

Fig.298 Colocamos los puntos "relativos a superficie" con valor 0 y los "Elevación absoluta" con valor de cota 0.

EMPLAZAMIENTO Y TOPOGRAFÍAS

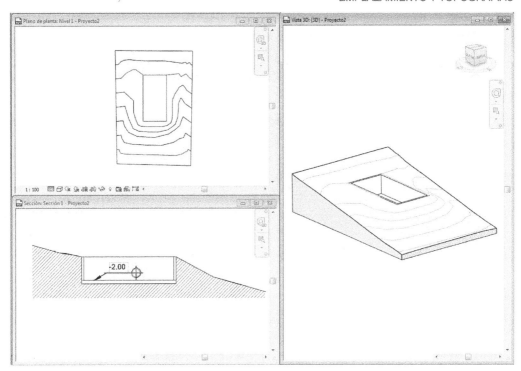

Fig.299 Resultado final.

Componentes de emplazamiento

Son todos los componentes que tienen que ver con entorno. Revit trae, en su biblioteca predefinida, desde bordillos hasta puertas y cancelas, pasando por vehículos o casetas de obra.

Desde Componente de emplazamiento, podemos insertar familias de vegetación (en la carpeta del mismo nombre) o personas (carpeta Entono). Son elementos RPC (Rich Photorealistic Content) que se representan como dos planos perpendiculares muy sencillos, pero que al verse en modo Realista o Render, muestran una representación fotorrealista del elemento. Revit incluye unos pocos, pero desde ArchVision se pueden encontrar muchos más. Son una buena opción para dotar de mucha vegetación a una vista exterior, sin cargar el modelo. Además, el grafismo es personalizable tanto en planta como en alzado, de manera que podremos tener el aspecto deseado de nuestros árboles, con el añadido de que en un render se verán mucho más interesantes.

Líneas de propiedad

Línea de propiedad

Las líneas de propiedad permiten delimitar nuestra parcela mediante una serie de líneas; bien dibujadas como un boceto, o bien mediante valores numéricos.

Estas líneas de propiedad nos dan información sobre la superficie de la parcela (en proyección, no en verdadera magnitud).

Terreno y muros

Cuando tenemos una topografía, y muros que nacen desde ella (como cerramientos de parcela, por ejemplo) podemos sentirnos tentados de usar Enlazar/unir para conseguir que el muro nazca directamente del terreno, pero sin éxito: los muros no pueden enlazarse a terrenos. Sin embargo, no está todo perdido:

1. Editar el perfil del muro puede ayudar a llevar tanto la base, como la parte superior, exactamente al lugar que queremos. Interesante ayudarnos con la caja de sección o con un alzado o sección hecho especialmente para este muro.

2. El uso de planos de referencia también es interesante, pues a ellos sí que podemos enlazar un muro.

Aparcamiento

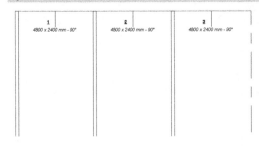

La categoría aparcamiento permite insertar en nuestro modelo plazas de aparcamiento. ¿con qué fin? Principalmente para poder enumerarlas. Cuando nuestro proyecto trate de una vivienda unifamiliar con una, o dos plazas de aparcamiento, no tendrá demasiado sentido; pero si estamos proyectando un edificio de viviendas con 25 plazas, o un centro comercial con 600 plazas, ahí sí que echaremos en falta algo que nos ayude a enumerar y contar cuántas hay, incluso organizadas por niveles.

Fig.300 Plazas de aparcamiento con etiquetas.

Los componentes de aparcamiento se pueden insertar desde Arquitectura → Componente, o bien desde Masa y emplazamiento → Aparcamiento. Sin embargo, dentro de Emplazamiento → Aparcamiento, solamente admitirá como inserción la "plaza de aparcamiento 2D". El resto son componentes de Emplazamiento.

Los componentes de aparcamiento tienen el parámetro de ejemplar "Marca", que es el que permitirá su numeración. Sin embargo, no existe una manera de numerar de forma directa y automática todas las plazas. Se pueden encontrar plugins que sí lo hacen o vídeos que explican cómo hacerlo usando ciertas estrategias.

Componentes de emplazamiento para señalización

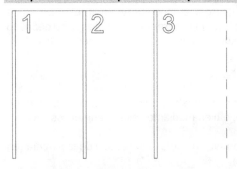

Un uso interesante de componentes de emplazamiento es usar extrusiones finas (el mínimo es 0,8mm) para generar los símbolos 2D de aparcamiento (incluso las líneas de pavimento o las propias plazas) y así conseguir que sean visibles en todas las vistas, dejando de ser elementos 2D propios de una sola vista. De hecho, es el método empleado por las librerías de Revit que se instalan por defecto en familias como el símbolo de personas de movilidad reducida, o la flecha de dirección de vial.

Fig.301 Plazas de aparcamiento con el texto modelado.

Siguiendo en la misma línea, es posible utilizar un pequeño truco para generar los números de las plazas de aparcamiento. Consiste en usar texto modelado dentro de la familia (de nuevo una extrusión mínima) y, en las propiedades, localizar el campo de "Texto" y hacer clic en el botón para asignar un parámetro, que será el que lleve el número o código de la plaza de aparcamiento.

42. HABITACIONES

En Revit, una habitación es un concepto bastante potente. Es un "volumen de aire" contenido entre muros, suelos y techos. Ese volumen tiene un nombre (que suele ser el nombre de la estancia) y de él se conoce, entre otras propiedades, su superficie, su perímetro, etc. Por todas estas propiedades del "volumen" o habitación, es la herramienta que emplearemos para superficiar estancias e identificarlas.

El proceso es muy sencillo: Arquitectura → Habitación, y clic dentro de cada estancia. Revit automáticamente genera una habitación contenida entre muros cerrados, y la nombra como "Habitación". Podemos cambiar el nombre simplemente haciendo clic-clic sobre el nombre que ya tiene*.

Será mucho más rápido cambiar los nombres desde la tabla de planificación de habitaciones.

Desde Revit 2016 existe una orden dentro de Habitación, que es "Colocar habitaciones automáticamente", que inserta habitaciones en todos los contornos cerrados de ese nivel.

Las habitaciones tienen todos sus parámetros en tiempo real: si movemos un muro, veremos que la etiqueta de habitación muestra de forma instantánea su nueva superficie; y si desde la paleta de Propiedades cambiamos el nombre de la habitación, se actualizará también automáticamente una vez salgamos de la paleta o pulsemos Aplicar.

Etiqueta vs Habitación

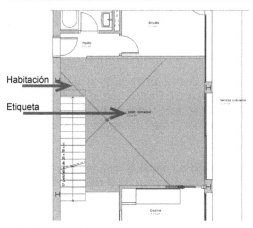

Fig.302 Habitación y etiqueta.

Cuando creamos una habitación y nos aparece una etiqueta con un nombre y una superficie, hemos creado dos elementos. Uno, es la habitación: el volumen de aire invisible, que se puede ver en planta o en sección; y otro, una etiqueta, un texto que muestra información seleccionada, y que solamente se ve en la vista donde se ha creado.

El elemento importante es siempre el de Habitación; la etiqueta no existe sin la habitación. Una etiqueta es personalizable y puede contener sólo el nombre, o la superficie, o el volumen; o la combinación que nosotros elijamos; pero siempre estará mostrando la información de nuestro "volumen de aire" que habremos creado nosotros.

Para seleccionar la etiqueta simplemente hacemos doble clic sobre ella; pero para seleccionar la habitación tenemos que ponernos sobre la etiqueta y pulsar una o varias veces TAB hasta que aparezcan las aspas, y en la barra de estado inferior ponga "Habitación". Si no hay etiqueta, podemos sobrevolar con el ratón hasta que las dos aspas se marquen, o probar también con TAB.

Si, por error, borramos la etiqueta de habitación, Revit nos avisa de que la habitación sigue estando ahí; si queremos reetiquetarla, usaremos la orden "Etiquetar habitación". *

* *Es posible -y tiene posibilidades muy interesantes- colocar etiquetas de habitación en vistas de sección.*

Fig.303 Etiquetar habitación.

Por último, también es frecuente confundirnos y hacer dos habitaciones en el mismo recinto, si habíamos borrado la etiqueta y hemos reparado en que esa estancia ya tenía un relleno azul (que indica que ya tiene una habitación). En este caso Revit nos indicará que habrá una habitación redundante. Hay que seleccionarla y eliminarla. Al borrar una habitación Revit nos indicará que la habitación sigue estando guardada en la memoria de Revit, y que para eliminarla por completo debemos ir a la tabla de planificación de habitaciones, seleccionarla (se distinguen enseguida porque ponen "sin colocar") y eliminarla desde ahí.

Planta baja			
Salón comedor	27.46 m²	1	27.46 m²
Terraza cubierta	15.19 m²	0.5	7.60 m²
Cocina	13.27 m²	1	13.27 m²
Estudio	9.11 m²	1	9.11 m²
Hall	8.94 m²	1	8.94 m²
WC	3.40 m²	1	3.40 m²
Pasillo	2.32 m²	1	2.32 m²
Habitación	Habitación redundante		
	79.69 m²		72.09 m²

Fig.304 Habitación redundante.

Habitaciones no cerradas por muros

Un balcón, o una terraza, no están cerrados por muros en su cara exterior. Una cocina abierta no tiene un muro que la separe del salón comedor, y un hall o un pasillo también se pueden comunicar sin puerta entre sí o con otras estancias. Aquí Revit solamente detecta una habitación continua, pero podemos separarlas de forma virtual.

Con la orden Separador de habitación, podemos dibujar una línea cían discontinua que separe las estancias; es una partición virtual, que no existe, pero que hace que Revit entienda que ahí termina una estancia. Estas líneas podemos ocultarlas fácilmente con Visibilidad/Gráficos (VV) → Categorías de modelo → Líneas → Separación de habitación. O también ocultando la categoría con VH.

Otra posibilidad que no hay que descartar es alterar el grafismo de las líneas de separación de habitación para que se muestren de una forma aceptable en nuestros proyectos (por ejemplo, líneas finas en gris claro con patrón de puntos). Podemos personalizar el estilo de línea en Gestionar → Configuración adicional → Estilos de línea → <Separación de habitación>.*

* *Para saber más sobre personalizar patrones y estilos de línea, hay un apartado dedicado a ellos dentro de "Detalles constructivos".*

Los separadores de habitación no "parten" una habitación en dos, solamente limitan una; de manera que una vez limitada la habitación (hall de pasillo) será necesario hacer la habitación que falte.

HABITACIONES

Fig.305 Ejemplo de habitación abierta con separadores de habitación.

Editar etiquetas de habitación

Podemos generar, o cargar, tantas cuantas etiquetas de habitación queramos. Para eso podemos seleccionar una etiqueta → Editar familia, y hacer las modificaciones pertinentes, o bien empezar de cero: Revit → Nuevo → Familia → Anotaciones → Etiqueta de habitación métrica; o Revit → Nuevo → Símbolo de anotación → Etiqueta de habitación métrica. Como veis, se llega al mismo sitio desde ambos lados.

Si empezamos una familia desde cero, es posible que estén activados los planos de referencia que indican dónde estará el punto de inserción. Si no estuvieran activados, desde Visibilidad/ Gráficos (VV) → Categorías de anotación → Planos de referencia podemos activarlos, para saber exactamente desde dónde insertaremos nuestra etiqueta.

Aquí debemos Crear → Texto de etiqueta y hacer clic donde queremos insertarlo, para que aparezca una ventana donde seleccionar los campos que Revit conoce de las habitaciones, y entonces pulsar el botón "Añadir parámetros a texto de etiqueta". Hay muchos parámetros, pero es posible que nos baste con Nombre y superficie. Podemos enfocarlo de dos maneras:

1. insertar todos los campos en la misma etiqueta*

Para hacer que estén en líneas diferentes si, dentro de la edición de texto de etiqueta, marcamos la casilla "dividir".

> Nombre 150 SF

Fig.306 Ejemplo de insertar varios campos en un solo texto de etiqueta.

2. insertar tantos textos de etiqueta diferentes como campos, tendremos la ventaja de poder darles un formato diferente a cada campo.

> Nombre
> 150 SF

Fig.307 Ejemplo de insertar un solo campo por texto de etiqueta.

207

En ambos casos, podremos completar nuestra etiqueta con varios procesos:

- Editando el texto de etiqueta, podemos poner un sufijo o prefijo que complemente la información
- Paleta Propiedades, cambiamos la justificación horizontal y vertical del texto
- Editar tipo, cambiamos tipo de letra, tamaño y color de impresión, y valor transparente/opaco para el fondo del texto
- Con líneas o regiones, dibujamos el resto de la información necesaria

Cuando terminemos la etiqueta, la guardamos y entonces la cargamos en proyecto.

Algunas etiquetas interesantes

- Nombre de estancia
- Nombre y superficie
- Acabados de suelo, muro y texto
- Departamento o tipo de vivienda al que pertenecen
- Nombre de estancia y volumen neto

Muros que no delimitan habitaciones

Si queremos contabilizar la superficie de un armario empotrado dentro de una habitación, o generar una sola estancia dentro de unos vestuarios con diferentes cabinas y zonas de ducha, debemos seleccionar el/los muro/s que están conteniendo o "bloqueando" el volumen de la habitación, y en la paleta Propiedades desmarcar la casilla de Delimitación de habitación. A partir de este momento, el muro no interrumpe el flujo de la habitación y llegará hasta el siguiente muro.

Fig.308 Ejemplo de muro (armario) que no delimita habitación.

Etiquetas multi-tipo

Podemos hacer una sola familia de etiquetas que englobe varios tipos. Por ejemplo, una etiqueta que pueda ser con sólo el Nombre de la estancia, o también el Nombre y el área. Dentro de la familia de etiqueta, el proceso sería:

1. Crear → Texto de etiqueta, y hacemos dos textos de etiqueta (uno es Nombre, otro es Superficie)
2. Seleccionamos Superficie y, en la paleta de Propiedades, clic en el botón que hay a la derecha de la casilla de verificación del parámetro "Visible"
3. Añadir parámetro → Nombre "superficie" → Aceptar →
4. Guardar, y cargar en proyecto → sobrescribir información de parámetros
5. Seleccionamos la etiqueta, Editar tipo → Cambiar nombre → "Solo Nombre de estancia"; y Duplicar → "nombre y superficie". En la que se llama Sólo nombre, desmarcamos la casilla de verificación de "superficie". En la otra lo dejamos.

Este proceso, que está muy simplificado en estas líneas, permite hacer muchos más parámetros y posibilidades, siendo siempre la misma operativa.

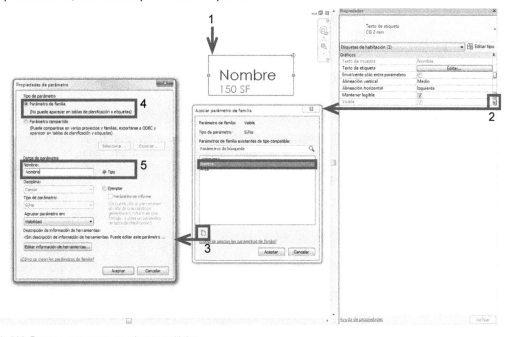

Fig.309 Proceso para crear una etiqueta multi-tipo.

Campos de habitación importantes

- Departamento. Lo extrapolaremos como "tipo de vivienda" para poder diferenciar, en un edificio de viviendas, entre Vivienda tipo A, vivienda tipo B, zonas comunes, etc. Cualquier otra clasificación también es posible, esta es solamente una propuesta.

- Acabado de suelo – muro – techo. Lo usaremos para generar planos de acabados; para modificar grafismos basados en esta propiedad; y para extraer mediciones tempranas basadas en qué tipos de habitaciones tenemos

Área de las puertas

Revit desprecia el área que hay debajo de las puertas, a la hora de computar sus habitaciones; y no hay una forma automática y rápida para conseguir que tenga en cuenta esa superficie. Sin embargo, existen procedimientos manuales que nos ayudan a hacerlo si es indispensable:

En la tabla de superficies, añadimos una serie de columnas (con parámetros que nos creamos nosotros) que sean "Número de puertas" y un valor calculado que sume al área de la habitación, la parte correspondiente por las puertas
Manualmente podemos generar líneas de separación de habitación que incluyan el hueco de la puerta, desmarcando además el parámetro de "Delimitación de habitación" de los muros que las contengan.

En cualquier caso, es importante conocer el alcance real de lo que se está "dejando de medir". Una vivienda estándar de 3 habitaciones y dos baños, por ejemplo, tendrá una media de 8 puertas; una para cada estancia (incluyendo salón comedor y cocina) y una más de regalo (por ejemplo, si se cierra el pasillo en algún punto). Suponiendo una anchura de paso de 72.5cm, en un espesor estándar de tabique de 10cm, esto hacen 0,0725m² por cada puerta, y un total de tan sólo 0,58m² de diferencia.

Alterar las superficies

No es posible en Revit alterar una superficie de habitación para "redondearla" a nuestro antojo. Además, es contrario a la filosofía BIM de transparencia y coherencia. Si fuera necesario o imprescindible hacer algo así de forma puntual, la única opción sería generar separadores de habitación que falseen las dimensiones, por exceso o por defecto.

Habitaciones en edificios muy extensos

Si estamos trabajando con un proyecto muy grande, podemos mejorar el rendimiento de Revit indicándole que, en las habitaciones, solamente calcule las áreas, sin tener en cuenta los volúmenes. Esto lo haremos desde Arquitectura → Desplegar Habitación y área → Cálculos de área y volumen → seleccionar "Sólo áreas (más rápido)"

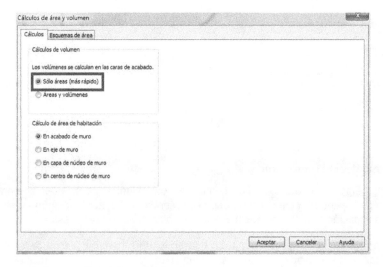

Fig.310 Ventana para indicar que sólo trabaje con las áreas.

43. ESQUEMAS DE COLOR

Un esquema de color es una propiedad de cada vista, donde podemos colorear las habitaciones o Áreas siguiendo un criterio; por ejemplo, por nombre; o por Departamento (para ver en un mismo color todas las habitaciones de la misma vivienda, en un edificio plurifamiliar), o incluso por acabados de suelo, de forma que obtenemos una visión global de dónde están los espacios húmedos.

Para entrar en los esquemas de color, debemos ir a la paleta Propiedades y, en el parámetro Esquema de color, pulsar Editar. En la ventana que aparece:

1. desplegamos en "Espacios" para elegir "Habitaciones". En un plano de áreas seleccionamos Áreas, por supuesto.

2. en la parte inferior izquierda, podemos duplicar, renombrar o eliminar diferentes esquemas. Seleccionando uno de los existentes, pulsando Duplicar, y cambiando el nombre a "Esquema de color 1", habremos creado un esquema nuevo.

3. En la parte derecha de la vista, desplegamos en "Color" para elegir el criterio de ordenaciones de colores; al aceptar, saldrán los Departamentos, o Nombres, o Acabados (según el criterio que deseemos)

4. Podemos poner nombre a la Leyenda de esquemas de color.

5. En la lista de los valores, cambiamos el color y/o el patrón; incluso decidimos si es visible o no esa línea.

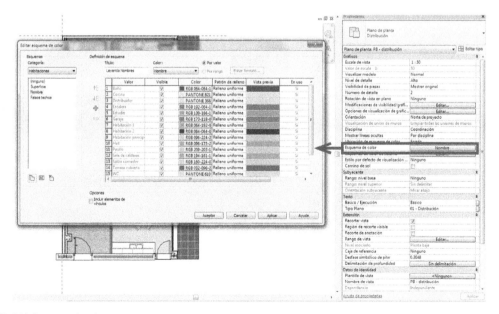

Fig 311 Esquema de color.

Al aceptar, nuestra vista se ha coloreado con el esquema deseado; y si queremos insertar una leyenda, lo hacemos dentro de Anotar → Leyenda de relleno de color. Veamos todo lo que podemos hacer con ella:

6. Seleccionando la leyenda y estirando el pinzamiento inferior se puede dividir en columnas.

7. Seleccionando la leyenda → Editar tipo, tenemos acceso a:

- tipo y color de letra de título y datos
- tamaño de las cajas de muestra
- ver todas las entradas del esquema de color o solamente los que aparecen en la vista actual

Para eliminar un esquema de color en la vista, simplemente hay que elegir "ninguno".

Los esquemas de color son una forma muy efectiva de mostrar el funcionamiento global de nuestro proyecto; podremos mostrar circulaciones generales, hacer manchas de color en las zonas húmedas, o diferenciar la vivienda rápidamente según el tipo de techo que tenga.

Un esquema de color puede aplicarse a una vista de planta o a una sección.

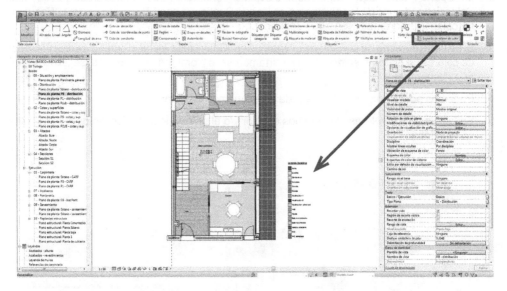

Fig.312 Planta con esquema de color aplicado y leyenda.

44. TABLAS DE PLANIFICACIÓN

Las tablas de planificación son uno de los puntos de inflexión entre un modelador 3D genérico y Revit. Permiten la "comunicación" entre nosotros y Revit, y la capacidad de extraer cuantos datos sobre nuestro modelo necesitemos. Podemos encontrar las tablas dentro del Navegador de proyectos. En la plantilla arquitectónica hay dos tablas por defecto: una de habitaciones y una de puertas. Entrando en cada una de ellas veremos las habitaciones, o las puertas, que tenemos en el modelo. La actualización siempre es en tiempo real: no es necesario ningún botón de Actualizar o Recalcular. Vamos a hacer un ejemplo mediante una tabla de superficies útiles.

Crear una nueva tabla

1. Con el botón derecho sobre el apartado de Tablas de planificación/cantidades, seleccionamos "Nueva tabla de planificación/cantidades". También desde Vista → Tabla de planificación

2. Escogemos la categoría y le damos un nombre a la tabla. Pongamos que es una tabla de habitaciones, y el nombre será "Cuadro de superficies útiles"

3. Añadimos los campos que queremos. Cogemos Nivel – Nombre – Área*

Aunque las categorías y los campos están siempre ordenados alfabéticamente, Área lleva acento y se sitúa al final de la lista.

Fig.313 Crear nueva tabla de planificación y cantidades.

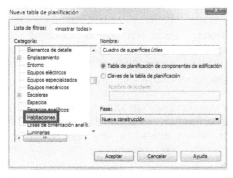

Fig.314 Tabla de categoría habitaciones

Fig.315 Campos de la tabla.

Si aceptamos, tenemos todas las habitaciones sin ningún tipo de clasificación. Incluso puede que haya habitaciones "Sin colocar", porque hayamos eliminado habitaciones (no etiquetas) desde alguna vista. En estas habitaciones podemos pulsar el botón de Suprimir fila, para eliminarlas definitivamente.

También podemos modificar, desde la parte derecha de la Cinta de opciones, el comportamiento de las habitaciones sin colocar. Podemos Mostrarlas, ocultarlas o aislarlas, según nos convenga.

<Tabla de planificación de habitaciones>		
A	B	C
Nivel	Nombre	Área
Planta baja	Salón comedor	27.46 m²
Planta baja	Cocina	13.27 m²
Planta baja	Estudio	9.11 m²
Planta baja	WC	3.40 m²
Planta 1	Baño	6.19 m²
Planta 1	Habitación 1	13.36 m²
Planta 1	Habitación 2	13.06 m²
Planta 1	Habitación principal	17.20 m²
Planta 1	WC principal	5.99 m²
Planta 1	Pasillo	7.69 m²
Planta Sótano	Garaje	54.99 m²
Planta Sótano	Sala de calderas	4.90 m²
Planta Sótano	Distribuidor	2.23 m²
Planta Sótano	Escalera	3.43 m²
Planta baja	Hall	8.94 m²
Planta baja	Pasillo	2.32 m²
Planta baja	Terraza cubierta	15.19 m²
Planta 1	Terraza cubierta	14.93 m²

Fig.316 Ejemplo tabla de habitaciones.

En la paleta de Propiedades, tenemos un botón de Editar por cada pestaña de la ventana de Propiedades de tabla. Todos los botones llevan a la misma ventana pero a una pestaña diferente; podemos volver a la pestaña Campos y añadir o eliminar campos, o ir descubriendo el resto de pestañas.

Clasificación / agrupación

Fig.317 Clasificación /Agrupación por nivel.

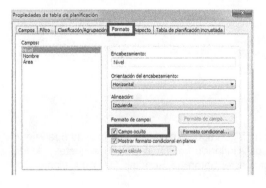

Fig.318 Campo oculto.

Desde aquí decidiremos la forma de presentar toda la información que hemos reunido (los campos). Para una tabla de habitaciones, tiene sentido clasificar primero por Nivel. Marcando Encabezado, Pie de página (Sólo totales) y Línea en blanco, conseguimos que exista un encabezado con el nivel, una línea en blanco entre niveles, y (en teoría) el total de superficie de habitaciones por planta.

Para que la columna de Nivel no sea redundante, podemos ocultarla (que no eliminarla) seleccionando la columna y pulsando en Ocultar. Esto también se puede hacer desde la pestaña Formato, y marcando "Campo oculto" dentro de Nivel.

Para que Revit calcule totales, hay que ir a la pestaña Formato, seleccionar el / los campos cuyos totales queremos tener calculados, y marcar "Calcular totales".

El segundo nivel de clasificación podría ser por Nombre (en orden alfabético) o, por ejemplo, por Superficie (en orden Descendente de más grande a menos).

Filtros

Fig.319 Pestaña de filtro.

La segunda pestaña de las tablas, Filtros, controla cuáles de los valores se van a mostrar, siempre que sigan una serie de criterios lógicos. Es decir, en una tabla de multicategoría, podemos filtrar por "Categoría = no es igual que" par ocultar una categoría concreta, o bien un acabado de habitación.

La principal limitación de esta pestaña, es que los filtros son acumulativos, no permite el uso de operadores lógicos tipo OR, solamente tipo AND. (que la Categoría sea Puerta O ventana, eso no es posible conseguirlo).

Nuevos parámetros y parámetro calculado

En una tabla de superficies útiles, es importante notar que habrá estancias que no computen (en algunos municipios no computan los espacios bajo la rasante), o que computen con un porcentaje inferior al 100% (terrazas cubiertas pero abiertas que computan al 50%). Sin embargo, Revit no tiene un parámetro nativo que hable de esto; así que tenemos que crearlo nosotros.

Desde la pestaña Campos, clic en "Añadir parámetro" y en la ventana que aparece:

1. ponemos un nombre descriptivo: coef. Sup. Útil
2. Elegimos un Tipo de parámetro: número*

* Es muy importante que se coloque bien el tipo de parámetro, pues luego no habrá ocasión de modificarlo.

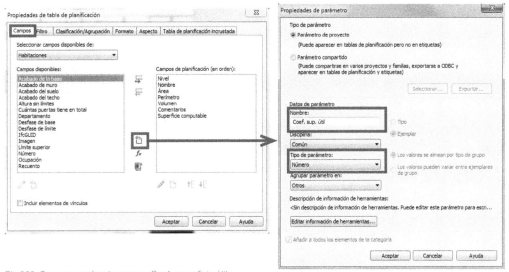

Fig.320 Crear un parámetro nuevo: Coef. superficie útil.

Para calcular la superficie computable, necesitamos crear un Valor Calculado; dentro de la pestaña Campos, clic en el icono "fx", que reza el nombre de "Añadir parámetro calculado", y dentro de Fórmula, marcamos Área * coef. Sup. Útil (nos podemos ayudar de los puntos suspensivos para buscar cada campo y así no tener que teclearlo entero). También es muy Importante escribir que el tipo es Área, para que no nos dé errores del tipo "unidades incoherentes".

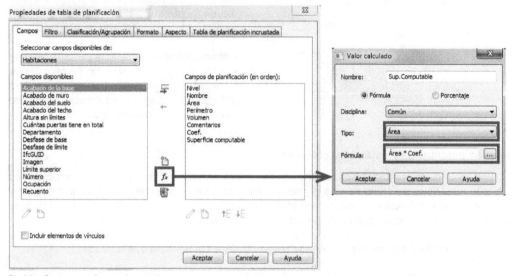

Fig.321 Crear un parámetro de calculo.

Con todos los campos colocados, solamente queda ir introduciendo los valores en nuestra tabla. Si queremos que la superficie computable también calcule totales, hay que volver a Formato → calcular totales.

Por último, si nos interesa conocer la superficie útil total, tanto real como computable, en Clasificación – agrupación debemos marcar "Totales generales" con título y totales, y poner un texto a nuestra elección: por ejemplo, "Superficie útil total vivienda".

\<Cuadro de superficies útiles\>			
A	B	C	D
Nombre	Sup. real	Coef. Sup.	Sup.Computabl
Planta Sótano			
Garaje	54.99 m²	0	0.00 m²
Sala de calderas	4.90 m²	0	0.00 m²
Escalera	3.43 m²	0	0.00 m²
Distribuidor	2.23 m²	0	0.00 m²
	65.54 m²		0.00 m²
Planta baja			
Salón comedor	27.46 m²	1	27.46 m²
Terraza cubierta	15.19 m²	0.5	7.60 m²
Cocina	13.27 m²	1	13.27 m²
Estudio	9.11 m²	1	9.11 m²
Hall	8.94 m²	1	8.94 m²
WC	3.40 m²	1	3.40 m²
Pasillo	2.32 m²	1	2.32 m²
	79.69 m²		72.09 m²
Planta 1			
Habitación principal	17.20 m²	1	17.20 m²
Terraza cubierta	14.93 m²	0.5	7.47 m²
Habitación 1	13.36 m²	1	13.36 m²
Habitación 2	13.06 m²	1	13.06 m²
Pasillo	7.69 m²	1	7.69 m²
Baño	6.19 m²	1	6.19 m²
WC principal	5.99 m²	1	5.99 m²
	78.42 m²		70.96 m²
Superficie útil total vivienda: 1	223.66 m²		143.05 m²

Fig.322 Ejemplo cuadro de superficies útiles.

TABLAS DE PLANIFICACIÓN

Formato de los campos numéricos

El campo de coeficiente útil (o de cualquier otro) puede formatearse a nuestra elección. Dentro de la pestaña de Formato, seleccionamos el campo deseado y pulsamos sobre "formato de campo". Desmarcando la casilla de "Utilizar configuración por defecto" podremos elegir -para un parámetro de tipo Número- entre General, Fijo, Divisa y Porcentaje. En el ejemplo que estamos realizando, porcentaje parece el más interesante y apropiado. Además, controlamos manualmente cuántos decimales deseamos y, si procede, qué símbolo de unidad queremos que tenga (en este caso, el símbolo de %).

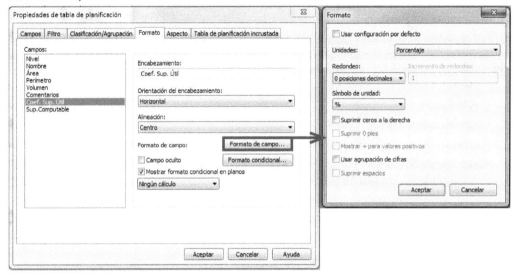

Fig.323 Formato.

Combinar parámetros

Desde Revit 2017 es posible combinar en una columna varios parámetros a nuestro gusto. Por ejemplo, para una tabla de puertas o ventanas, generar una columna con el ancho x alto de nuestro elemento.

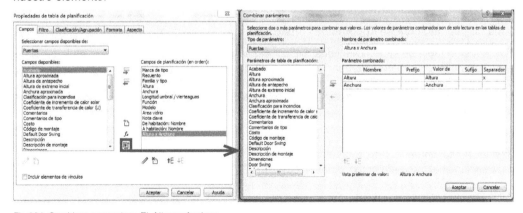

Fig.324 Combinar parametros. Ej. Altura x Anchura.

Para hacer esto, desde la pestaña de Campos, localizamos "Combinar parámetros", que es el último botón en la columna entre "campos disponibles" y "Campos de planificación". Dentro de la ventana que aparece podemos arrastrar tantos campos como queramos y establecer prefijos, sufijos o separadores. Por supuesto, se pueden combinar campos de texto con campos numéricos.

217

Redondeo de decimales en las tablas

Un problema habitual en Revit es que redondea las superficies de cada habitación en la tabla, pero internamente las suma correctamente (con todos los decimales). Esto puede hacer que tres habitaciones de 3,3333 m² aparezcan como 3,33 mientras que el total sea 10 m².

Podemos corregir esto mediante una columna de valor calculado con esta fórmula:
(round((Área / 1 m²) * 100) / 100 m²) * 1 m²

Otras fórmulas en Revit

Para la generación de valores calculados (o en cotas; si empleamos el símbolo = al inicio de la expresión, no es necesario restringirlo a las tablas) Revit soporta una gran variedad de fórmulas aritméticas, con sus símbolos habituales:

- adición. x+y
- sustracción. x-y
- mulitplicación. x*y
- división. x/y
- exponenciación. x^y
- potencias de 10. exp(x)
- raíz cuadrada. SQRT(x)
- logaritmo. log(x)
- valor absoluto. abs(x)
- pi
- funciones trigonométricas (sin | cos | tan | asin | atan)

Además de la fórmula ROUND(X) que hemos visto en el apartado anterior, también podemos forzar un redondeo hacia arriba con la fórmula ROUNDUP(X) o hacia abajo con la fórmula ROUNDDOWN(X).

Tabla de planificación de superficies construidas

Para hacer la tabla de superficies construidas, seguiremos parcialmente los pasos de la tabla de superficies útiles. La diferencia principal radica en que, esta vez, la tabla de planificación es de la categoría Área (área construida bruta) y está al final de la lista por encontrase acentuada. Por supuesto, previo a la tabla debemos hacer los planos de área correspondientes; están explicados en el capítulo de "Áreas".

Desde este momento, el proceso es exactamente igual al punto anterior. Una propuesta para la clasificación final quedaría como sigue:

1. Campos. Nombre – nivel – área
2. Parámetros añadidos. Coef. Sup. Construida
3. Valores calculados. Superf. Computable (área x coef. Sup. ct.).

\<Cuadro de superficies construidas\>			
A	B	C	D
	Sup. real	Coef.	Sup. computable
Superficie construida			
Planta Sótano	81,82 m²	0	0,00 m²
Planta baja	82,15 m²	1	82,15 m²
Planta 1	82,15 m²	1	82,15 m²
	246,12 m²		164,30 m²
Superficie exterior cubierta			
Planta baja	15,19 m²	0,5	7,60 m²
Planta 1	15,19 m²	0,5	7,60 m²
	30,38 m²		15,19 m²
Sup. construida total	276,50 m²		179,49 m²

Fig.325 Ejemplo tabla superficie. construida.

TABLAS DE PLANIFICACIÓN

4. Clasificación – agrupación
   - Clasificar por nivel. Con encabezado, pie de página (totales) y línea en blanco
   - Clasificar por nombre.
   - No detallar cada ejemplar
   - Totales generales – Título y totales
5. Formato.
   - Nombre – campo oculto
   - Superf. Real y Superf. Computable – calcular totales.

Aspecto

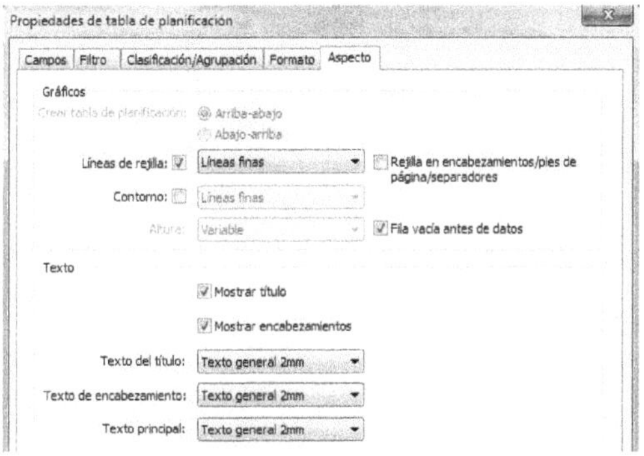

Es posible modificar el nombre de los encabezados, seleccionando y escribiendo. Esto solamente afecta a cómo se mostrará, pero no al valor o nombre del parámetro.

Para cambiar la alineación de los textos, seleccionamos una celda o columna y en la Cinta de opciones elegimos su justificación. También se puede cambiar el tipo de letra; pero para hacerlo de forma automática, en la pestaña Aspecto podemos seleccionar tipos de letra diferentes para Título – Encabezado – Datos. También se controla desde aquí la configuración de líneas de rejilla y de contorno.

Fig.326 Pestaña de Aspecto

Desde esta pestaña no podemos crear nuevos tipos de texto, sino aplicar los que ya existan. Para crear nuevos tipos de texto, desde una ventana del proyecto marcamos Anotar → Texto → Editar tipo, y creamos los que sean necesarios.

Desde la propia Cinta de opciones también es posible cambiar ciertos valores de aspecto; como añadir negrita o cursiva a una columna entera, o alterar la justificación del texto.

Fig 327 Cinta de opciones.

Filas de información encima del título de la tabla

Seleccionando la fila del título de la tabla, podemos Insertar nuevas filas o columnas. En este espacio podemos incorporar estos elementos:

1. Texto simple. Cualquier información adicional que queramos resaltar en la tabla.

219

2. Parámetros de tabla. Nombre - Fase

3. Información de proyecto. Admite los parámetros de Autor - Descripción de organización - Estado de proyecto - Fecha de emisión de proyecto - Nombre de cliente / organización / proyecto / edificio - Número de proyecto.

4. Imágenes.

Fig.328 Nueva fila superior.

Una utilidad interesante de esta funcionalidad sería agrupar encabezados que hagan referencia al mismo concepto. Por ejemplo, en una tabla de habitaciones grande, podríamos insertar una fila superior que englobase los acabados de habitación dentro de un mismo grupo, para darle más unión y cuerpo a la tabla final.

También se pueden insertar más filas, pero esta vez encima de los encabezados de la tabla, seleccionando dos encabezados y pulsando el icono de Agrupar.

Insertar imágenes en una tabla

Se pueden insertar tres tipos de imágenes en las tablas.

1. Imagen en encabezado. Seleccionando el encabezado, se activa la orden Insertar imagen, dentro de la Cinta de opciones.

2. Imagen de ejemplar. Si la categoría que hemos seleccionado para nuestra tabla lo admite, podemos añadir el campo "imagen" e incorporar una imagen en cada uno de nuestros ejemplares.

3. Imagen de tipo. De forma similar al punto anterior, podemos asignar una imagen a cada tipo de las familias que lo permiten, para una mejor identificación y documentación.

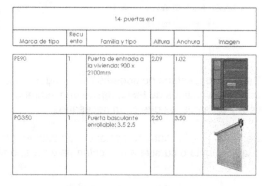

Fig.329 Ejemplo de tabla de puertas con imagen ejemplar.

Para añadir una imagen de ejemplar o de tipo, pulsando en la celda correspondiente se activa el botón de puntos suspensivos que nos lleva a la ventana de Gestionar imágenes, desde la que añadiremos las imágenes que necesitemos. Esta pantalla también es accesible desde Insertar → Gestionar imágenes.

Tamaño de las imágenes

Dentro del plano, si seleccionamos la tabla se activan los pinzamientos triangulares que nos permiten modificar el ancho de una columna. Desplazando el ancho, las imágenes se ajustarán automáticamente, modificando de forma proporcional la altura de la celda.

TABLAS DE PLANIFICACIÓN

Para devolver las imágenes a su tamaño original, seleccionamos la tabla y en la Cinta de opciones marcamos la orden de "Restablecer tamaño".

Por último, si lo que deseamos es establecer una altura concreta para todas las imágenes, debemos seleccionar la tabla dentro del plano y pulsar en el botón de la Cinta de opciones "Cambiar tamaño", estableciendo una altura en mm para todas las celdas que contengan imágenes.

Ancho de tabla en planos

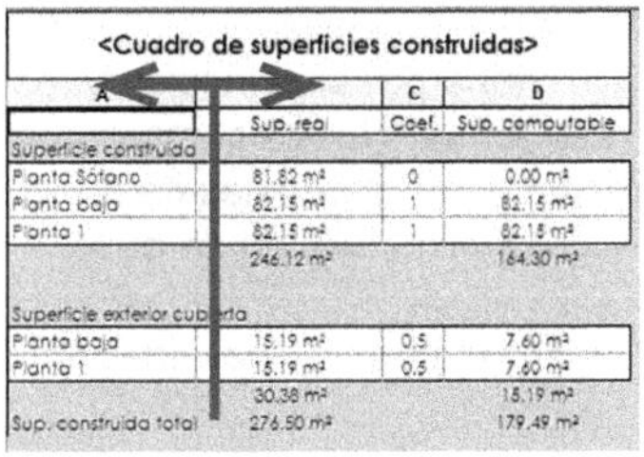

Dentro de un plano se puede estirar los pinzamientos entre columnas para determinar su ancho, pero no se hace de forma precisa o numérica, sino simplemente arrastrando. No obstante, desde la propia tabla, al seleccionar una columna podemos modificar su Anchura con precisión desde la Cinta de opciones → Cambiar tamaño.

Fig.330 Ajustar tamaño de columnas.

Importar tabla desde otro dibujo

Si tenemos una tabla en otro dibujo, podemos insertarla en el nuestro de forma muy rápida, desde Insertar → Insertar desde archivo → Insertar vistas desde archivo. La ventana de selección de archivo nos permite navegar por el ordenador y elegir qué archivo buscamos, y una vez seleccionado nos aparecerá una nueva ventana donde podremos indicar si queremos importar tablas e informes, planos o visas de diseño. Seleccionamos un dibujo y podremos marcar qué tablas de planificación queremos traer.

Fig.331 Insertar vistas desde archivo.

Exportar tabla a Excel

Para exportar cualquier tabla de planificación a Excel, Revit → Exportar → Informes → Tabla de planificación. Lo guardará en formato .TXT y tanto en Excel como en cualquier otro tipo de hoja de cálculo se puede importar perfectamente. Exporta los valores, no las fórmulas.

Formato

Además de servir para marcar "Calcular totales", dentro de formato podemos configurar el formato de unidades, decimales y prefijos o sufijos de cada celda numérica. Esto será especialmente útil si queremos no sólo controlar la precisión de la tabla, sino de cara a exportar a Excel (por ejemplo, para eliminar el sufijo de "m²" de cada celda de superficie).

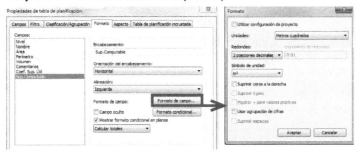

Fig.332 Formato.

Si lo que queremos es cambiar el formato de unidades global para todo el proyecto, lo haremos desde Gestionar → Unidades de proyecto; seleccionando desde aquí dentro el tipo de unidades que queremos modificar y sus parámetros.

Tabla de cómputo de materiales

Para extraer una medición de qué materiales se están usando en el proyecto, una tabla de planificación no siempre es la mejor opción; puesto que, por ejemplo, una tabla de planificación de muros no nos ayuda a sacar los metros cuadrados de enlucido. Sin embargo, si seleccionamos con el botón derecho en Tablas de planificación / cantidades, y marcamos "Nuevo cómputo de materiales", el resultado es mucho mejor. Hagamos una tabla de cómputo de materiales de muro. Los campos que vamos a elegir son: Material – nombre, Material – Área y Restricción de base.

La lista que aparece es muy larga y no nos ayuda demasiado; vayamos pues a Clasificación / agrupación para trabajar con ella.

1. Clasificar por Material – nombre. Marcar encabezado, Pie de página (solo totales) y línea en blanco

2. Debajo, clasificar por Restricción de base.

3. Abajo, desmarcar "detallar cada ejemplar". Así no hay una línea por cada muro, sino que todos los que cumplan las condiciones de arriba estarán en una sola línea.

4. En Formato, ocultamos en campo Material – nombre

5. Seleccionamos Material – Área y activamos "Calcular totales".

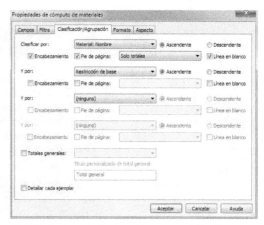
Fig.333 Clasificación / agrupación para una tabla de computo de materiales.

Planificación vs Cómputo de materiales

Los revestimientos verticales y las fábricas de muro se miden mejor por materiales. Sin embargo, los suelos o cubiertas se miden perfectamente mediante tablas de planificación. Será nuestra decisión utilizar un método u otro.

Criterios de medición en Revit

Revit tiene dos criterios de medición básicos que debemos conocer para saber qué información estamos recibiendo.

1. <u>Revit mide a Ejes de muro</u>. Suponiendo un cobertizo de una sola estancia, tendremos la misma medida de pintura exterior que de pintura interior, cuando la realidad es que hay más por fuera que por dentro.

2. <u>Revit descuenta todos los huecos</u>. No existe un criterio de medición que indique restar los huecos a partir de determinada distancia, o no restarlos. Siempre los elimina*.

TABLAS DE PLANIFICACIÓN

* *Una forma rápida -y bruta- de conseguir una medición sin descontar ningún hueco es ponerse en una vista 3D; seleccionar todo con ventana; con Filtro, dejar solamente puertas y ventanas; eliminarlas con DEL; sacar la información de la tabla en este momento; deshacer para volver a colocar los huecos.*

Tabla de planificación de carpinterías

Esta es, quizá, la tabla más compleja que vamos a acometer. Para hacer una tabla que recoja todas nuestras puertas y ventanas en una única tabla, debemos hacer lo siguiente:

1. Tablas de planificación/cantidades → botón derecho → Nueva tabla de planificación

2. Multicategoría; la llamamos Cuadro de carpintería

3. Añadimos los campos de Marca de tipo – Categoría – Descripción – Recuento – Familia y tipo

4. Clasificación / agrupación por Categoría. Y desmarcamos "Detallar cada ejemplar". Así observamos qué categorías no queremos listar

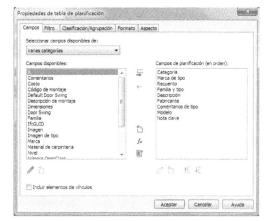

Fig.334 Campos para una tabla de carpintería.

5. Pestaña Filtro. Desde aquí podemos filtrar las categorías que no queremos. Son procesos lógicos del tipo "igual o menor que" y similares. Para el caso de puertas y ventanas, puede funcionar bien colocar "Categoría mayor o igual que puertas".

6. Ocultamos la columna Categorías, y agrupamos por Familia y Tipo.

7. Escribimos una marca de tipo para cada elemento:
   - PA72 para puerta abatible de 72
   - VC90 para ventana corredera de 90
   - PBC315 para puerta balconera de 315
   - A220 para puerta de armario de 220
   - (y así sucesivamente; cualquier codificación coherente es buena)

8. Escribimos una descripción para cada elemento:
   - Puerta de paso de 1 hoja, ciega, abatible, de madera... etc.

9. Para hacer una categorización potente, proponemos clasificar por Interior / Exterior, y por Material de carpintería. Pero Revit no incluye esos parámetros en su lista. Por tanto, desde la pestaña Campos podemos coger parámetros que no se estén usando (como Modelo, Fabricante o Comentarios de tipo, por ejemplo) o bien crear parámetros nuevos de tipo Texto que afecten a Puertas y Ventanas.

10. Con cualquiera de los dos métodos se crean, y lo siguiente es rellenar los valores: interior o exterior, y material: madera, aluminio o hierro, por ejemplo.

11. El último paso es hacer la clasificación definitiva; vamos a Clasificación / Agrupación:
    - Clasificar por Exterior / Interior. Con encabezamiento y línea en blanco
    - Clasificar por Material. Con encabezamiento
    - Clasificar por Marca de tipo.
12. Al aceptar, solamente nos falta ocultar las columnas de Interior / exterior y Material.

A	B	C
Código	Uds.	Descripción del elemento
EXTERIOR		
Abatible		
PE72	2	Puerta abatible exterior: 72.5 x 203 cm Exterior
PE90	1	Puerta de entrada a la vivienda: 900 x 2100mm
Corredera		
PB300C	2	Balconera corredera, 2 hojas: 300 x 245 cm PBC30
PB350C	3	Balconera corredera, 2 hojas: 350 x 245 cm
VC90	3	Ventana corredera de 2 hojas 2: 90x120
Enrollable		
PG350	1	Puerta basculante enrollable: 3.5 2.5
Fija+osciloabatiente		
PB350FO	1	Balconera de 2 hojas (fija + osciloabatiente): 350 x
INTERIOR		
Abatible		
PA72	10	Puerta abatible 2: 72.5 x 203 cm
PV80	1	Panel con Puerta Simple en Vidrio (1): Puerta 80 x
Corredera		
A220	2	Puerta de armario corredera de 2 hojas: 2x2.2
A260	1	Puerta de armario corredera triple: 2.60 x 2.20
A280	1	Puerta de armario corredera triple: 2.80 x 2.20
PC72	2	Puerta corredera simple en muro con ventana: 7

Fig.335 Ejemplo tabla carpintería.

Tabla de acabados de habitación

Para agilizar el trabajo de rellenar los valores de Acabado de suelo – techo – muro, de las habitaciones, la forma más operativa es generar una tabla de planificación de habitaciones, donde se insertan los campos de Acabados. Eso permite, además, filtrar las tablas de habitación por acabado de muro / suelo / techo, y obtener unas mediciones rápidas de falsos techos, perímetros de rodapiés y demás.

A	B	C	D	E	F	G	H
Nombre	Área	Volumen	Altura real	Acabado de muro	Acabado del suelo	Acabado del techo	Perímetro
Planta Sótano							
Garaje	54.99 m²	134.11 m³	2.44	ENF	HH	ENF	32.35
Sala de caldera	4.90 m²	11.92 m³	2.44	ENF	HH	ENF	9.54
Escalera	3.43 m²	8.34 m³	2.44	ENL	PM	ENL	8.63
Distribuidor	2.23 m²	5.43 m³	2.44	ENL	PM	ENL	5.98
	65.54 m²						
Planta baja							
Salón comedor	27.46 m²	68.75 m³	2.50	ENL	PM	FTL	22.72
Terraza cubierta	15.19 m²	36.81 m³	2.42	ENF	PGE	FTM	27.25
Cocina	13.27 m²	31.85 m³	2.40	ALI	PG	FTD	14.59
Estudio	9.11 m²	22.77 m³	2.50	ENL	PM	FTL	12.19
Hall	8.94 m²	22.34 m³	2.50	ENL	PM	FTL	12.80
WC	3.40 m²	8.16 m³	2.40	ALI	PG	FTD	7.46
Pasillo	2.32 m²	5.81 m³	2.50	ENL	PM	FTL	6.86
	79.69 m²						

Fig.336 Ejemplo tabla de acabados de habitación.

TABLAS DE PLANIFICACIÓN

Estilos de habitación

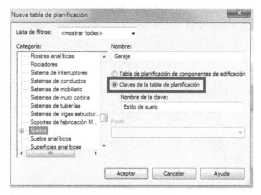

Fig.337 Claves de tabla de planificación.

Un estilo de habitación se obtiene a través de una tabla de Claves de planificación. La forma de generarla es siguiendo los pasos habituales para una tabla de planificación, pero marcando la selección de Tabla de claves.

Un estilo de habitación es una agrupación de parámetros que permite, asignando el estilo a una habitación concreta, que ésta adquiera esos valores predefinidos que hemos generado. Por ejemplo, si generamos un estilo de habitación que sea "Garaje" podemos asignar a este estilo un Acabado de muro que siempre será "Enfoscado" o un acabado del suelo que será "Hormigón pintado".

Tiene la ventaja de que, ante una estandarización de acabados o de parámetros (sean éstos cuales sean) se asigna la información mucho más rápido. La desventaja es precisamente esa rigidez; no podremos asignar un estilo a una habitación que no cumpla todos los parámetros simultáneamente.

La tabla de Claves de planificación no es, ni mucho menos, una funcionalidad exclusiva de habitaciones: es posible aplicarla a prácticamente todas las categorías de nuestros proyectos.

Calcular totales

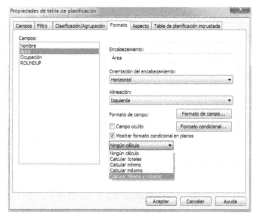

Fig.338 Calcular mínimo y máximo.

Como novedad en Revit 2017, se pueden calcular no sólo los totales de una columna, sino mostrar sus valores mínimos o máximos. Simplemente debemos ir a la pestaña Formato, seleccionar el campo deseado y desplegar donde aparece "Norma"("ningún cálculo" si usamos Revit 2017.1) para seleccionar el valor que queramos: Calcular totales es muy interesante para áreas, pero "Calcular máximo y mínimo" puede ser muy útil en una tabla de planificación de diámetros de tuberías, o luminarias, donde nos interese conocer el rango de ciertos valores.*

Para que Calcular mínimo o máximo (o ambos) funcione correctamente, debe estar desmarcada la casilla de "Detallar cada ejemplar".

Tabla de ocupación de incendios

El campo "ocupación" que incorpora Revit en los parámetros de habitación es un campo de texto. No es adecuado para calcular la ocupación que nos pide, por ejemplo, el DBSI. Para conseguirlo, hay que hacer una serie de pasos.

1. Crear una tabla de habitaciones que contenga, al menos, nombre y área.
2. Crear un nuevo parámetro que podemos llamar Ocupación, o M2/P. Puede ser en formato número, o en formato área. A nuestra elección, en ambos casos funcionará correctamente.

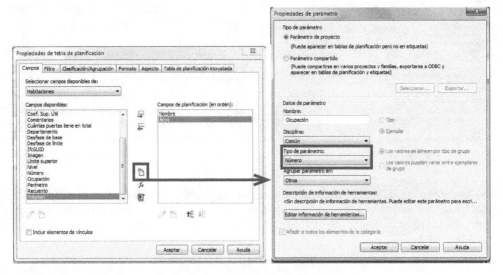

Fig.339 Ejemplo, parámetro de ocupación siendo el tipo de parámetro de Número.

3. Crear un parámetro calculado que use la expresión ROUNDUP(Área/Ocupación).

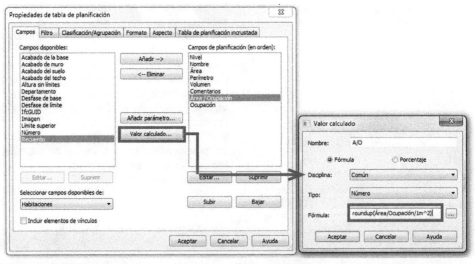

Fig.340 Parámetro de calculado.

Si hemos utilizado el parámetro Ocupación como un Número, tendremos que dividir la expresión anterior por 1m², para que el área se convierta en un número: ROUNDUP(Área / Ocupación / 1m²).

Si hemos utilizado el parámetro Ocupación como un área, es probable que queramos editar el formato de campo, dentro de la pestaña Formato, y desactivar las configuración por defecto para eliminar decimales o borrar el símbolo de unidad.

Plantillas de vista

Desde la versión 2017 se pueden guardar las tablas como plantillas de vista, con un procedimiento análogo a como lo haríamos con una vista normal. Esta plantilla guarda toda la información de campos, filtros, clasificación y agrupación, formato y aspecto.

Información de habitaciones en una tabla de puertas

En una tabla de planificación de puertas, podemos insertar valores que hagan referencia a las habitaciones que quedan conectadas por la puerta. Son los valores llamados "De habitación" y "A habitación", y multiplican las posibilidades de una tabla de puertas.

Para añadir estos valores, creamos una nueva tabla. En la pestaña de Campos, en el desplegable "Seleccionar campos disponibles de:" marcamos De habitación o A habitación, según nos interese, y añadimos los campos que necesitemos.

Fig.341 De habitación a habitación.

Tablas incrustadas

Con este tipo de tablas se nos abre la posibilidad de incrustar, como su nombre sugiere, una tabla complementaria dentro de una tabla de habitaciones. Así podremos saber, por ejemplo, qué puertas hay dentro de cada habitación. También puede resultar muy útil para localizar cada elemento de mobiliario utilizado en el proyecto (pensando en interiorismo) o qué aparatos sanitarios tiene cada estancia húmeda.

Para hacer una tabla incrustada debemos ir, dentro de la paleta de Propiedades, a "Tabla de planificación incrustada" y pulsar Editar. Activamos la incrustación y decidimos de qué categoría (y qué campos) será la nueva tabla.

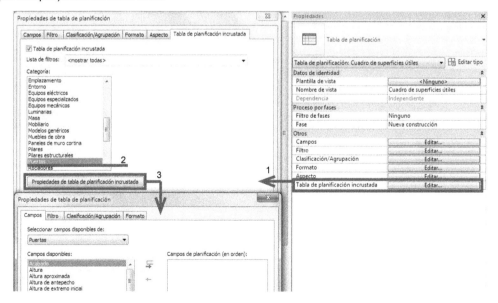

Fig.342 Ejemplo de tabla de habitación con una tabla de puertas incrustada.

227

45. TRABAJO CON VISTAS

Las vistas son el elemento fundamental del trabajo en Revit; no solamente nos permiten trabajar en cada planta, ocultando y mostrando elementos, sino que además, todos los planos o láminas se generarán directamente de una combinación de una o más vistas; debemos, por tanto, cuidarlas y aprender a extraer toda la información posible de ellas.

Duplicar vistas

Si necesitamos una vista de planta baja para el plano de distribución, otra para el plano de cotas y superficies, y una más para el plano de acabados, necesariamente debemos Duplicar la vista de planta baja tantas veces como sea necesario. Para ello, con el botón derecho sobre el nombre de la vista, vamos a Duplicar vista (DD), y emplearemos una de las siguientes órdenes:

1. Duplicar (DD). Duplica todos los elementos de modelo, pero no los detalles (cotas, textos o etiquetas, por ejemplo).
2. Duplicar con detalles. Además de los elementos de modelo, duplica los detalles.
3. Duplicar como dependiente. Genera una vista dentro del árbol de la vista "madre" con detalles, y está vinculada en cuanto al resto de parámetros de visualización (escala – modo de visualización – nivel de detalle).

Las vistas dependientes se usarán para varios fines:
- Hacer el keyplan de planta o de sección
- Una planta que sea demasiado grande para mostrarse entera, se puede dividir en varias vistas dependientes que muestren una zona en cada una

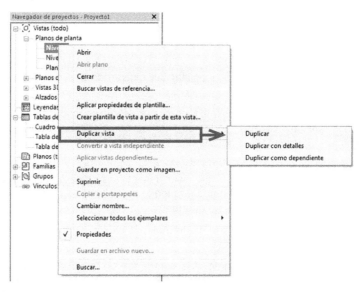

Fig.343 Duplicar una vista.

Visibilidad / Gráficos (VV)

La orden Visibilidad / Gráficos (Vista → Visibilidad/Gráficos , o VV) es una de las más potentes dentro de Revit. Nos ayudará a modificar el grafismo de cada categoría a nuestra elección. Vamos a imaginar, para hacer un ejemplo, que queremos desarrollar una vista de planta de cotas y superficies.

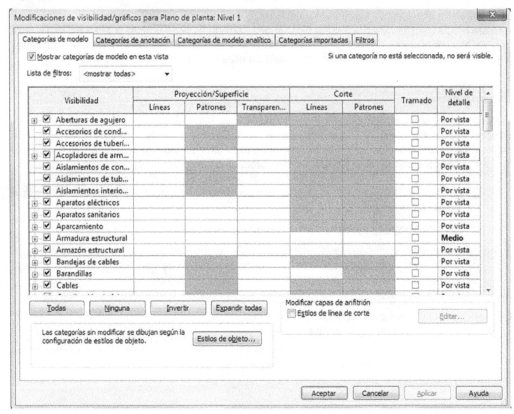

Fig.344 Visibilidad de gráficos.

1. Desde la propia vista, podemos ocultar las categorías que nos sobran (VH) , como por ejemplo mobiliario.

2. Entramos en VV y observamos que tenemos un listado con todas las categorías del modelo: si vemos que hay muchas, podemos filtrarlas por disciplina (Arquitectura – Mecánica – Estructura – Electricidad – Fontanería).

3. Observamos que cada categoría tiene, a la izquierda, una casilla de verificación. Si buscamos Mobiliario, veremos que está desactivada: Visibilidad/Gráficos (VV) responde a los comandos de VH que hemos empleado en el paso 1. También podemos desactivar desde aquí las categorías que no queramos.

4. Si vamos a la pestaña Anotación, podremos desactivar los símbolos de Alzado o Sección, si no nos interesa que aparezcan.

5. De nuevo en la pestaña Modelo, nos centramos en la columna de la derecha: Nivel de detalle. En todas las categorías pone "Por vista", pero nosotros queremos que, en esta vista -y solamente en esta vista- los muros tengan un nivel de detalle Bajo. Seleccionamos, y clic en Aplicar. Nuestros muros se ven en detalle bajo. Sólo los muros.

TRABAJO CON VISTAS

6. En la columna anterior, Tramado, vamos a marcar la casilla de verificación para las categorías de Puertas, ventanas y barandillas. Veremos que se vuelven de color gris, atenuado*.

* *Si queremos controlar la cantidad de tramado, vamos a Gestionar → Configuración adicional → Tramado / Subyacente y modificamos el porcentaje.*

7. Buscamos de nuevo la categoría muros, y en la columna Corte – Patrones, clic en Modificar. Decidimos que el patrón de corte de los muros ha de ser de color azul claro, con el patrón Relleno uniforme.

8. En la categoría Suelos, buscamos la columna Proyección/superficie – Patrones; clic en modificar, y desmarcamos la casilla de Visible. Ahora no se verán las tramas de los suelos.

9. Por último, a título anecdótico, en las categorías de Aparatos sanitarios, Muebles de obra y Equipos especializados, en la columna de Proyección/Superficie – Transparencia, la subimos al 100%, para que estos elementos no enmascaren el suelo o sus patrones (si se vieran, aunque los hemos desactivado antes).

No sólo podemos emplear Visibilidad/Gráficos (VV) para modificar las categorías; sino que además, si tocamos uno o varios elementos, con el botón derecho → Modificar gráficos en vista → Por elemento, podemos cambiar el grafismo de esos elementos en concreto; por ejemplo, existe un muro crucial en el proyecto y queremos grafiarlo en rojo: pues se modifica desde aquí; o atenuar (tramado) una serie de objetos.

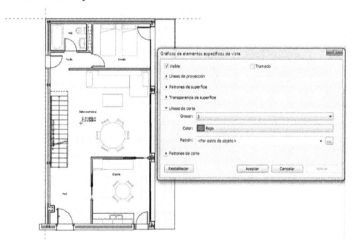

Fig.345 Cambiar el grafismo de un elemento concreto.

Plantillas de vista

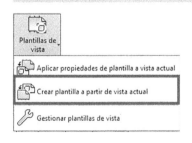

Fig.346 Crear plantilla a partir de la vista actual.

La creación de plantillas de vista es una estrategia fundamental en Revit. Permite extrapolar un grafismo hacia una serie de vistas adicionales. Mediante la orden Visibilidad/Gráficos (VV) hemos modificado el grafismo de las categorías, pero ahora queremos guardar esta configuración para aplicarla de forma masiva en el resto de plantas de Cotas y superficies, y también -por qué no- guardarla para próximos proyectos.

Cuando hacemos una plantilla de vista, se guardan solamente las cosas aplicadas a categoría: no guardaremos cambios hechos a elementos suelos, y tampoco se incluyen en la partida los elementos de detalle o anotación.

La forma de generar una plantilla de vista es, sobre la vista, clic con el botón derecho → Crear plantilla de vista a partir de esta vista. Le ponemos un nombre y elegimos qué parámetros se van a incluir en la plantilla: escala, nivel de detalle, modo de visualización, etc. El primer botón de "Editar" equivale a Visibilidad/Gráficos (VV). Para que lo encontremos rápido. El resto de líneas corresponden siempre a más parámetros de la vista.

Una vez generada una plantilla de vista, para aplicarla a una vista debemos seleccionar la vista que queremos; y en la paleta Propiedades → Plantilla (ninguno) → elegir la que hemos creado. Esta operación no es necesario hacerla vista a vista: podemos seleccionar varias vistas (con Mayúsculas o con Ctrl) y aplicarla de golpe*.

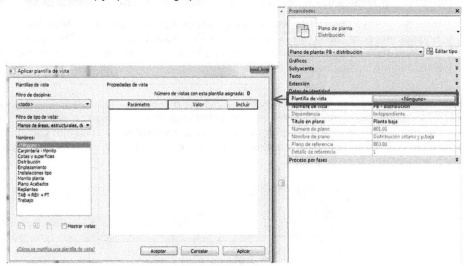

Fig.347 Desde Propiedades se accede a la ventana para aplicar una plantilla de vista.

* *Si no queremos aplicar una plantilla, sino sólo copiar el grafismo (sin tener mayor trascendencia) seleccionamos una vista con el botón derecho, Aplicar propiedades de plantilla.*

Para abrir, duplicar, renombrar, eliminar o gestionar las plantillas de vista que hemos generado, iremos a Vista → Plantillas de vista → Gestionar plantillas de vista.

Tipos de vista

Una estrategia interesante es duplicar el tipo de vista (por defecto se llama "plano de planta") y así generar tipos de vista que tengan aplicadas las plantillas correspondientes; por ejemplo, un tipo de vista llamado "Distribución", "Cotas y superficies", o "Trabajo", entre otros.

Filtros de vista

Uno de los aspectos más avanzados para controlar la visibilidad de una vista, es mediante la aplicación de filtros de vista. Dentro de Visibilidad/Gráficos (VV), la pestaña más a la derecha es Filtros, y podemos Añadir/eliminar filtros cuando los creemos, con el botón Editar/Nuevo.

Crear un filtro no es complejo; le damos un nombre, seleccionamos una o varias categorías a las que afectará, y marcamos uno o varios criterios de selección. Por ejemplo, si nos interesa que los muros cuyo nombre contenga la palabra "caravista" se vean en color rojo, crearemos un filtro para muros cuya condición sea que el "Nombre de tipo" CONTIENE "caravista". Aceptamos y añadimos ese filtro a la vista, o vistas, que nos interese. Una vez añadido el filtro, modificamos la visibilidad de esos elementos, de la misma manera que si estuviéramos modificando dentro de Visibilidad/ Gráficos (VV), pero sabiendo que estos cambios afectarán solamente a un grupo concreto de muros.

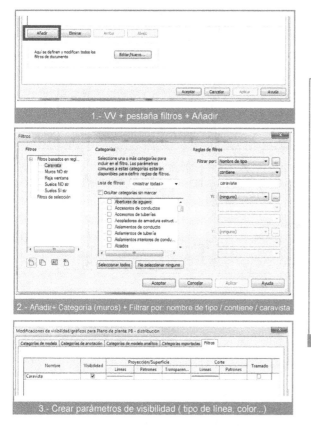

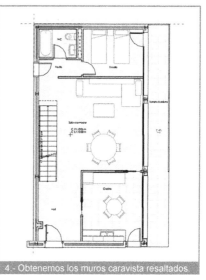

Fig.348 Proceso para la creación de un filtro. Ej. muros con caravista marcados en rojo.

Cajas de referencia

 Una caja de referencia es una caja delimitadora de una vista, guardado en Revit para poder aplicarlo a diferentes vistas, y así igualar la extensión de las mismas.

Creamos una caja de referencia desde Vista → Caja de referencia; definimos un rectángulo, un nombre y una altura (en la barra de opciones); y podemos aplicarla a varias vistas simultáneamente, pues es un parámetro de la paleta de Propiedades.

Estas cajas de referencias nos serán de mucha utilidad a la hora de alinear las vistas dentro de los planos o láminas de impresión.

Las cajas de referencia, además, permiten igualar los ámbitos de alzado de un proyecto, asegurándonos de que se muestra siempre el mismo tamaño en alzados 2 a 2. Por otro lado, para conseguir que todas las plantas de diferentes planos muestren la misma cantidad de información, también nos interesa crear una caja de referencia. Usando esta orden marcaremos un antes y un después en la limpieza y coherencia de nuestras láminas.

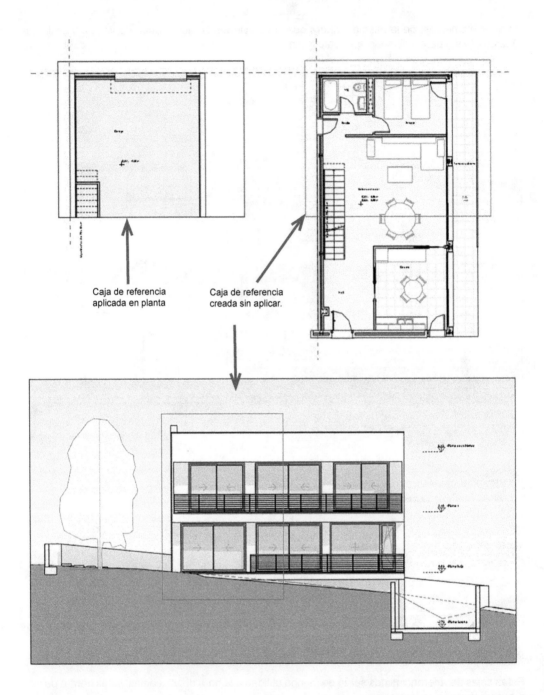

Fig.349 Ejemplo de caja de referencia..

46. ETIQUETAR Y ANOTAR

Las etiquetas son elementos de detalle que devuelven en el modelo información del objeto al que están etiquetando; pueden devolver nombre y superficie (como en el caso de una etiqueta básica de habitación) o cualquier otra cosa. Veamos una serie de etiquetas que vamos a necesitar para hacer un proyecto.

Fig.350 Etiqueta de puerta.

Fig.351 Etiqueta de acabados.

1. <u>Etiqueta de puerta / ventana</u>. Una etiqueta para puertas y para ventanas, con el texto de etiqueta "Marca de tipo" servirá para complementar la tabla de carpintería. Si no nos interesa que la etiqueta gire junto con la puerta o ventana hay que editar la familia y desmarcar, en la paleta de Propiedades, "Rotar con componente".

2. <u>Etiqueta de acabados de habitación</u>. Necesaria para el plano de acabados, se puede materializar de muchas formas distintas, pero en todas necesita un texto de etiqueta que refleje los parámetros de Acabado de muro – suelo – techo. Mediante el uso de Regiones de máscara se puede hacer la etiqueta opaca, y con los Prefijos y Sufijos en el texto de etiqueta se puede aumentar la comprensión de la misma.

LEYENDA DE REVESTIMIENTOS						
Revestimiento de muros		Revestimiento de suelos		Revestimiento de techos		
MURO	ENF	Enfoscado de mortero	HH	Fratasado hormigón helicóptero	ENL	Enlucido bajo forjado
SUELO	ENL	Enlucido de yeso	PG		ENF	Enfoscado bajo forjado
TECHO	ALI	Alicatado cerámico	PGE	Pavimento de gres	FTL	Falso techo liso
			PM	Pavimento de gres exterior	FTD	Falso techo desmontable
			PP	Pavimento de mármol	FTM	Falso techo de lamas metálicas
				Pavimento de madera		

Fig.352 Ejemplo leyenda de acabados.

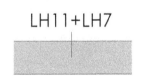

Fig.353 Ejemplo etiqueta muro.

3. <u>Etiqueta de muros</u>. Para un plano de tabiquería o acabados, queremos representar nuestros muros. Hay dos opciones generales para hacer esto:

• Si el tipo de muro tiene en cuenta los revestimientos, habrá un "muro tipo 1" que tenga, por ejemplo, enlucido por ambas caras, pero si el mismo muro tiene alicatado por una de las caras se llamará "muro tipo 2". Para etiquetar con estos criterios, podemos usar Marca de tipo.

• Si el muro no tiene en cuenta los revestimientos, sino su "núcleo", todos los muros del ejemplo anterior se llamarían "muro tipo 1". Para etiquetar con estos criterios, no podemos usar "Marca de tipo" porque habría varios tipos de muro con la misma marca, y daría error; usaremos, por tanto, Comentarios de tipo.

• En las etiquetas de muro, es posible que sí que nos convenga que la etiqueta se vaya girando junto con el muro. En Editar familia, paleta Propiedades, activar la casilla de "rotar con componente".

4. Etiquetas varias de habitación.
   - Solamente nombre de estancia (para un plano de distribución, por ejemplo)
   - Nombre y superficie (para un plano de cotas y superficies)
   - Departamento de la habitación (tipo de vivienda)

Fig.354 Etiqueta solo nombre   Fig.355 Etiqueta nombre y superficie

5. Textos.

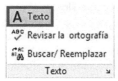

Fig.356 Texto.

Etiquetar uno o varios elementos

En Anotar → Etiquetar por categoría, podemos sobrevolar un objeto y que se previsualice la etiqueta correspondiente para esa categoría. Es la forma rápida para anotar un elemento o unos pocos.

Sin embargo, habrá veces que si deseemos etiquetar toda una vista completa:

- Hemos duplicado la vista de planta baja para sacar las láminas de Distribución, Cotas y superficies, y Acabados, y queremos colocar todas las etiquetas de habitación de golpe para no tener que ir una a una
- Queremos colocar todas las etiquetas de puertas y ventanas en la vista de carpintería
- Tenemos que etiquetar rápidamente todos los muros en el plano de tabiquería

 Para esto, vamos a Anotar → Etiquetar todo; en la ventana seleccionamos qué categoría queremos anotar y, desplegando la etiqueta, cuál de las etiquetas de esa categoría usar (al etiquetar habitaciones tengo varias opciones disponibles); y aceptamos.*

* Si marcamos la opción "Directriz" y damos una longitud, podremos hacer que cada etiqueta tenga una línea que la separa del elemento: esto es especialmente interesante en los planos de tabiquería, con una longitud de entre 4 y 6mm. Si nos gusta la separación pero no nos gusta la directriz, seleccionamos una de las etiquetas → SV (seleccionar todos los elementos visibles en la vista) → desmarcamos "Directriz" en la barra de opciones.

Elementos creados, modificados o eliminados tras etiquetar

Las etiquetas están vinculadas al elemento del cual provienen: si una puerta PA72 cambia en proyecto a una PC80, la etiqueta se modifica automáticamente; y si la puerta se elimina, la etiqueta desaparece con ella.

Además, para los elementos que se hubieran añadido en el último momento, no hay mayor problema; pues el nombre completo de la orden "Etiquetar todo" es, precisamente, "Etiquetar todos los elementos no etiquetados". Esto significa que solamente añadirá etiquetas a los objetos de la categoría seleccionada que no tengan ninguna.

ETIQUETAR Y ANOTAR

Bloquear una etiqueta

Si con la herramienta del pin (bloquear) bloqueamos una etiqueta, prevenimos su movimiento incluso cuando el anfitrión de la misma se mueva de sitio.

Fig.357 Etiqueta bloqueada.

Anotar en una vista 3D

Si queremos anotar en una vista 3D (no perspectiva), podemos hacerlo si la vista está bloqueada: desde la barra de controles de vista → Guardar orientación y bloquear vista. Desde este momento podemos anotar con cotas, texto o etiquetas.

Fig.358 Bloquear una vista 3D desde el control de vista.

Editor de texto

Mediante la orden Anotar → Texto podremos generar cualquier tipo de anotación manual que se deba añadir. Por ejemplo, si hemos dibujado un rodapié o la línea de malla de fibra de vidrio, es buena opción describirlo mediante un texto. Los textos pueden llevar o no directrices, con o sin hombro (el hombro es la línea horizontal que sigue a la línea inclinada).

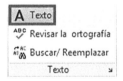

Fig.359 Texto.

La altura del texto se mide en mm, y coincide generalmente con la altura de las letras mayúsculas del tipo de letra que se esté usando.

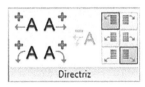

Fig.360 Directriz de texto.

Desde la versión 2017, se incluye un editor de texto completo y muy mejorado con respecto a versiones anteriores. Se les llama WYSIWYG (*What you see is what you get*), y son editores de texto que permiten ver en tiempo real los cambios que se hacen a nuestros textos (como en Word). Al hacer doble clic para editar un texto, las opciones que tenemos de formateo son muy obvias pero no por ello menos interesantes. Todas estas opciones se aplican a los caracteres de texto que nosotros marquemos, no a todo el texto:

- Negrita, itálica o subrayada.
- Subíndice o superíndice.
- Alternar texto entre mayúsculas y minúsculas.
- Generar listas de viñetas, numeradas o alfabéticas, todas multinivel.
- Aumentar o disminuir el número de comienzo de una lista.

Fig.361 Editor de texto.

* Desde las propiedades de tipo del texto, se controla la Distancia de tabulación, que es la separación entre la lista o viñeta, y el principio del texto.

* Durante una lista numerada o de viñetas, podemos insertar una línea sin viñeta o numeración pulsando Shift + Enter en vez de sólo Enter

Seleccionando un texto y pulsando en el icono correspondiente en la Cinta de opciones, es posible añadir una o varias directrices, con o sin hombro, y alinear éstas a la parte superior, media o inferior del bloque de texto.

* También es posible crear solamente una directriz, sin texto. Basta con dejarlo vacío.

ÁREAS

47. ÁREAS

Las áreas en Revit tienen cierta similitud con las habitaciones, tanto en concepto como en su flujo de trabajo; la diferencia fundamental entre ambas es que, mientras que las habitaciones dependen de unos elementos delimitadores como son los muros (y opcionalmente de elementos "Separador de habitación"), las áreas solamente dependen de los "Contornos de área", ignorando completamente muros y demás categorías de modelo.

Planos de área

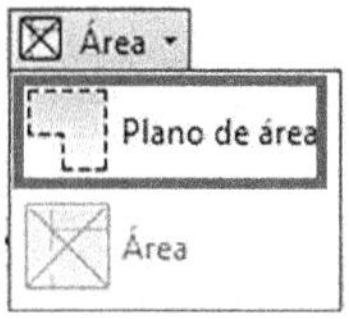

Fig.362 Plano de área.

Lo primero que hay que hacer para crear un área es crear un Plano de área. Esto se genera de dos maneras diferentes:

• Vista → vistas de plano → Plano de área

• Arquitectura → Área → Plano de área

Y aquí Revit nos preguntará que "tipo" de plano de área, o "Esquemas de área", queremos hacer. De las dos opciones que nos ofrece, empezaremos con Superficie construida bruta; seleccionamos de qué plantas queremos hacer dichos planos de área y aceptamos.

Revit nos preguntará si queremos que genere unos contornos automáticos, pero vamos a decirle que no de momento; nos lo pregunta una vez por cada planta, así que paciencia.

Finalmente, en el Navegador de proyectos, debajo de las vistas de Secciones, aparecerán los planos de área, indicando entre paréntesis a qué Esquema de área pertenecen.

Fig.363 Ejemplo con Área construida bruta.

Esquemas de área

Vamos a aprender cómo crear diferentes Esquemas de área a nuestra conveniencia. En la pestaña Arquitectura, si desplegamos la sección de "Habitación y área" podemos acceder al botón de "Cálculos de área y volumen", donde seleccionaremos la pestaña derecha, Esquemas de área.

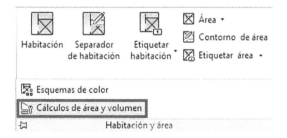

Fig.364 Cálculos de área y volumen.

Aquí podremos generar tantos cuantos esquemas de área necesitemos. Algunas sugerencias pueden ser:

- Público / privado.
- Espacios servidores y servidos.
- Día / noche.
- Usos de un hotel: circulaciones – habitaciones – privado – zonas húmedas.
- (y así sucesivamente; estos esquemas).

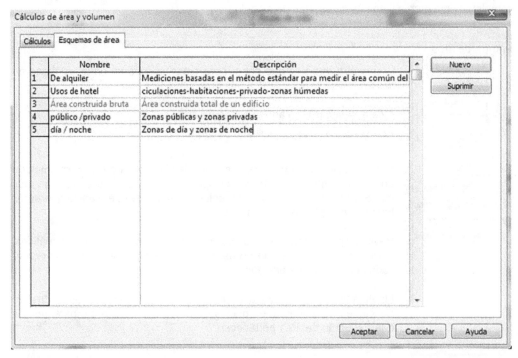

Fig.365 Esquemas de área.

Contornos de área

Una vez tenemos los planos de área, según el esquema que hayamos designado, debemos generar los contornos de área; esto lo hacemos con el botón del mismo nombre dentro la pestaña Arquitectura. Podemos dibujar bocetos de líneas, arcos y demás, que deben formar contornos cerrados, pero no necesariamente continuos: podemos cruzar e intersecar líneas sin problemas.

Fig.366 Ejemplo de contornos de área.

Áreas

Una vez tenemos los esquemas de área, los planos de área y los contornos de área, ya podemos dar paso a las áreas: con el botón Área de la pestaña Arquitectura, iremos haciendo clic en los espacios delimitados por los contornos de área y se irán generando estas áreas.

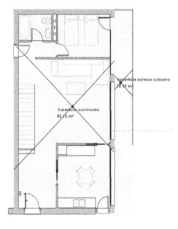

Las áreas tienen menos propiedades que las habitaciones. Por una parte tienen un nombre (que probablemente sea el elemento que usemos para diferenciar) y también tienen un Tipo. Los tipos de área que Revit maneja difieren un poco según el esquema de área:

1. Para el esquema de área Construida bruta:
   - Área construida bruta (superficie interior)
   - Área exterior

Fig.367 Colocación de áreas.

2. Para cualquier otro esquema de área:
   - Área común del edificio (lo que llamaríamos zonas comunes)
   - Área de oficinas (para edificios administrativos)
   - Área exterior
   - Área común del piso (interior de la vivienda, tienda o local)
   - Área de almacenamiento (zonas de almacén)
   - Penetración vertical máxima

Al hacer un esquema de área personalizado, no tenemos necesidad de seguir los tipos de área de Revit: haremos la clasificación por el nombre. Después, en nuestro Esquema de color clasificaremos por Nombre, y en nuestra tabla de planificación también.

Los planos de área se dividen en aquéllos que van a salir impresos (porque me interesa mostrar el comportamiento global de mi proyecto, combinando el plano de área con un esquema de color) y aquéllos de los que solamente pretendo extraer información (por ejemplo, superficies construidas). En estos planos cuidaré mucho menos el grafismo, a costa de trabajar más una tabla de planificación de superficies construidas.

48. VISTAS DE LEYENDA

Las vistas de leyenda son un tipo de vistas en Revit que tienen ciertas particularidades:

- a diferencia de las vistas normales, que sólo pueden insertarse una vez en un plano, las vistas de leyenda pueden insertarse tantas cuantas veces se necesite
- en las vistas de leyenda se pueden insertar componentes o familias para su identificación o descripción, que no se tienen en cuenta a la hora de computar unidades o metros (si insertamos una puerta, no añade una unidad en la tabla de planificación, por ejemplo)

Por esto, las vistas de leyenda se usan, fundamentalmente para lo siguiente:

1. Leyendas clásicas de apoyo en planos (una leyenda de información de fontanería, o de las características de un forjado, o la leyenda de símbolos de un plano de electricidad)
2. Relación de elementos para la composición principal de un plano
   - Puertas y ventanas, en planta y alzado, acotadas, para el plano de carpintería
   - Todos los muros en sección con etiqueta de material y descripción, para plano de detalles de tabiquería
   - Forjados, pavimentos y cubiertas como apoyo a la leyenda de acabados.

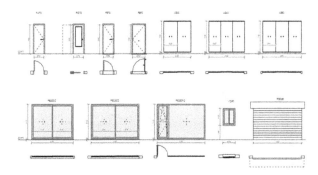

Fig.368 Ejemplo de vista de leyenda para carpintería.

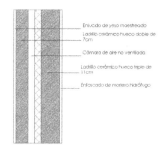

Fig.369 Ejemplo de vista de leyenda para muros.

Para generar una vista de leyenda, podemos ir a Vista → Leyendas → Leyenda, o bien en el Navegador de proyectos → botón derecho sobre Leyendas → Nueva leyenda. En ambos casos Revit nos preguntará el nombre y la escala de impresión.

Insertar elementos en una vista de leyenda

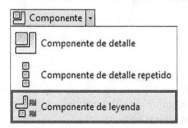

Desde el Navegador de proyectos → Familias, buscamos la adecuada y simplemente arrastramos. Otro método es desde Anotar → Componente → Componente de leyenda.

Una vez insertado, según la categoría del elemento, podremos elegir si se visualiza en Planta o en Alzado/Sección. Al insertar la primera, el método más rápido para generar el resto de copias suele ser usar la orden Copiar (CP) y después, seleccionando el componente de leyenda, cambiar el tipo en el desplegable de la barra de opciones.

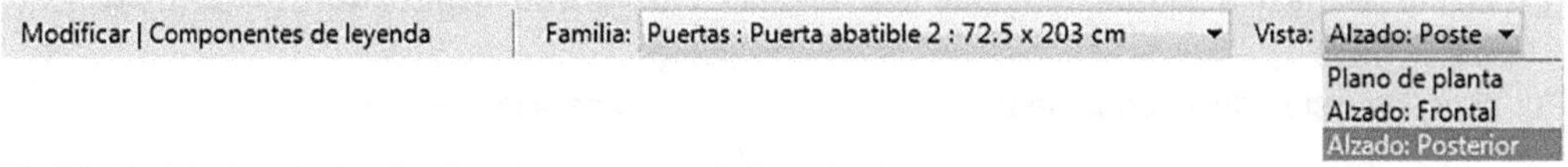

Fig.370 Insertar componente de leyenda.

Fig.371 Elegir la vista de visualización del componente, planta o alzado.

Es perfectamente posible insertar elementos desde archivos CAD, con el proceso habitual de Insertar → Importar CAD *

* *(detallado en el capítulo "Comenzar un proyecto en Revit" dentro del apartado "Insertar una vista CAD")*

Anotaciones en vistas de leyenda

Para completar nuestra vista de leyenda, podremos hacer uso de las siguientes órdenes:

- Acotaciones. Funcionan con puertas y ventanas, pero no para muros
- Texto. (Anotar → Texto) para escribir descripciones o símbolos
- Etiquetas. Solamente funcionan las etiquetas de material
- Elementos de detalle. (líneas – componentes de detalle – aislamientos – etc)

Fig.372 Insertar componentes de detalle.

49. PLANOS

Los planos serán las láminas de impresión (o exportación a PDF) de nuestro proyecto; la documentación final que entregaremos a nuestro cliente. Se hallan en la parte inferior del Navegador de proyectos y, para crear un nuevo plano, tenemos dos métodos:

1. Botón derecho sobre Planos → Nuevo plano
2. Vistas → Plano

La ventana que sale a continuación es para elegir qué formato de papel queremos usar; por supuesto que será modificable más adelante. Si no tenemos cargado el formato de plano que nos interesa, clic en Cargar para buscarla en nuestro ordenador. Una vez generado nuestro plano debemos comenzar a agregar vistas.

Fig.373 Elegir el tamaño del plano.

Añadir vistas a un plano

Simplemente localizamos la vista deseada en el Navegador de proyectos (bien sea vista de plano, alzado, sección, 3D, tabla o leyenda) y la arrastramos hasta nuestro plano. Se insertará con la escala que estaba definida en la vista, y se mostrará exactamente igual que en la vista. Los conceptos fundamentales que hay que tener claros son:

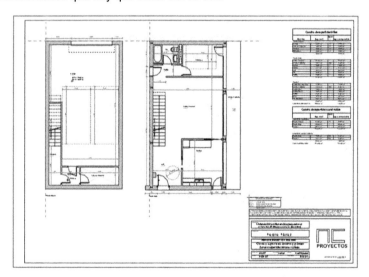

Fig.374 Ejemplo de un plano de cotas y superficies.

1. Lo que se ve en la vista, se ve en el plano
2. Lo que se ve en el plano es lo que se imprime
3. Como excepción al punto anterior, si se activan las casillas correspondientes dentro de la configuración de impresión, hay ciertos elementos que pueden no imprimirse:

- Planos de referencia
- Cajas de referencia
- Contornos de recorte

4. Todos los cambios se actualizarán automáticamente
5. Una vista de plano solamente puede aparecer UNA VEZ en un plano; si queremos que aparezca más veces habrá que duplicar la vista

Tamaño de las vistas

Cada vista se verá en un plano con el tamaño de impresión adecuado a la escala con que está dibujada esa vista. Sin embargo, cuando se añaden tablas, vistas 3D en perspectiva o renderizaciones, es importante saber controlar el tamaño de dichos elementos en la lámina.

- Las vistas 3D en perspectiva se controlan desde la orden "Tamaño de recorte" al seleccionar la vista; en la ventana que aparece hay que marcar "Escala" para no modificar las proporciones.

Fig.375 Especificar el tamaño de recorte de una vista 3D

- Las renderizaciones se controlan activando la vista y seleccionando la imagen; en la paleta Propiedades se pueden definir sus dimensiones.

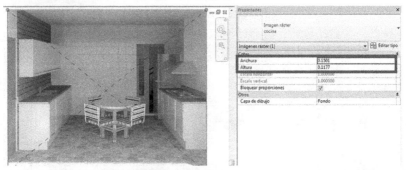

Fig.376 Tamaño en un render.

- Las tablas se controlan en un plano estirando los pinzamientos triangulares que hay en cada columna. Si la tabla es muy larga, el pinzamiento circular en la parte inferior central sirve para "partir" la tabla en varias partes.

La orden "Tamaño de recorte" funciona para cualquier tipo de vista, y permite modificar las dimensiones tanto de la región de recorte como del recorte de anotación (desarrollado más en el apartado "Región de recorte de anotación" en el capítulo de "Detalles constructivos").

PLANOS

Trabajo con vistas en un plano

1. Activar la vista. Para modificar algo de la vista, no es necesario ir a la vista en el Navegador de proyectos; podemos hacer doble clic en la vista y se activará (de forma similar a las ventanas gráficas en el Espacio papel en CAD); para salir, doble clic fuera del área de la vista o botón derecho → Desactivar vista.

2. Ir al plano desde una vista. Si estamos en una vista del Navegador de proyectos, con el botón derecho sobre el nombre de la vista podemos ir directamente al plano (orden "Abrir plano")

3. Mostrar / Ocultar el contorno de la vista. Se controla desde dentro de la propia vista; en la barra de controles de vista, está el símbolo de Recortar con una bombilla. Si ésta aparece encendida, se verá el contorno; y si está apagada, no se verá.

4. Recortar parte de la vista. En algunas plantas es posible que queramos elegir hasta dónde mostrar; también será muy útil en alzados o secciones para controlar el alcance de la vista. Se hace desde la barra de controles de vista: es el símbolo de "Recortar vista"; si está desactivado (con una cruz diagonal roja), el contorno de la vista NO recorta; si está activada, el contorno de la vista sí que recortará (independientemente de que el contorno sea visible o no).

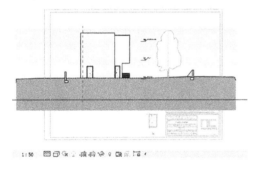

Fig.377 Vista sin recortar.

Fig.378 Vista recortada y con región de recorte visible.

5. Rotar vista en plano. Revit permite seleccionar una vista de un plano y, en la barra de opciones, rotarla +-90°.

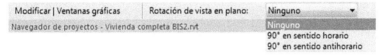

Fig.379 Rotar vista.

6. Completar el plano. Mediante los elementos básicos de detalle y anotación podremos completar nuestra lámina: dibujar líneas, escribir texto o insertar imágenes, entre otros.

7. Cambiar el nombre de la vista. Si nuestra planta baja de distribución se llama "00 PB – distr" quizá no sea el nombre más idóneo. Quizá queramos un simple "Planta baja" ya que el nombre del plano es "Plantas de distribución" y no queremos ser redundantes. O en un plano de alzados, queremos un nombre más descriptivo para el Alzado Sur, algo así como "Alzado frontal Sureste – recayente a la c/ doctor Romagosa". Revit nos permite poner un título diferente del nombre de la vista. La forma de hacerlo es cambiando el parámetro "Título en plano" desde la paleta de Propiedades de la vista: si está en blanco, Revit usará el nombre de la vista; si lo rellenamos, usará ese valor.

Cajetines de plano

El cajetín (también llamado "cartela", o según Revit "Cuadro de rotulación" o "Bloque de título") es la parte del plano donde introduciremos los datos que lo identifican de forma inequívoca: nombre, número y escala de plano, título de proyecto, y otros. Una forma cómoda de trabajar es editar el formato del papel (Revit lo llama "Cuadro de rotulación") y Editar familia. Dentro del editor, podremos modificar las dimensiones del plano y sus márgenes, o añadir nuevos elementos, como líneas y texto para el cajetín o imágenes.

A la hora de generar los textos para un cajetín, no está de más distinguir entre estos tipos:

1. Texto estático. Siempre es el mismo para todos los proyectos. Suele ser el "texto de guía" que indica a quien lee nuestro cajetín por primera vez, qué es cada sección o cada texto. Es el texto que utilizaremos para escribir los textos de identificación de "Escala" o "Número de plano". Si siempre firmamos nosotros los planos, también es el texto con el que escribimos nuestro nombre, título y número de colegiado. Se hace con la orden Texto.

2. Texto vinculado al proyecto. El nombre del cliente, la dirección del proyecto o la fecha de entrega son números que varían entre proyectos, pero que dentro del mismo son siempre iguales. Estos textos se harán con Texto de etiqueta; y los campos más usuales que vamos a colocar son, entre otros:

  - Nombre de proyecto
  - Dirección de proyecto
  - Nombre de cliente (promotor)
  - Fecha de emisión de proyecto
  - Número de proyecto (referencia)
  - Estado de proyecto (anteproyecto – proyecto básico – proyecto de ejecución).

3. Texto vinculado al plano. El nombre del plano o la escala son valores que se colocan cada vez; los haremos con Texto de etiqueta y pondremos, al menos:

  - Escala
  - Nombre de plano
  - Número de plano

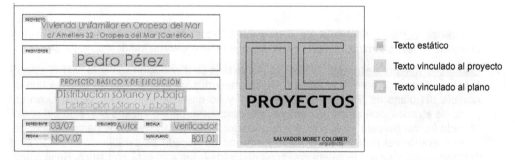

Fig.380 Ejemplo de textos en un cajetín.

PLANOS

La información de texto vinculado al proyecto se encuentra, dentro del dibujo -no dentro de la familia del plano- en Gestionar → Información de proyecto.

Información de proyecto

Fig.381 Información de proyecto.

Si hay líneas que no queremos imprimir, pero que necesitamos como referencia para montar el plano (por ejemplo, márgenes que no queremos sobrepasar, o espacios que queremos dejar en blanco para el sello del visado colegial) tenemos dos métodos, ambos dentro de la familia del Cuadro de rotulación (del formato del plano):

1. Dibujamos las líneas que no deben imprimirse con estilo de línea "<líneas invisibles>". No se imprimirán; y nosotros solamente las veremos al preseleccionar el Cuadro de rotulación con el ratón.

Fig.382 Líneas invisibles.

2. En Gestionar → Estilos de objeto, generamos una nueva subcategoría de Cuadros de rotulación llamada, por ejemplo, No imprimible. Y pasamos a esa categoría las líneas deseadas (simplemente seleccionando las líneas y en el desplegable de la Cinta de opciones elegimos esa nueva subcategoría). Al cargar en proyecto, habremos transmitido la categoría a nuestro dibujo. Tendremos que tener la precaución de desactivar ese tipo de líneas mediante Visibilidad/Gráficos (VV).

Fig.383 Estilos de objeto.

Región de recorte no rectangular

Si no queremos que la región de recorte de nuestra vista sea rectangular, y preferimos una forma poligonal, podemos hacerlo de forma muy rápida desde la vista (o desde el plano, activando la vista) y seleccionando la región de recorte; en la Cinta de opciones hallaremos "Editar recorte" y podremos hacer un contorno mediante líneas. Como viene siendo habitual, debe ser un contorno continuo (sin líneas intersecantes ni superpuestas) y cerrado (sin extremos sueltos).

Alineación de vistas en plano

Para alinear vistas entre sí en un plano o entre varios, Revit ofrece una serie de estrategias. Todas con la orden Mover (D), no Alinear:

1. <u>Arrastrar vistas</u>. Revit detectará que el origen de proyecto está alineado mostrando una línea azul discontinua.

2. <u>Rejillas guía</u>. En Vista → Rejilla guía, podemos crear varios tipos de rejilla guía que envuelven todo el plano (y no son imprimibles). A estas rejillas les podemos cambiar el espaciado y la extensión; y si el mismo tipo de rejilla está en varios planos, cualquier modificación en la rejilla (por ejemplo, desplazarla o cambiar el espaciado) se traslada al resto de planos.*

3. <u>Rejillas</u>. Es posible alinear vistas entre sí y a la rejilla guía, mediante las Rejillas de Revit y la orden Mover (D). Si seleccionamos una vista y pulsamos Mover (D), podremos tomar como puntos de referencia las intersecciones de rejillas con la rejilla guía.

Fig.384 Rejilla guía.

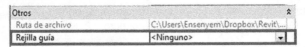

Fig.385 Para ocultar la rejilla guía, especificar ninguno en propiedades.

4. <u>Niveles</u>. Funcionan igual que las rejillas.

5. <u>Región de recorte</u>. Si activamos el contorno o región de recorte en las vistas, podemos usar la orden Mover (D) para forzar el contorno a la rejilla. Si además utilizamos cajas de referencia (explicadas en el capítulo de "Trabajo con vistas") haremos que todas las vistas que nos interesen tengan la misma extensión y sea aún más sencillo alinearlas. Es posible desactivar la impresión de las regiones de recorte desde el botón "Configurar" de la ventana de impresión. La alineación a la región de recorte solamente funciona si, además de estar activa la visualización, está activo el recorte.

6. <u>Planos de referencia</u>. Se pueden alinear a la rejillas guía, y se desactivan en la impresión del mismo modo que en el punto anterior.*

* *Para eliminar la rejilla guía de un plano, NO se suprime; esto borrará esa rejilla guía de todos los planos que la tengan; desde las propiedades de vista, podemos seleccionar Rejilla guía → <Ninguno>, y desaparece. Aún así, la rejilla guía no es imprimible, así que no es imprescindible desactivarla antes de imprimir.*

* *Hay que intentar que los planos de referencia no salgan del límite del papel para evitar problemas a la hora de la impresión.*

Personalizar títulos de vista

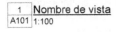

Fig.386 Título de vista.

El título de vista es el texto informativo que está ligado a las ventanas gráficas como una etiqueta, mostrando información de Nombre, escala, etc. Para editar el título de vista que viene en la plantilla arquitectónica, iremos al Navegador de proyectos → Familias → Símbolos de anotación → Título de vista → (botón derecho) Editar. Si queremos empezar uno desde cero, Revit → Nuevo → Símbolo de anotación → Título de vista métrico. En cualquiera de los dos casos, mediante líneas de detalle y textos de etiqueta, podemos confeccionar tantos cuantos queramos, y cargarlos en nuestro proyecto.

El título de vista está vinculado a las ventanas gráficas, y lo normal es que queramos tener varios títulos diferentes según la ocasión: por ejemplo, en algunas ventanas no queremos que aparezca ninguna información (por ejemplo, en una vista de leyenda) y en otras sí que queremos mostrar el título de la vista (con o sin escala).

Para ello, seleccionamos una ventana gráfica y pulsamos Editar tipo. Le cambiamos el nombre a "Sin título de vista" y, en las propiedades, ponemos título de vista → <Ninguno>. Con duplicar, creamos sucesivos tipos de Ventana gráfica, cada una con el título de vista que queramos colocar.

Escalas en los planos

Revit automáticamente coloca el campo de Escala en nuestro cajetín; pero ¿qué pasa cuando hay varias vistas a diferentes escalas? Pone el valor "Como se indica" y no es modificable. Esta situación es más común de lo que nos pensamos:

PLANOS

- Keyplan de planta o de sección (prácticamente en todos nuestros planos de alzados y secciones, y en los detalles constructivos o zonas más detalladas de una planta)
- Planos de carpintería o tabiquería con referencias
- Detalles constructivos a diferentes escalas

No hay una forma de cambiar el código de "Como se indica" por algo que nos guste más. La única manera es utilizar otro parámetro que nos haga la entrada manual. Podemos usar alguno de los parámetros de Revit que no se están usando, o bien generar un parámetro nuevo. Por facilidad, usemos un parámetro normal (por ejemplo, quizá algunos de los parámetros que se usan en Revisiones de planos lo dejemos sin usar). Si no, si queremos un parámetro nuevo y dedicado, habrá que hacer un Parámetro compartido (Gestionar → Parámetros compartidos), que se guarda en un archivo .TXT fuera del documento Revit.

Escalas gráficas y Norte en planos

Todos los elementos complementarios a un plano, que deben aparecer en varios planos, una forma práctica es enfocarlos como Vistas de Leyenda.

Una escala gráfica se hace simplemente dibujando, desde una vista de leyenda, las líneas y textos necesarias. Si lo que queremos es colocar un Norte de proyecto correctamente, lo podemos hacer siguiendo estos pasos:

1. Seleccionamos una vista y ponemos Norte real.
2. Insertamos el símbolo de Norte que hayamos creado.
3. Cortamos el símbolo (Ctrl+X).
4. Creamos una vista de Leyenda llamada, por ejemplo, Norte.
5. Pegamos en ella el símbolo (Ctrl+V).
6. Ya podemos insertar la vista de leyenda en todos los planos que queramos.

Fig.387 Ejemplo escala gráfica realizada mediante una vista de leyenda.

Importación de elementos

Podemos importar diferentes tipos de objetos en Revit, ya sea en vistas o en planos:

- Texto. Con el proceso clásico de Ctrl+C desde el procesador de textos, y Ctrl+V en Revit desde dentro de la orden Texto.
- Imágenes. Desde Insertar → Imagen, o bien arrastrando y soltando.
- Objetos CAD. Desde insertar → Importar CAD*

* (Detallado en el capítulo "Comenzar un proyecto en Revit" dentro del apartado "Insertar una vista CAD")

Revisiones de planos

Tabla de planificación de revisiones

Es muy habitual utilizar revisiones de planos en proyectos grandes o con equipos de muchas personas, donde hay diferentes versiones que tienen que ir documentadas. El proceso más sencillo para dejar plasmadas las diferentes revisiones es:

1. Debe existir un cajetín que incluya revisiones. Esto se consigue desde dentro de la familia del cuadro de rotulación.

   - Vista → Tabla de planificación de revisiones. Elegimos los campos necesarios y se genera esa tabla.
   - Desde la tabla, en Aspecto, podemos elegir si se rellenará de arriba abajo, o de abajo arriba. Ambas soluciones son buenas, dependerá del diseño del cajetín.
   - Desde el Navegador de proyectos arrastramos la tabla de planificación al plano, y la colocamos en el sitio que nos interese; y se carga en proyecto.

2. Generar revisiones en el proyecto (según sean necesarias). Desde Vista → Composición de plano → Revisiones. Desde esta ventana podemos ajustar y describir la revisión o revisiones necesarias. Entre los parámetros más destacables están:

Fig.388 Revisiones

   - Casilla de verificación "Emitida". Bloquea el resto de parámetros para que no se puedan modificar. También impide que se puedan borrar las nubes de revisión insertadas que hagan referencia a esta revisión.
   - Numeración por proyecto / por plano, y secuencia de revisiones numérica o alfanumérica (personalizable).

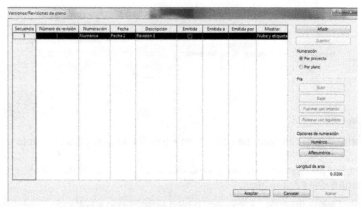

Fig.389 Ventana de revisión.

3. Colocar nubes de revisión. Desde Anotar → Nube de revisión, podremos encuadrar la parte necesaria de una vista. Al seleccionar la nube, en sus propiedades de ejemplar podemos desplegar a qué revisión hace referencia.

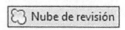

Fig.390 Nube de revisión.

PLANOS

4. Anotar las nubes de revisión.
   - Desde Anotar → Etiquetar por categoría, seleccionamos la nube y se colocará su etiqueta.
   - Si no existe etiqueta de nubes de revisión, Desde Revit → Nuevo → Símbolo de anotación, generamos una Anotación genérica.
   - Cambiamos su categoría desde el botón de Crear → Parámetros y categoría de familia, eligiendo Etiqueta de Nube de revisión.
   - insertamos un texto de etiqueta que contenga los parámetros que nos interesen y formateamos el texto al gusto
   - (guardamos la familia con un nombre apropiado y la cargamos en proyecto)

Al arrastrar una vista a un plano, el cajetín solamente mostrará las revisiones que aparezcan reflejadas en ese plano concreto.

Monito de sección

Es un elemento muy utilizado en los planos. Para hacer uno, seleccionamos cualquier planta o sección de nuestro proyecto y duplicamos la vista, llamándola "Monito sección", por ejemplo.

Si tenemos una plantilla de vista para el monito de sección, es el momento de aplicarla; si no, una buena práctica es crearla ya, ajustando previamente el grafismo de lo elementos necesarios, ocultando las categorías correspondientes, calibrando la escala de impresión, y demás operaciones. En los apartados "Visibilidad / Gráficos" y "Plantillas de vista" se detallan más estos procesos.

Si no queremos que en los planos de planta (o alzado) aparezca una nueva línea de sección (correspondiente a la sección que acabamos de duplicar y renombrar) es cambiar el parámetro de la paleta Propiedades, donde pone "Ocultar en escalas con detalle más bajo que", y poner 1:10 o cualquier medida similar.

Para ubicar el monito de sección en todas las plantas igual, podemos hacer uso de los elementos citados anteriormente. Entre otras posibilidades:
1. una rejilla guía llamada "monito" donde tengamos localizado el punto de inserción
2. unos planos de referencia que se anclen al borde del plano, a la rejilla guía o al cajetín

50. IMPRESIÓN

El proceso de impresión es fundamental para generar los documentos de un proyecto, ya sea directamente a formato papel o bien en PDF.

Introducción

Desde Revit podemos imprimir de forma muy sencilla y automatizada. Lo primero que debemos hacer es ponernos en el plano -o vista- que deseamos imprimir, y seleccionar Revit → Imprimir.

En la ventana que aparece tenemos cuatro bloques principales:

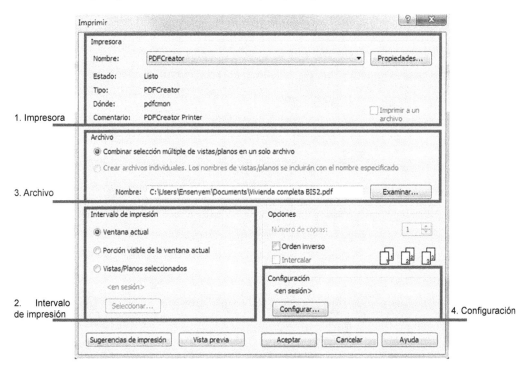

Fig.391 Bloques principales de la ventana imprimir.

1. Impresora. Dónde vamos a imprimir. Revit no tiene exportación a PDF nativa, así que si queremos imprimir en este formato, debemos hacerlo desde una impresora PDF externa.
2. Intervalo de impresión. Qué vistas queremos imprimir.
   - Ventana actual. La que tenemos
   - Porción visible de la ventana actual. La parte que estamos viendo
   - Vistas / planos seleccionados. Llegamos a una lista con todas las vistas y planos de nuestro proyecto, y podemos seleccionar las que queramos. Además, podemos guardar esa selección de vistas y planos para usos posteriores.

3. Archivo. Si imprimimos en PDF, elegimos si queremos todos los planos en un único archivo multipágina, o si preferimos que cada plano tenga su propio archivo.

4. Configuración. Si pone <en sesión>, conviene que lo revisemos. Si pusiese "A3 color", podemos tener cierta seguridad de que es una configuración que previamente habremos guardado. Entremos ahí; las opciones son muy directas.

- Tamaño del papel y orientación
- Colocación del papel al centro o a una esquina
- Zoom. Importante, poner zoom 100%, salvo que estemos creando expresamente algo escalado (por ejemplo, la copia A3 de planos de obra)
- Calidad ráster. Si ponemos "Presentación" es la más alta posible.
- Procesamiento vectorial / ráster. Es mejor el vectorial; pero si tenemos alguna vista con sombras arrojadas, o en modo Sombreado, procesará esa vista (y solamente ésa) mediante ráster*.

* Ráster son píxeles, mientras que vectorial son vectores. A efectos de agrandar una imagen, tendrá mejor calidad y menos pérdida la vectorial.

- Ocultar contornos de recorte, cajas de referencia y demás elementos.
- Al aceptar, nos preguntará si queremos guardar esta configuración; al decir que sí, podemos generar una configuración del estilo "A3 color" o "A2 B/N", para poder desplegarla en la parte superior en sucesivas impresiones.

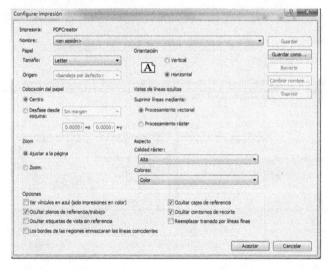

Fig.392 Ventana de configuración.

Grosores de línea

Uno de los puntos clave a la hora de imprimir es gestionar correctamente los grosores de línea. Se configuran desde Gestionar → Configuración adicional → Grosores de línea. Revit ha ideado un sistema de gestión de grosores de línea bastante completo y muy sencillo una vez entendido el funcionamiento. Veámoslo.

Revit asigna un grosor a cada categoría en corte, y un grosor a cada categoría en sección. Estos grosores se nombran del 1 al 16; y aunque no es necesario que vayan en orden correlativo de más fino a más grueso, parece un orden lógico y sencillo de entender. Estos grosores se controlan desde Gestionar → Estilos de objeto. Es decir, ahora ya podemos establecer que un Muro en corte tenga grosor 4, mientras que un muro en proyección tenga un grosor 1; y así para el resto de categorías.

El punto fundamental: el mismo grosor de impresión no es válido para todas las escalas de un plano. Si seccionamos un muro a 1:500 querremos un espesor muy fino, mientras que un muro seccionado a 1:50 debe verse algo más grueso, y un muro en un detalle a 1:10 deberá verse aún más grueso. Esto se resuelve asignando, a cada grosor (desde Grosor 1 hasta Grosor 16) un valor en mm de impresión para cada una de las escalas. El valor mínimo son 0.025mm.

En definitiva, el proceso para establecer bien los grosores de línea en Revit es:

1. Desde Gestionar → Estilos de objeto, observar o modificar el número de grosor.

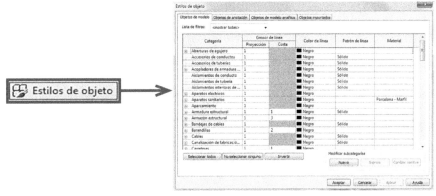

Fig.393 Gestionar estilos de objeto.

2. Desde Gestionar → Configuración adicional → Grosores de línea, aplicamos el grosor adecuado en mm, a cada una de las escalas.

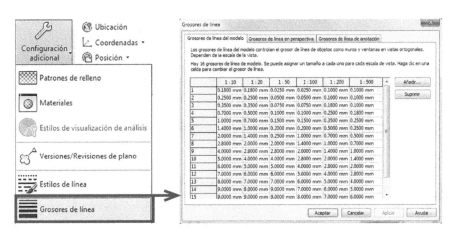

Fig.394 Gestionar los grosores de línea.

51. EXPORTACIÓN DESDE REVIT

En un flujo de trabajo normal, es posible que debamos exportar nuestro modelo 3D de Revit -o parte de él- a otros programas. Aunque la casuística es muy amplia, vamos a centrarnos en un espectro que recoge gran parte de las posibilidades.

Exportación CAD 2D y 3D

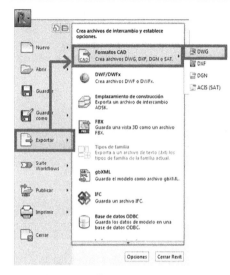

Fig.395 Exportar DWG.

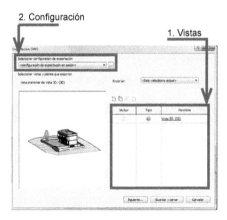

Fig.396 Ventana de impresión

Si lo que queremos es exportar nuestro modelo 3D para seguir trabajando en un modelado externo, debemos ir a una vista 3D y activamos la orden Revit → Exportar → Formatos CAD → DWG. Es la apropiada para llevarnos nuestro modelo 3D a los siguientes programas, entre otros:

- Rhinoceros®
- Sketchup®
- AutoCAD® 3D

La configuración de exportación a formato CAD es muy importante, porque hacer un perfil adecuado dejará las opciones ya predeterminadas para las siguientes exportaciones. Una vez en la exportación de formato DWG, la ventana está dividida en dos partes.

1. Qué vistas o planos exportar, en la parte derecha.

2. Qué configuración aplicar, en el desplegable de la parte superior izquierda. Si aquí encontramos una configuración ya nombrada por nosotros, perfecto; pero si lo único que aparece es "Configuración de exportación en sesión", debemos entrar en los puntos suspensivos y crearnos la nuestra.

Lo primero que hay que hacer es, en la parte inferior izquierda, seleccionar "Nueva configuración de exportación" y darle un nombre. Por ejemplo, Exportación CAD general. Podemos generar tantos cuantos perfiles de exportación sean necesarios; por ejemplo, según para quién vaya destinado. Vamos a plantear que la exportación es para un colaborador que no tiene demasiados conocimientos avanzados de CAD. Para entender las pestañas, empecemos de derecha a izquierda:

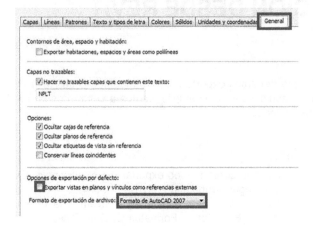

1. <u>Pestaña General</u>. Dos parámetros importantes que debemos considerar.
• Formato de exportación. El más viejo posible; no queremos que nos llamen y nos digan que no lo pueden abrir.

• Desmarcar "exportar vistas en planos y vínculos como referencias externas". Esto es algo muy interesante que quede marcado, pero si nuestro colaborador no trabaja con referencias externas (o simplemente va a "pintar" en nuestro plano unas instalaciones, o ciertas cosas complementarias, no le hacemos ningún favor).

Fig.397 Pestaña General. Modificaciones a realizar para la exportación.

2. <u>Pestaña Unidades y coordenadas</u>. Poner en metros.

3. <u>Pestaña Sólidos</u>. Seleccionar "Sólidos ACIS". Es la mejor configuración para cualquier modelador 3D diferente de 3DSMAX.

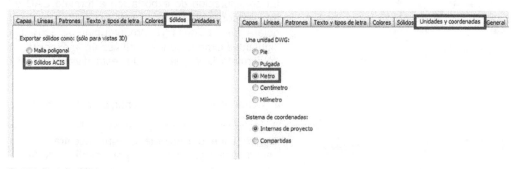

Fig.398 Pestaña Sólidos.   Fig.399 Pestaña Unidades y coordenadas.

El resto de pestañas se pueden quedar como están. De verdad; tanto colores como patrones y tipos de línea se exportarán correctamente. Por supuesto que la pestaña Capas, la primera de todas, permite personalizar cómo se exporta cada una de las categorías de Revit, y que con un "poco" de trabajo conseguiremos dejarla perfecta. Adelante, pues. Pero si nuestro colaborador no va a hacer uso de nuestras capas, sino que va a añadir las suyas, o combinará todas las capas en Capa 0 para agrupar el dibujo, entonces habremos desperdiciado nuestro tiempo. En cualquier caso, la configuración de exportación de capas predeterminada, que sigue las directrices del American Institute of Architects (AIA), es fácilmente comprensible si se tienen nociones de inglés.

Si, aún así, pretendemos configurar la exportación de capas, en la primera ventana tenemos todas las categorías de Revit, tanto de modelo como de anotación, con las columnas de Proyección y Corte. Debemos asignar una capa y un color a cada una de las categorías y, muy importante, a las subcategorías (desplegando las categorías).

EXPORTACIÓN DESDE REVIT

Exportar a Excel®

Podemos exportar tablas de planificación a Excel®, entrando en una tabla y usando el comando Revit → Exportar → Informes → Tabla de planificación. La exportará en formato .TXT, y las opciones por defecto serán perfectas para que, desde Excel® (o cualquier otra hoja de cálculo, como Calc) se puedan importar los datos*.

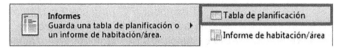

Fig.400 Revit / Exportar / Informes / Tabla de planificación.

* *Si en Revit tenemos sufijos de unidades, tales como "m²" o similar, se exportarán también; y Excel® entenderá las celdas como de texto. O bien desde Revit desactivamos el sufijo de unidades (modificando la configuración de las columnas correspondientes, dentro de la pestaña Formato → Formato de campo), o bien desde Excel® utilizamos la orden Buscar/reemplazar para localizar todos los "m²" y sustituirlos por "" (vacío).*

Exportación FBX

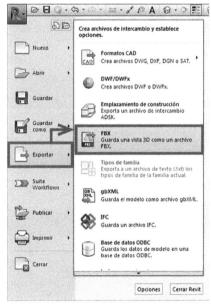

Fig.401 Exportar FBX.

En el caso particular de 3DSMAX®, la propia herramienta tiene dos alternativas para leer la información que llevamos desde Revit. Se hallan en 3DSMAX → :
- Link Revit
- Link FBX

Para la importación de archivos Revit, no es necesario que nosotros hagamos nada; pero si queremos facilitar el modelo en FBX, vamos a una vista 3D y vamos a Revit → Exportar → FBX. Elegiremos si queremos exportar a FBX de la versión 2015 y anteriores, o simplemente FBX (para las versiones nuevas).

Desde MAX se importa perfectamente la geometría 3D de Revit, permitiendo además elegir entre una serie de Presets, cómo se agrupan los objetos en el momento de la importación:

- Por categoría
- Por material (perfecta para renderizar)
- Por Tipo de familia
- También se puede importar como un único objeto, o sin agrupar nada.

Exportación IFC

Fig.402 Exportación IFC.

Para exportar nuestro proyecto con toda la información en 3D y categorizada (por ejemplo, a CypeCAD® para realizar el cálculo de la estructura desde allí) usaremos la exportación IFC que se encuentra en Revit → Exportar → IFC. Revit 2017 soporta exportación IFC 4, el estándar más reciente de IFC.

El estándar IFC (*Industry Foundation Class*) persigue la interoperabilidad entre diferentes plataformas BIM. Por ejemplo, un proyecto de ArchiCAD® o Sketchup® puede importarse mediante IFC, para que Revit reconozca las categorías de muro o pilar. Del mismo modo, un proyecto de Revit podría enviarse a otra plataforma mediante IFC. Estos elementos no serían editables, sino solamente visibles y cuantificables.

El proceso de estandarización de la información pasa por un modelo abierto y bidireccional. IFC ofrece ambas funcionalidades. Un estudio de arquitectura puede entregar su información en IFC sin temor a que sus elementos personales, grafismo o incluso el propio proyecto, se vea comprometido. Un estudio de ingeniería puede compartir con el modelo arquitectónico toda una solución de instalaciones en BIM mediante IFC e integrar el resultado.

Exportar imagen

Es posible guardar cualquier vista de nuestro proyecto como un archivo de imagen. Para ello, simplemente vamos a Revit → Exportar → bajamos hasta Imágenes y animaciones → Imagen. En la ventana que aparece debemos tener en cuenta los siguientes aspectos:

- Tamaño de imagen. Pongamos un número de píxeles suficiente.
- Formato. JPG (sin pérdida) o PNG

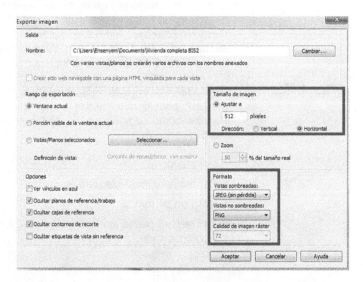

Fig.403 Exportar imagen.

EXPORTACIÓN DESDE REVIT

Exportación en HTML

Revit permite exportar las vistas y planos del proyecto en formato HTML, para su inclusión en una página web. Para ello, debemos hacer lo siguiente:

1. Revit → Exportar → Imágenes y animaciones
2. Elegir un nombre y una dirección para el archivo HTML
3. Marcar "Vistas / planos seleccionados" y elegir los deseados en la ventana "Seleccionar".
4. Marcar la casilla "Crear sitio web navegable con una página HTML vinculada para cada vista"
5. Ajustar el tamaño de imagen a unas dimensiones correctas (1000px es suficiente)
6. Marcar la calidad de las vistas como JPG – sin pérdida, o PNG
7. Aceptar

Esto genera un archivo .HTML y una carpeta que contiene las imágenes. Con algo de conocimientos de HTML y CSS se puede modificar la hoja de estilos para personalizarla a nuestro gusto o necesidad.

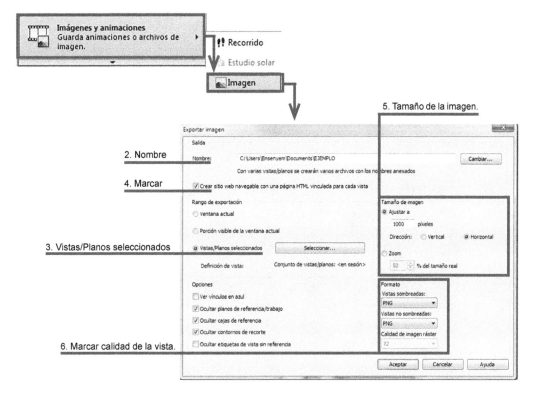

Fig.404 Proceso para exportar en HTML.

263

52. ESTRUCTURA

En Revit, además del modelado arquitectónico, podemos hacer todo el modelado estructural de nuestro proyecto. Es importante, no obstante, saber hasta dónde tenemos que llegar, pues puede ser duplicar trabajo el modelar todas las vigas y zunchos si después el cálculo estructural lo hace un calculista externo que nos devuelve todos los planos. Si pensamos en términos de CAD, en nuestro modelo 3D deberíamos representar aquéllo que se ve: pilares, vigas de cuelgue y zapatas, principalmente. Queda a criterio del técnico el decidir hasta dónde detallar y documentar el modelo.

Todos los elementos necesarios para el modelado estructural están en la pestaña Estructura de la Cinta de opciones. No obstante, algunas de las órdenes coinciden con las equivalentes en la pestaña Arquitectura (suelo – muro). Es importante que especifiquemos esta diferencia de cara a evitar confusiones: la diferencia entre un muro (o suelo) "Arquitectónico" y uno "Estructural", es que el parámetro de ejemplar "Estructura" está desactivado en el primero y activado en el segundo. Es importante a tres niveles:

1. exportación a un programa de cálculo
2. ayuda para filtros de visibilidad
3. en vistas de Disciplina "estructura" desaparecen los muros que no tienen "Estructura" marcado

Los elementos metálicos (pilares y vigas) se muestran como una línea en Nivel de Detalle bajo; es importante recordarlo para no quedarse bloqueado buscando elementos que no aparecen.

Todos los elementos estructurales admiten carga de familias externas, y Revit tiene incluida una gran cantidad de elementos en la documentación por defecto del programa; entre ellos, prácticamente toda la perfilería metálica estructural que se usa en España.

Rejillas

Una de las aplicaciones de las rejillas es, precisamente, la de servir de base o modulación para la inserción de pilares, vigas o zapatas. Todo lo relativo a Rejillas está descrito en el capítulo de "Rejillas".

Planos estructurales

Fig.405 Plano estructural

Un tipo de vista predeterminada en Revit son los planos estructurales. Se insertan de la misma manera que el resto: Vista → Vista de plano → Plano estructural. Estos planos son idóneos para representar la estructura. Vienen con la disciplina Coordinación por defecto, y un rango de vista modificado con respecto a las vistas de planta que hemos trabajado hasta ahora: el plano de corte está 0.60 y la parte inferior está a -1.20, de manera que se pueden ver sin problemas las vigas.

Pilares estructurales

Los pilares estructurales son extremadamente sencillos. Solamente hay que tener en cuenta dos cosas:

1. Pilar vertical / inclinado. Desde la Cinta de opciones. El pilar inclinado pedirá dos clics (uno para la base, y uno para la parte superior), mientras que el vertical simplemente necesitará un único clic.

Fig.406 Pilares estructurales.

2. Profundidad / Altura. Desde la barra de opciones. Un pilar definido por su "profundidad", tiene su parte superior en el nivel desde donde lo insertamos, y su base estará por debajo; mientras que un pilar definido por su "altura" tiene la base en el nivel donde se inserta, y la parte superior estará por encima. Es esta segunda configuración la que a mi, personalmente, me gusta más.

Fig.407 Tipo de delimitación.

Al hacer un pilar inclinado, es posible modificar los parámetros de ejemplar en la paleta Propiedades, para definir el estilo de corte de la parte superior y la base (perpendicular a la directriz – horizontal – vertical).

Al insertar un pilar vertical, podemos colocarlo en rejillas; seleccionando varias de ellas, Revit insertará un pilar en cada intersección de las rejillas seleccionadas entre sí. Además, estos pilares dependerán de las rejillas, de manera que cualquier modificación posterior afectará directamente a la posición del pilar*.

* En cualquier momento esta vinculación puede eliminarse seleccionando el pilar y desmarcando, en la paleta Propiedades, la casilla "Se mueve con rejillas".

Enlazar pilares. Es posible enlazar los pilares tanto por su parte superior como por su base, a los siguientes tipos de elementos:

- Suelos, Techos, Cubiertas, Losas, Plataformas de construcción y cimentación estructural
- Planos de referencia y Niveles

Dentro de las opciones de enlace, podremos configurar si es una intersección mínima, máxima o por la mitad, para reflejar cuánta parte del pilar se adapta al elemento.

Agujeros. Para hacer un agujero en una cara de pilar, podemos usar la orden Hueco por cara, y realizaremos un corte o vacío en uno de los dos planos de referencia del pilar.

Otros tipos de pilares. Revit tiene en su directorio de familias, toda una serie de pilares prefabricados listos para insertar y completamente paramétricos. Si queremos hacer pilares más avanzados (con bisel, o marcando las diferentes caras fijas de pilar) deberemos editar la familia y utilizar parámetros para conseguirlo.

ESTRUCTURA

Pilares arquitectónicos

 Los pilares arquitectónicos se pueden utilizar como el forro de los pilares estructurales; o en ausencia de ellos, serían las pilastras de un muro (por ejemplo, uno de bloque de hormigón).

También se pueden utilizar para hacer los falseados de instalaciones; simplemente debemos recordar que las capas que bordeen el perímetro del pilar arquitectónico, deben estar fuera del muro.

Cimentación estructural: Zapatas aisladas

 Las zapatas aisladas pertenecen a la categoría Cimentación estructural. Pueden colocarse bajo muro, sueltas o en rejillas; el punto de inserción será la cara superior de la zapata. De todas las familias de Cimentación estructural, solamente una es una Zapata; el resto serán pilotes y encepados.

Las zapatas son las familias más básicas: tienen las 3 dimensiones (largo, ancho, alto) como propiedad de tipo, y el material como propiedad de ejemplar.

Si queremos hacer una zapata de dimensiones no rectangulares, podemos hacer un Modelado in situ. Revit no contempla tampoco zapatas combinadas; haríamos una de las dimensiones necesarias

Cimentación estructural: Zapatas bajo muro

La categoría Cimentación estructural tiene una familia de sistema específica para documentar las zapatas bajo muro, que funcionan como elementos alojados en el muro (igual que las puertas: al seleccionar el muro se coloca la zapata).
Las propiedades de las zapatas corridas son, de nuevo, muy sencillas:

1. Grosor de cimentación. Canto de la zapata
2. Longitud de extensión. Cuánto continúa la zapata una vez que termina el muro
3. Anchura. En dos familias diferentes, Revit permite configurar la anchura de las zapatas mediante uno de estos juegos de parámetros:

   - Anchura. Mide el ancho total de la zapata.
   - Longitud del borde / lado interno. Podemos establecer cuánto vuela la zapata en cada lado del muro; así es más fácil configurar zapatas de borde, por ejemplo.

4. No dividir en inserciones. Indica si la zapata continúa o se interrumpe en las puertas.

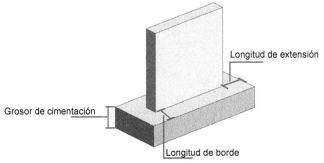

Fig.408 Propiedades de zapatas corridas.

Cimentación estructural: Losas

Para documentar cimentación por losas. Tienen exactamente el mismo comportamiento que los suelos.

Bordes de losa. Esta categoría adicional vale la pena mencionarla. Funciona con suelos y losas de cimentación, de la misma manera que los canalones o impostas con las cubiertas: es un perfil que recorre el perímetro de una losa o suelo. Aunque en España no se usan, en ciertos países de América se usan losas o soleras de espesores más contenidos, que se refuerzan perimetralmente con bordes de losa para ganar inercia.

Fig.409 Ejemplo de una losa con bordes de losa.

Vigas (Armazón estructural)

Las vigas se dibujan seleccionando punto inicial y final; Revit se encarga de hacer las reducciones de junta pertinentes. Los dos grandes grupos de vigas serán las de hormigón y las metálicas:

- Para representar correctamente vigas de hormigón, se dibuja de una sola vez todos los vanos que tengan el mismo canto.
- Para dibujar vigas metálicas, se dibujan vano a vano, para que Revit dibuje los cortes con los pilares o vigas.

Al dibujar una viga, hay muchos parámetros posibles que modificar, pero son todos muy sencillos:

Fig.410 Parámetros de propiedades de una viga.

- Desfases de nivel inicial / final. Visibles tanto en el área de dibujo, como en la paleta Propiedades, indican la altura de cada extremo de la viga. Necesario para hacer una viga inclinada o con un desfase concreto desde el nivel.

- Justificación X/Y/Z y desfase. Para definir el origen de la viga en los tres ejes. Además definen el eje de rotación de la sección, en su caso.

- Rotación de sección. Cuánto de girada queremos la viga; se rota respecto a la justificación en los ejes.

- Uso estructural. Para diferenciar unas vigas de otras por uso; muy útil de cara a los filtros, a las tablas de planificación y a la extracción de mediciones.

- Bocetos de viga. Revit permite dibujar vigas rectas, curvas o incluso splines; todas las opciones son los tipos de boceto que podemos seleccionar dentro de la orden.

ESTRUCTURA

- Uniones de vigas. Las uniones de vigas entre sí, o con pilares, están regidas por los tres siguientes parámetros:

1. Referencia final. En la Cinta de opciones, con una viga seleccionada, podemos indicar hasta qué parte del elemento al que está unida debe llegar. Por defecto Revit selecciona la envolvente, pero esto no es correcto en las uniones al alma del pilar o de otras vigas.

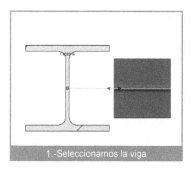  

Fig.411 Proceso para la unión de vigas.

2. Reducción de junta inicial / final. Permite controlar cuánto se separa la viga, del plano al que hace referencia el punto anterior. Se puede controlar mediante los pinzamientos en la vista, o numéricamente en la paleta de Propiedades de la viga.

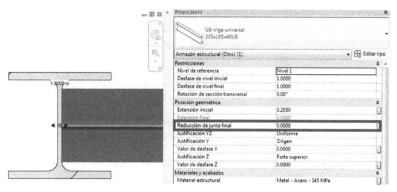

Fig.412 Reducción de junta inicial / final.

3. Modificar → Aplicar recorte. Primero se selecciona el elemento a recortar, y después el elemento cortante. Con esta orden, Revit recorta un elemento del otro a una distancia concreta (modificable en cualquier momento desde la paleta Propiedades).

Fig.413 Proceso para recortar una viga.

269

Vigas especiales. Es posible cargar, además de las vigas normales (de hormigón, metálicas o de madera), otros tipos de viga más específicos:

- Vigas prefabricadas
- Losas alveolares (no recomendables porque cargan mucho el dibujo)

Vigas Riostras para cimentación. Utilizaremos vigas también para documentar las riostras de cimentación, utilizando una familia de hormigón con las dimensiones y materiales necesarios.

Sistemas de vigas

Un sistema de vigas es un vano de forjado (o una superficie elegida por nosotros) que se rellena con un tipo de vigas a nuestra elección, siguiendo una regla de colocación concreta (distancia fija, espaciado máximo, etc.). La orden de Sistema de vigas permite hacer bocetos automáticos (como los Techos) si un vano está cerrado por vigas en todos los lados; o manualmente (mediante un boceto continuo y cerrado) si queremos hacer una forma a nuestra elección.

- El sistema de vigas puede seleccionarse mediante TAB y modificar sus parámetros, de manera que se actualicen todos los elementos.

- Para editar el boceto del sistema de vigas, se selecciona y pulsamos en Editar contorno. Si hacemos un contorno cerrado dentro del contorno inicial, habremos definido un hueco dentro del sistema de vigas.

Fig.414 Ejemplo de sistema de vigas 3D

- Si está realizado mediante un boceto automático, cualquier modificación en su contorno se actualizará directamente.

- Si una de las vigas se levanta por un extremo (desfase inicial/ final) las vigas del sistema se adaptarán.

- El sistema de vigas puede eliminarse (Cinta de opciones → Eliminar sistema de vigas), manteniendo las vigas dibujadas como entidades independientes.

- Es posible cambiar la dirección de las vigas dentro del sistema de vigas; editando el boceto y seleccionando la orden "Dirección de viga", podremos seleccionar una de las líneas del contorno o bien dibujar una a nuestra elección.

Alzados de estructura

Un alzado de estructura es un alzado (Vista → desplegar Alzado → Alzado de estructura) que depende de una rejilla y está pensado para documentar un vano estructural. Este tipo de alzados es peculiar porque:

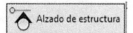

- Se alinea hacia una rejilla.
- Su ámbito en horizontal es un vano entre dos rejillas.
- Su profundidad de vista es muy corta.

Tornapuntas

Los tornapuntas, arriostramientos o cruces de San Andrés son elementos que difícilmente estaremos modelando en un proyecto habitual; salvo que estemos haciendo una nave industrial y sea una parte fundamental y visible del diseño.

La forma de dibujarlos es desde un Alzado de estructura, y los tipos que podremos usar serán los que tengamos cargados de Vigas (armazón estructural); también los parámetros son los mismos que los de las vigas, puesto que un tornapuntas en Revit no es otra cosa que la categoría Armazón estructural (viga) con uso "Otro".

Vigas de celosía

Las vigas de celosías, o cerchas estructurales, son combinaciones de cordón superior, cordón inferior, montantes y diagonales. Revit tiene una biblioteca de Vigas de celosía listas para cargar. Las propiedades de cualquiera de ellas son las siguientes:

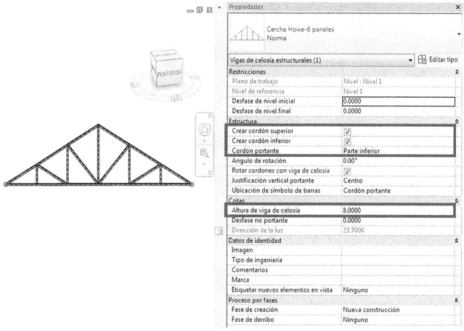

Fig.415 Propiedades de una viga de celosía Howe.

1. Altura de viga de celosía (ejemplar)
2. Dibujar cordón superior / inferior (ejemplar)
3. Distancia máxima entre paneles (ejemplar) Sólo en el caso de vigas rectas; determina la distancia máxima entre los montantes, para que Revit los distribuya equitativamente entre el número necesario.
4. Cordón portante y justificación vertical (ejemplar) Define cuál de los dos cordones, el inferior o el superior, es el portante y, en consecuencia, el que marca el nivel de la viga. Dentro del cordón portante, el nivel queda marcado por el parámetro de justificación vertical (parte superior, inferior o media del cordón).
5. Tipo de cordón / montante / diagonal (tipo) Define el perfil y el ángulo.

6. <u>Editar perfil</u>. Es posible seleccionar una viga y editar la forma de sus cordones superior o inferior, mediante bocetos de línea.

Conexiones estructurales

Para acabar de modelar los elementos estructurales, se pueden cargar componentes como placas de anclaje, pletinas de refuerzo o angulares de montaje, totalmente paramétricos y configurables. Se insertan desde Componente → Cargar familia → Conexiones estructurales.

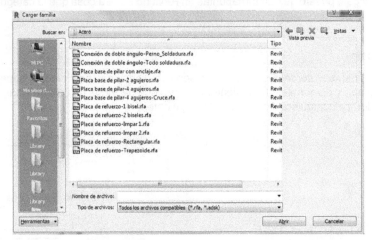

Fig.416 Conexiones estructurales para cargar.

Suelos estructurales: plataforma estructural

Un suelo que hace las funciones de forjado in situ no es más que una superficie con espesor. Pero es posible que, si hacemos un forjado de chapa colaborante, nos interese poder mostrar en las secciones el corte real del mismo. Esto no será más que una representación en sección, ya que en 3D seguiremos viendo una caja maciza sin más detalle.

Vamos a crear un tipo de suelo que sea una chapa colaborante estándar de 60/220 con un espesor total de 140mm. Para ello haremos lo siguiente:

1. Revit → Nuevo → Familia → Perfil métrico
2. Dibujamos en mm el patrón de una chapa grecada de 60x220

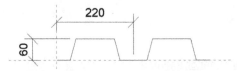

Fig.417 Perfil chapa grecada de 60x220

3. Guardar → Chapa grecada 60/220
4. Cargar en proyecto y cerrar
5. Arquitectura → Suelo
6. Elegimos el tipo "Por defecto – 30cm"
7. Editar tipo → Duplicar → "Forjado chapa colaborante 60/200 140mm"

ESTRUCTURA

8. Editar estructura
9. Insertar una capa. Con Arriba, la ponemos dentro del núcleo
10. Cambiamos el parámetro Función de la capa que hemos insertado a "plataforma estructural"
11. En la parte inferior seleccionamos "Chapa grecada 60/220" con el uso "Delimitar capa de encima"
12. Cambiamos el espesor de la capa superior a 0.14 y el material a Hormigón.

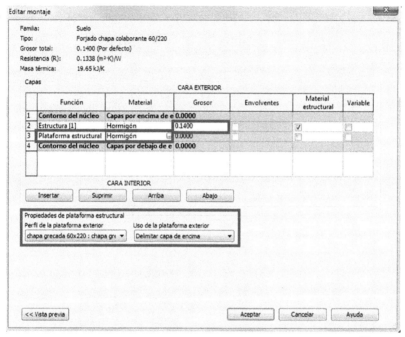

Fig.418 Estructura para crear la chapa colaborante.

13.

Fig.419 Resultado en sección. (Sólo en una dirección).

A partir de este momento, según por el lado que hagamos la sección, se verá la chapa seccionada transversal o longitudinalmente. Para controlar la dirección del forjado del suelo, editamos el contorno del suelo y con el botón "Dirección de la luz" lo definimos.

Esta herramienta no es adecuada para representar forjados reticulares de casetones, porque no tenemos el control para indicar dónde empieza, qué partes se macizan y, en definitiva, cómo replantear los casetones. Parece más sencillo hacerlo mediante elementos 2D en planta y en sección o, si el forjado es pequeño y queremos representarlo en 3D, hacerlo mediante la agrupación de elementos:

1. un suelo que haga las veces de losa
2. vigas en ambos sentidos con un perfil modificado para que haga la curvatura superior del casetón
3. grupo de toda la planta.

Fig.420 Forjado reticular con casetones, mediante vigas.

273

53. DETALLES CONSTRUCTIVOS

Aunque el nombre de esta sección se llame "Detalles constructivos", todo lo que se expone aquí es de aplicación en cualquier vista del proyecto; simplemente estoy usando como excusa los detalles para exponer cómo anotar, detallar y documentar cualquier vista. Y el proceso que va a quedar reflejado es similar al que deberíamos usar para elaborar uno o varios detalles constructivos desde cero.

Monito de sección

Fig.421 Ejemplo monito de planta.

Lo primero que debemos hacer a la hora de generar unos detalles constructivos, es tener un monito de planta o, más comúnmente, de sección, desde el cual partir. Para ello, seleccionamos cualquier sección de nuestro proyecto y duplicamos la vista, llamándola "Monito sección", por ejemplo.

Si tenemos una plantilla de vista para el monito de sección, es el momento de aplicarla; si no, una buena práctica es crearla ya, ajustando previamente el grafismo de lo elementos necesarios, ocultando las categorías correspondientes, calibrando la escala de impresión, y demás operaciones. En los apartados "Visibilidad / Gráficos" y "Plantillas de vista" se detallan más estos procesos.

Ocultar la sección de monito en planta

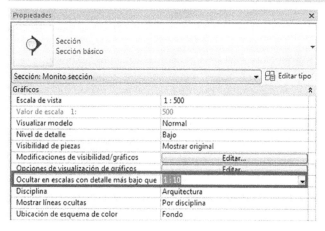

Fig.422 Ocultar en escalas con detalle más bajo que.

Para que la sección que hemos generado -y que hace las veces de monito de sección- no se vea en planta: seleccionada la sección, cambiamos en la paleta Propiedades, el parámetro "Ocultar en escalas con detalle más bajo que", y ponemos un valor muy extremo: 1:10 o cualquier escala similar. Así no veremos la línea de sección en ninguna planta que esté dibujada a una escala más pequeña que ésa*.

* *Esta operación de "ocultar en detalle más bajo que" también sirve para alzados; y nos permitiría ocultar en planta, por ejemplo, los símbolos de alzados interiores.*

Si además queremos agrupar esta sección junto al resto de detalles constructivos, una vez hecha la línea de sección, le cambiamos el tipo a Detalle.

Generar vistas de detalle

Llamada

Para generar vistas de detalle, debemos ir a Vista → Llamada, y generar un rectángulo para cada detalle, teniendo la precaución de que en el selector de tipo tengamos activado "Vista de detalle 1" y no "Sección 1", para que vaya colocando cada vista en la categoría "Vistas de detalle" dentro del Navegador de proyectos.

Dentro de cada una de estas vistas, comprobaremos que la región de recorte equivale al rectángulo inicial que hemos dibujado, y que están automáticamente enlazados: modificamos uno, modificamos el otro. También es momento de establecer nivel de detalle alto, escala 1:20 (por ejemplo) y modo de visualización de líneas ocultas.

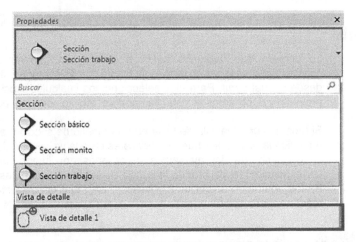

Fig. 423 En las Propiedades, comprobar que está seleccionada Vista de detalle 1.

Profundidad de las vistas de detalle

La profundidad de las vistas de detalle es, por defecto, la misma que la de la sección principal, y eso normalmente no es lo que queremos; en un detalle constructivo es más habitual representar una rodaja muy fina, una porción con apenas profundidad de la sección. Para conseguir esto hay que modificar el parámetro de la paleta Propiedades que dice "Configuración de delimitación lejana: Igual que en la vista principal" para que ponga "Independiente", y entonces modificar el valor numérico del campo superior a, por ejemplo, 50cm o 1m.

Antes de empezar a añadir elementos, es conveniente que con Visibilidad/Gráficos (VV), filtros o plantillas de vista, modifique y ajuste el grafismo de los elementos a mi elección. Si lo que quiero es modificar el grafismo de un único elemento, con el botón derecho → Modificar gráficos en vista → Por elemento, también puedo hacerlo.

Fig. 424 Configuración de delimitación lejana.

DETALLES CONSTRUCTIVOS

Recortar una vista de detalle

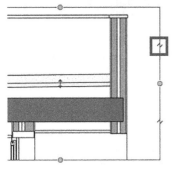

Si la vista de detalle que hemos escogido abarca varios niveles o plantas, es más que probable que no quepa en un formato estándar por ser demasiado grande. La solución habitual en CAD es "recortar" la vista para obviar las partes repetitivas o sin interés constructivo; en Revit podemos hacer exactamente lo mismo. Para ello, seleccionamos la Región de recorte y localizamos los símbolos de discontinuidad que aparecen. Clicando sobre uno de los símbolos de la línea vertical, dividiremos el detalle en dos; con los pinzamientos de bola azul podemos mover el ámbito de las dos piezas, y repetir esta operación tantas veces como sea necesario hasta tener nuestros "sub-detalles" perfectamente colocados.

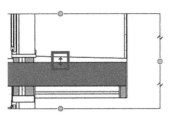

Por último, si lo que necesitamos es "acercarlos" entre sí, podemos hacerlo tocando la Región de recorte y localizando una flecha vertical con dos sentidos en el centro justo de cada una de las ventanas: desplazando esta flecha, la ventana entera se mueve sin modificar el interior (salvo si se junta con otra ventana, entonces se pierde el ámbito).

Fig.425 Recorte de vista.

A partir de este momento, voy a centrarme en uno de los detalles para documentar todo lo que necesite.

Ajustar el grafismo de un elemento

El contorno de llamada es el rectángulo que hemos creado para hacer la vista de detalle. Es posible que los radios de esquina, el tipo de línea o la burbuja de extremo de detalle no sean de nuestro agrado. Vamos a aprender desde aquí los 5 niveles de modificación de grafismo; porque en Revit es necesario ajustar y personalizar el grafismo de cada elemento para adecuarlo a nuestro modo de representar los planos. Aquí hay una lista, en el orden que se debe seguir (de más probable a menos probable), y que permitirá resolver gran parte de las cuestiones relacionadas con el grafismo en Revit.

- Editar tipo. Algunas de las opciones de visualización se controlan desde aquí dentro. Por ejemplo, todo lo referente al grafismo de niveles o de rejillas se gestiona desde aquí. Otros elementos, como las secciones, tienen aquí dentro alguna parte (el tipo de extremo final, por ejemplo) pero no todo.

- Visibilidad / Gráficos (VV). Aquí modificaremos el grafismo exclusivamente para una vista. Si es lo que necesitamos porque estamos configurando una plantilla de vista, perfecto.

- Gestionar → Estilos de objeto. Aquí dentro se controla cómo se representa cada categoría de Revit; tanto de modelo como de Anotación.

- Gestionar → Configuración adicional. Desde este desplegable configuraremos los patrones, estilos y grosores de línea; o las puntas de flecha, entre otros)

- Editar familia. Ciertos elementos tienen familias asociadas que no se pueden editar directamente (como el título de una vista de plano, la burbuja de una rejilla, o el extremo de un nivel) y debemos localizarlas en el Navegador de proyectos para editarlas con el botón derecho, y modificarlas desde dentro.

- Filtros. El método más avanzado y más preciso son los filtros de vista. Accesibles desde Visibilidad/Gráficos (VV), en la pestaña llamada Filtros, permiten generar una serie de "reglas" basándose en propiedades de tipo y reglas lógicas. Comentamos con más detalle en el apartado Filtros dentro del capítulo de Planos.

En este caso particular, desde Editar tipo, podremos poner el radio de esquina a cero y desactivar la etiqueta de vista; pero tendremos que llegar hasta Estilos de objeto → Anotación → Contorno de llamada, para poder modificar el color y el patrón de línea.

Líneas de detalle

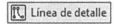

Con la orden Anotar → Líneas de detalle, podemos dibujar líneas 2D exclusivas de esta vista, usando cualquiera de los bocetos disponibles (línea – arco – círculo – etc.).

Las líneas de detalle son líneas que se ven solamente en la vista donde se han creado; a diferencia de las líneas de modelo que se ven en cualquier vista, incluso una vista 3D. Revit permite convertir un tipo de línea en el otro y viceversa, simplemente seleccionando las líneas y pulsando la orden de la Cinta de opciones "Convertir líneas".

Con líneas de detalle, podemos elegir un estilo de líneas (líneas finas - líneas ocultas – etc) para grafiar lo que necesitamos. Por ejemplo, con líneas ocultas podemos representar la malla de fibra de vidrio que se coloca en el enfoscado, en el ámbito del frente del forjado; o marcar el recorrido que sigue la impermeabilización del muro en contacto con el terreno.

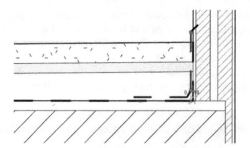

Fig.426 Ejemplo de líneas de detalle como impermeabilización.

Estilos de línea y patrones de línea

Un estilo de línea en Revit es la combinación de un patrón, un color y un grosor. Por tanto, si creo un estilo de línea llamado "DC09", de color azul, con grosor 1 y patrón de línea "Líneas ocultas", podré utilizar este estilo de línea siempre que lo necesite, tanto en líneas de modelo como líneas de detalle.

Empecemos, pues, creando un patrón de línea. Para ello debemos ir a Gestionar → Configuración adicional → Patrones de línea. Si seleccionamos uno nuevo, tras ponerle un nombre veremos que hay una casilla donde podemos comenzar nuestro patrón con un trazo o un punto, debiendo indicar en la casilla de la derecha la longitud real impresa de dicho trazo, en mm (si es un punto no hay que poner ningún valor). Seguidamente podremos poner un Espacio, con una distancia concreta, y así sucesivamente. Es decir: con Revit podemos hacer los tipos de línea que siempre hemos deseado, de la forma más fácil imaginable.

DETALLES CONSTRUCTIVOS

Fig.427 Proceso para crear patrones de línea.

Para crear un estilo de línea, iremos a Gestionar → Configuración adicional → Estilos de línea. En el botón Nuevo designaremos un nombre, y podremos poner un grosor, un color, y seleccionar uno de los patrones de línea que hay en Revit. De todos los estilos de línea que aparecen, los que están entre corchetes son estilos de sistema, y no se pueden eliminar.

Fig.428 Proceso para crear un estilo de línea.

279

Región de máscara

El siguiente nivel en mi documentación del detalle es Anotar → Región de máscara. Consiste en hacer un boceto de un contorno poligonal continuo y cerrado que, una vez aceptado, ocultará lo que hay dentro de él. Equivale a la orden Cobertura de CAD. Además, las líneas del contorno de la región de máscara, si editamos el boceto, pueden ser de cualquier estilo de línea que queramos. Por ejemplo, el estilo Líneas invisibles hará que las líneas no aparezcan.
Con Región de máscara voy a poder dibujar, por ejemplo, un rodapié para el pavimento.

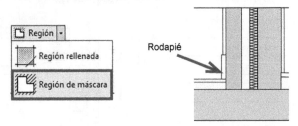

Fig.429 Región de máscara, ejemplo de un rodapié.

Ordenar elementos

A partir de dibujar elementos de detalle, podemos establecer un orden de impresión, muy similar a como se realizaba en CAD. Una vez seleccionado un elemento de detalle, podremos marcar "poner en primer plano" o "enviar al fondo", por ejemplo. Los elementos de detalle siempre aparecerán por encima de los elementos de modelo.

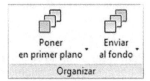

Fig.430 Ordenar elementos.

Región rellenada

Muy similar a la Región de máscara, Anotar → Región rellenada tiene la particularidad de que puedo duplicar tipos de patrón para modificar estas tres cosas:

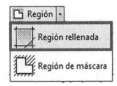

1. El patrón de sombreado que llevará dentro
2. El color de ese patrón de sombreado
3. Si el patrón es opaco o transparente

Con la región rellenada podremos dibujar, por ejemplo, un dintel prefabricado para la ventana.

Fig.431 Región rellenada.

Aislamiento

Si queremos simular el grafismo americano de una capa de aislamiento, en Anotar → Aislamiento lo haremos sin esfuerzo; es un detalle basado en línea que simplemente obedece a estos factores:

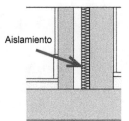

- Línea de ubicación. a centro, lado cercano o lejano
- Anchura. del aislamiento
- Relación de curvatura (a número más alto, malla más densa).

Fig.432 Ejemplo de aislamiento.

DETALLES CONSTRUCTIVOS

Perfil de corte

Vista → Perfil de corte sirve para modificar, aparentemente (y solamente en esta vista) el contorno de una cara de un elemento. Por ejemplo, si queremos hacer que la albardilla rectangular tenga dos aguas o un goterón, seleccionamos la orden y tocamos el elemento; debemos dibujar un contorno continuo que empiece y acabe en la línea de contorno de la cara (que ahora está de color naranja). La flecha indica hacia qué lado estará la parte "sólida".

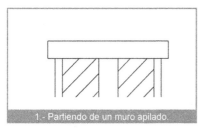  

Fig.433 Proceso para simular una albardilla (en una vista) partiendo de un muro apilado.

Líneas ocultas

Tanto si hemos tapado parte de nuestro proyecto mediante regiones de máscara o rellenadas, como si un elemento de modelo está tapando otro y queremos indicar su existencia (por ejemplo, una encimera tapando el componente de una lavadora), la orden Vista → Mostrar líneas ocultas es lo que necesitamos. Clic en la orden → clic en el elemento tapador → clic en el elemento que queremos ver, y conseguiremos mostrar las líneas ocultas. El paso inverso es la orden Vista → Eliminar líneas ocultas.

Las líneas ocultas que se muestran obedecen a un estilo definido. En la orden Gestionar → Estilos de objeto, aparecen todas las categorías de modelo y, al desplegarlas, la subcategoría Líneas ocultas tendrá un color, un grosor y un patrón de línea asignado, que podemos configurar y modificar.

  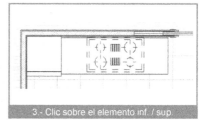

Fig.434 Líneas ocultas.

Tipo de línea

Esta orden se halla en la pestaña Modificar, y es tremendamente potente. Su nombre en inglés me parece muy acertado y descriptivo de lo que hace esta orden: LINEWORK, o "trabajo de líneas". Se usa para la valoración de líneas. Seleccionando la orden, podemos elegir un estilo de líneas y aplicarlo a las líneas que vayamos seleccionando; incluso "líneas invisibles" si no queremos que se muestre.

Para dejar las líneas de nuevo en su categoría, con la misma orden y eligiendo el Estilo de línea "<Por categoría>", Revit dejará las líneas como estaban antes.

Con esta orden podremos eliminar ciertas líneas no deseadas o, por ejemplo, cambiar una línea continua de una capa de cubierta a una discontinua para indicar que por ahí hay una lámina geotextil.

Otra utilidad interesante de la orden Tipo de línea es la de ver líneas en proyección superior. Por ejemplo, grafiar en planta baja la proyección de las líneas de un balcón en planta primera, o indicar la posición de un hueco de doble altura. Para ello:

1. Desde la vista en planta, colocamos como subyacente el nivel en el que se verían las líneas que queremos grafiar (si ponemos como subyacente el mismo nivel, Revit se encarga de poner la orientación de techo automáticamente).
2. Con la orden Tipo de línea, marcamos el estilo que deseamos y seleccionamos una a una las líneas que queremos que se vean. En cada una de ellas, podemos modificar los pinzamientos para conseguir que la modificación afecte a solamente una parte.
3. Desactivamos el subyacente; Revit mantiene las líneas que hemos modificado. Además, esas líneas no son elementos de detalle independientes, sino que hacen referencia directa al balcón o elemento real, con lo que si se modifica el original, automáticamente se modificarán aquí también.

Fig.435 Proceso para representar las líneas de proyección superior.

Componentes de detalle

Fig.436 Componente de detalle.

Del mismo modo que en CAD insertamos bloques concretos, como un ladrillo hueco o una vigueta, en Revit podemos insertar Componentes (o Elementos) de detalle, desde Anotar → Componente de detalle → Cargar familia → Elementos de detalle. Estos detalles están a escala real -igual que nuestro dibujo de Revit- de manera que no tenemos que preocuparnos nunca por la escala: se insertarán correctamente.

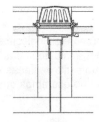

Fig.437 Ejemplo de componente de detalle.

Son muy útiles para insertar un sumidero de cubierta, o un falso techo más detallado que las meras dos líneas que definen el nuestro, o un perfil de ventana, o incluso un ladrillo hueco para representar toda la fachada con él.

Si el detalle que queremos no está, tenemos que hacerlo nosotros. Y éste es el procedimiento: Revit → Nuevo → Familia → Elemento de detalle métrico. Dentro de esta ventana dibujaremos en milímetros, teniendo en cuenta que la intersección de los dos planos de referencia es el punto de inserción de nuestro Elemento de detalle (o, según la nomenclatura de CAD, nuestro bloque). Podremos hacer uso de todos los elementos de detalle que hemos aprendido hasta ahora (como regiones de máscara o rellenadas, para hacer detalles opacos o con textura); incluso insertar líneas desde CAD, si fuera necesario. Al terminar, guardamos el elemento de detalle (Vigueta T18, Ladrillo hueco 7cm, etc) y lo cargamos en el proyecto.

DETALLES CONSTRUCTIVOS

Componente de detalle repetido

Si hemos generado un componente de detalle susceptible de ser repetido muchas veces (como, por ejemplo, un ladrillo hueco de 7cm que queremos que ocupe toda la fachada, o una combinación de vigueta más bovedilla que debe recorrer todo el forjado), en Anotar → desplegando Componente de detalle → Componente de detalle repetido, tenemos la solución.

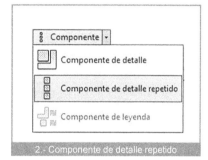

Fig.438 Proceso para simular un forjado con viguetas y bovedillas en detalle.

Esta orden funciona como una línea de aislamiento, pero generando detalles repetidos a partir de los nuestros. Las opciones de tipo (que podemos duplicar para crear todos los que necesitemos) constan de:

1. Detalle. Elemento de detalle base para repetir
2. Rotación de detalle (ninguno, 90º izquierda o derecha)
3. Diseño (reglas de colocación)
   - Rellenar espacio disponible (seguidos uno detrás de otro)
   - Distancia fija (cada X cm)
   - Espaciado máximo (reparte los detalles para que la distancia entre ellos sea menor de X cm)
   - Número fijo (reparte X detalles en la línea que dibujemos)
4. Interior (si está marcado, el último detalle repetido solamente aparece si la línea lo alberga entero; si no está marcado, Revit inserta el siguiente elemento repetido tan pronto como sobre un poco de línea).

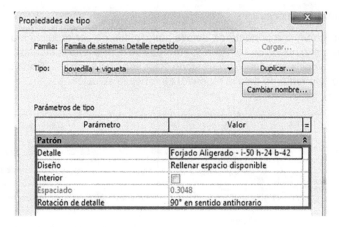

Fig.439 Propiedades tipo de los elementos de detalle repetidos.

Con esta orden rellenamos, muy fácilmente, cualquier ámbito del plano que de otra manera sería tedioso y muy largo:

- Frente de forjado con vigueta, bovedilla e incluso la parrilla de armado superior
- Ladrillos de diferentes métricas
- Tirantes de los falsos techos
- Perfil de un forjado reticular con casetones (esto no es posible hacerlo con la herramienta de "plataforma estructural" porque debemos ver el mismo en ambos lados, y además poder controlar cuándo se representa macizado por los pilares)

Textos y directrices

Fig.440 Texto.

Mediante la orden Anotar → Texto podremos generar textos, cualquier tipo de anotación manual que se deba añadir. Por ejemplo, si hemos dibujado un rodapié o la línea de malla de fibra de vidrio, es buena opción describirlo mediante un texto.

Directriz recta
Directriz en arco

Fig.441 Ejemplos de tipos de directrices en texto.

Los textos incorporan la posibilidad de usar directrices, para indicar a qué elemento hace referencia nuestra anotación. Estas directrices se pueden colocar desde el principio, o bien seleccionando un texto ya colocado y pulsando sobre cualquiera de los botones de añadir directriz que tenemos en la Cinta de opciones. De un mismo texto pueden salir una directriz o varias, tanto en recto como en arco, hacia ambos lados.

Además es posible organizar correctamente la posición de la directriz respecto al texto: centrada, alineada por su parte superior, o alineada por su parte inferior.

Caracteres especiales

Si queremos insertar símbolos o caracteres especiales de texto en Revit (como los símbolos de diámetro, o una elevación al cuadrado, por ejemplo) debemos hacerlo desde la aplicación Mapa de caracteres de Windows. Ahí seleccionamos de entre todos los que hay disponibles el que nos interese y podemos copiarlo, para insertarlo en nuestro texto.

DETALLES CONSTRUCTIVOS

Si nos fijamos en la parte inferior derecha de la ventana del Mapa de caracteres, cuando tenemos un carácter concreto seleccionado, nos indica con qué combinación de teclas podríamos copiar esto siempre que queramos. Siempre es la tecla Alt (a la izquierda de la barra espaciadora) y cuatro dígitos (en el teclado numérico de la derecha, no de los números "normales"). A modo de ejemplo:

- Cuadrado   Alt + 0178 → ² (también Alt+253)
- Cubo   Alt + 0179 → ³ (también Alt+252)
- Diámetro   Alt + 0216 → Ø (en minúsculas con Alt + 0248 → ø)
- Copyright   Alt + 0169 → ©
- Marca reg.   Alt + 0174 → ®
- Pormil   Alt + 0137 → ‰
- Más menos   Alt + 0177 → ±

Buscar y reemplazar texto

Desde la Cinta de opciones, en Anotar → en la zona de Texto, está la orden para buscar y reemplazar texto. Muy útil si queremos modificar uno o varios textos sin importar en qué vista o plano se encuentren. Por ejemplo, para revisar o reemplazar cualquier "m2" de nuestro proyecto por un "m²".

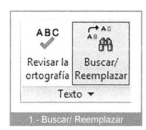

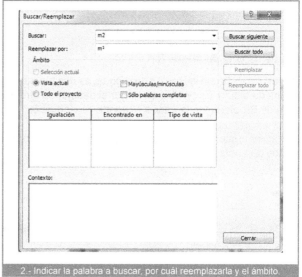

Fig. 442 Proceso para reemplazar palabras.

Etiquetas de material

Las etiquetas de material son un elemento muy interesante que vamos a poder utilizar para completar nuestros detalles. Editando -o creando- una etiqueta para que presente el campo deseado del material (nombre – descripción – marca) podemos generar detalles perfectamente documentados.

Para editar una etiqueta de material, la seleccionamos y pulsamos sobre Editar familia en la Cinta de opciones. Desde aquí dentro podemos editar los textos de etiqueta, indicando qué campo nos interesa que aparezca. En el apartado de "etiquetas Multi-tipo" se describe cómo hacer una etiqueta que tenga varias configuraciones; aquí sería de nuevo un buen sitio para aplicar el proceso.

* *Las líneas dibujadas en el origen de la etiqueta tienen la función de conseguir que la directriz y el hombro sean horizontales. Si no queremos verlas, simplemente al seleccionarlas desmarcamos "Visible".*

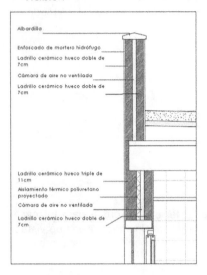

Al ir colocando las etiquetas, algunas de ellas aparecerán con un símbolo "?" Porque el valor no está introducido en el material. Podemos introducirlo de tres maneras:

1. Haciendo clic-clic sobre cada símbolo "?" y escribiendo el valor o descripción
2. Dentro de Gestionar → Materiales → Pestaña Identidad, rellenando los campos
3. Con una tabla de cómputo de materiales y los campos correspondientes (material – nombre; material – descripción; o material – marca, entre otros) y rellenando los valores desde la tabla

Fig.443 Ejemplo de detalle con etiqueta de material.

Región de recorte de anotación

Al recortar una vista con la Región de recorte, es posible que algunos textos o etiquetas sobresalgan de la zona de dibujo. Es posible controlar si deseamos que esos textos se vean o no, activando en la paleta de Propiedades la casilla "Recorte de anotación".

La región de recorte de anotación es una región complementaria: recorta exclusivamente elementos de anotación:

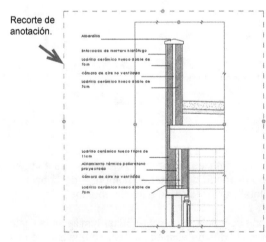

- No mostrará anotaciones de los elementos de modelo que estén ocultos

- No mostrará anotaciones que intersequen con la región de recorte de anotación

- Se mostrarán anotaciones que estén completamente dentro de dicha región.

Se puede establecer numéricamente el tamaño de la región de recorte y de la región de recorte de anotación, con la orden "Tamaño de recorte" en la Cinta de opciones al tener la región seleccionada.

Fig.444 Recorte de anotación.

La región de recorte de anotación no es exclusiva de los detalles constructivos, pero se ha colocado en este apartado por entender que la vista con mayor número de detalles y anotaciones sea, probablemente, un detalle constructivo.

DETALLES CONSTRUCTIVOS

Vistas de diseño

Es posible que tengamos una biblioteca extensa de detalles tipo en CAD; bien sea de los tipos de cubierta más usuales, o de la documentación de un fabricante de placas de cartón yeso o de carpintería, con un nivel de definición perfecto. ¿Qué hacer con estos detalles en CAD? Desde luego, aprovecharlos.

Para detalles que no estén relacionados con el modelo 3D (como los detalles tipo de encuentros de placas de cartón yeso) podemos ir a Vista → Vista de diseño. Dentro de estas vistas tenemos un espacio en blanco para dibujar (o insertar) lo que deseemos.

Incluso, si nuestros detalles tipo se corresponden exactamente con partes del modelo 3D, podemos hacer una vista de detalle nueva que, en vez de ir a una vista de detalle "real", haga referencia a la vista de diseño que nos interese.

Se pueden insertar vistas de diseño de otro dibujos, con la orden Insertar → Insertar desde archivo.

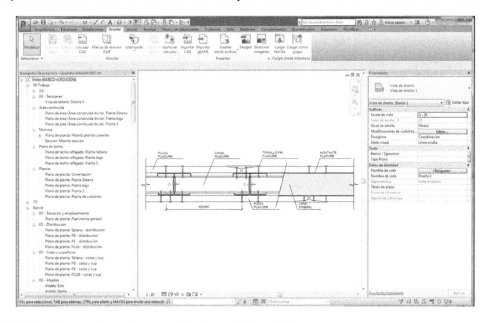

Fig.445 Ejemplo de vista de diseño con un archivo importado desde CAD.

54. RENDER

Un render es una imagen más o menos realista de nuestro proyecto. Con Revit podemos llegar a un nivel de render bastante interesante; sin necesidad de contar con motores de render externo, Revit incorpora los motores de Mental Ray® y Autodesk Raytracer®. La ventaja de renderizar desde Revit es que no requiere apenas trabajo adicional sobre nuestro modelo terminado. Pero vayamos por partes.

La calidad de un render depende de varios factores; los más importantes, y en este orden, son:

1. El modelado. Nuestro render será tan bueno como nuestro modelado. Si nos hemos detallado un rodapié, o hemos dejado un interior "vacío" (sin apenas mobiliario o decoración) o un exterior desnudo, sin aceras, papeleras, farolas y demás elementos urbanos, el render se verá muy básico, carente de interés.

2. La iluminación. El efecto fundamental en un render; tanto si la luz es diurna como artificial, o una combinación de ambas, la elección correcta de la iluminación condiciona el render de manera determinante.

3. La cámara. Un punto de vista adecuado es necesario para apreciar correctamente el espacio. Para representación arquitectónica, dan mejor resultado las cámaras a vista de peatón que las que son a vuelo de pájaro, porque aquéllas las identificamos mejor con nuestra propia percepción del espacio.

4. Los materiales. No están en el "último" puesto de la lista, sino que es el cuarto elemento a tener en cuenta para conseguir un render potente. Conseguir que una pared aporte relieve o que un suelo de madera laminada refleje en su justa medida, aumenta mucho la calidad de la imagen final.

Creación de cámaras

Fig.446 Cámara.

Para crear y colocar una cámara en nuestro modelo, desde una planta debemos ir a Vista → desplegar Vista 3D → Cámara. En la barra de opciones aparece la altura de mira, que para resultados realistas deberá oscilar entre 1.50 y 2m. El primer clic definirá el punto del observador, y el segundo clic mostrará hacia dónde está mirando. Con esta sencilla operación hemos creado una vista 3D, que se agrupará dentro de "Vistas 3D" en nuestro Navegador de proyectos.

Para cambiar el ángulo de visión de una cámara ya creada, podemos hacerlo de distintas maneras, expresadas aquí en orden de preferencia:

1. Seleccionando y estirando la Región de recorte. Si tenemos simultáneamente un mosaico con la planta y la vista en perspectiva, podremos ver que cualquier modificación del ángulo de visión en la perspectiva se refleja en la planta. Sin embargo, si abrimos demasiado el ángulo, se empezarán a producir fugas muy forzadas y la imagen perderá realismo, así que debemos manejarlo con cuidado.

Fig.447 Puntos para modificar la región de recorte.

2. <u>Orden "Tamaño de recorte" con la región de recorte seleccionada</u>. En la ventana que aparece podremos modificar con precisión el tamaño vertical y horizontal de la cámara.

Fig.448 Tamaño de recorte.

3. <u>Modificando la distancia focal.</u> El parámetro fotográfico de distancia focal controla, por un lado, el ángulo de visión y, paralelamente, la intensidad de las fugas. En Revit es posible aumentar o disminuir la distancia focal mediante la Rueda de navegación completa de la barra de navegación y, dentro de ella, en el desplegable, "Aumentar o reducir distancia focal". No obstante, este método no es el más adecuado porque no permite escribir un número concreto.

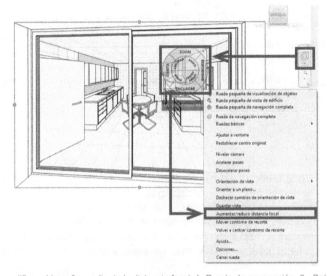

Fig.449 Proceso para modificar el tamaño mediante la distancia focal: 1.-Rueda de navegación, 2.- Botón derecho sobre la rueda de navegación, 3.- Aumentar/Reducir distancia focal.

4. <u>Moviendo el bloque completo de la cámara en planta</u>. Esto acerca o aleja la cámara en paralelo sobre nuestro proyecto, contribuyendo de forma indirecta a suavizar o acentuar las fugas del proyecto y, por tanto, a la distancia focal.

Además del ángulo de visión, es posible modificar la posición y objetivo de la cámara:

1. Desde la propia perspectiva, utilizando el comando mayúsc.+Órbita con el ratón modificaremos el punto del observador

2. Si seleccionamos la Región de recorte en la perspectiva, veremos la cámara en el resto de vistas, y podremos modificar no sólo el punto del observador, sino también el objetivo

3. Si no queremos tener en mosaico la vista 3D y la planta, con el botón derecho sobre el nombre de la vista 3D en el Navegador de proyectos, seleccionamos "Mostrar cámara" y aparecerá en la planta.

4. En la paleta de Propiedades tenemos los parámetros "Altura del ojo" y "Altura de destino"; si establecemos ambos a la misma altura evitaremos que las líneas verticales fuguen.

La profundidad de vista indica hasta dónde se representa la vista 3D. Es un parámetro de ejemplar que está en la paleta Propiedades. Si el parámetro "Delimitación lejana activada" está marcado, podemos escribir debajo una distancia límite (o también mover el pinzamiento azul hueco de la cámara en planta) para indicar hasta dónde grafiar la vista 3D. Si desmarcamos el parámetro, la cámara no tiene delimitación lejana: representará todo el espacio.

Configuración de sol

Una vez elegido uno (o varios) puntos de vista, es hora de definir el sol y la ubicación de proyecto. Esto se hace desplegando el icono de Camino de sol, en la barra de controles de vista, y seleccionando Configuración de sol.

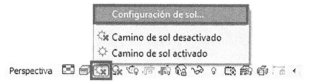

Fig.450 Configuración del sol.

La configuración correcta para una imagen estática es "Estático", y en la parte derecha especificaremos la ubicación de nuestro proyecto, y la fecha y la hora. Si tenemos modelado un emplazamiento es recomendable desmarcar la casilla "Plano de suelo en nivel".

Cada vista 3D puede tener una configuración de sol diferente. Así, podremos representar, por ejemplo, una vista de amanecer desde la habitación principal, un 3D exterior a mediodía o un atardecer desde el salón comedor.

El botón de Camino de sol activado, representa en la vista correspondiente una carta solar, indicando la posición en 3D del Sol y su trayectoria durante el día. Esta carta solar se puede hacer más o menos grande, y puede ser un complemento interesante para estudios previos o concursos donde se quiera hacer hincapié en el análisis energético o de soleamiento.

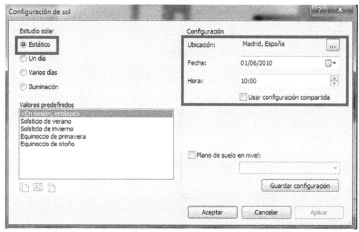

Fig.451 Configuración de iluminación estática.

Render

Antes de entrar a detallar los materiales, es interesante que podamos ver cómo queda nuestro render. Para ello, solamente debemos pulsar el botón de "Renderización" en la Barra de controles de vista y configurar las opciones básicas; que, por otro lado, son bien sencillas.

1. Motor de render. Hasta la 2016 existe el motor de render Nvidia Mental Ray. Desde la 2017 solamente Autodesk Raytracer.

2. Región. Aparece un rectángulo rojo cuyas dimensiones podemos estirar con los pinzamientos, para indicar a Revit que renderice solamente una parte. Solo sirve para previsualizar algo muy concreto.

3. Configuración. Desde Borrador hasta Óptima, tenemos varias configuraciones. Cada una tiene más calidad y, por tanto, más tiempo de render.

4. Resolución. Si ponemos Pantalla, se renderizará con las dimensiones en píxeles de la pantalla. Esto es válido para hacer pruebas, pero no para exportar una imagen definitiva; debemos seleccionar Impresora y configurar un tamaño de render correcto. Más abajo se explica el proceso de cómo elegir el tamaño de render.

5. Esquema de iluminación. Exterior o interior (para estimar la sensibilidad ISO de la cámara) e indicar si se usa el sol o no, con luces artificiales o no.

Fig.452 Propiedades de Render.

6. Fondo de cielo. Sólo es útil en caso de no saber posproducir la imagen con un programa de retoque como Gimp o Photoshop. No afecta al render, y podemos optar desde un cielo con más o menos nubes, un color plano, una imagen, o el fondo transparente.

Una vez terminado el render podemos ajustar los valores de exposición sin tener que volver a renderizar. Activando la orden "Ajustar exposición" podemos modificar los siguientes parámetros y aplicar cada vez para ver el resultado:

- Valor de exposición. Iluminación general de la escena. Un valor alrededor de 9 es para una escena interior diurna, y un valor de 14 para una escena exterior. Estos valores son orientativos: si tenemos un interior acristalado, el valor de exposición correcto será casi como el de una escena exterior.

- Resaltes (toques de luz en versiones antiguas). Solamente afecta a las partes muy iluminadas. Se puede oscurecer para intentar paliar un deslumbramiento o zonas quemadas, por ejemplo

Fig.453 Control de exposición.

- Sombras. Para poder aclarar u oscurecer las zonas en penumbra.

- Punto blanco. También llamado Balance de blancos; determina la calidez o frialdad de la escena. 6500 es un punto neutro; menos de 4500 se verá muy frío y más de 8000 se verá muy cálido.

- Saturación. Cantidad de color en la escena; normalmente se consiguen resultados más creíbles con un valor un poco por debajo de 1.

Cuando tenemos la imagen ajustada, tenemos dos caminos.

1. Guardar en proyecto. Crea una categoría en el Navegador de proyectos que se llama Renderizaciones, y así no dependemos de insertar la imagen para poder colocarla en una lámina; la tenemos siempre a mano. Recomendable. Guardar en proyecto estará desactivado si el tipo de fondo elegido es "transparente".

2. Exportar. Si queremos guardar la imagen como un archivo externo, para enviarla a un cliente por mail, posproducirla, o insertarla en un panel realizado con otro programa. JPEG ocupa menos pero tiene pérdida de definición; PNG es un muy buen formato; TIFF también (pero tiene menos compatibilidad con visores automáticos) y BMP debería evitarse porque es muy pesada.

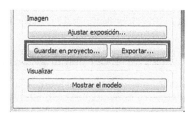

Fig.454 Guardar o Exportar render.

Tamaño de render correcto

Para elegir un tamaño de render correcto, debemos tener claro cuál es el tamaño de impresión. Una vez ya sabemos cuál será el tamaño de render impreso que queremos para una escena, tocamos el borde de la vista y activamos la orden Tamaño de recorte. En la ventana que aparece, seleccionamos Cambiar escala, y escribimos el valor de impresión de nuestra imagen en mm.

A la hora de hacer el render, en la ventana de opciones, veremos que el render en "Configuración de salida", cuando está seleccionado Impresora, marcará las dimensiones que hemos pedido. Podemos cambiar la resolución en DPI entre las predeterminadas o, borrando todo (incluidas las letras) seleccionar una resolución acorde a lo que necesitemos (por ejemplo, 200 DPI).

Aparte de este proceso, bastante fácil, es posible comprender qué operaciones hay "detrás" de estas decisiones, para tener nosotros el control total.

1. Supongamos que la imagen de render ocupará un A4 de aproximadamente 30x20cm.
2. Si queremos una resolución de 300ppp, debemos calcular en pulgadas nuestra imagen (dividiendo entre 2,54). 30 / 2,54 = 11,81".
3. Para que tenga 300 píxeles por pulgada, 11,81 x 300 = 3.561 píxeles en el lado largo.
4. Este valor, aunque correcto, es un poco alto, y aumenta mucho los tiempos de render. Podemos bajar la resolución a 200 o 150, de manera que el render se haga en la cuarta parte de tiempo. No es lo mismo un render que una fotografía; la cantidad de detalle e información no tiene nada que ver, siendo mucho más alta en las fotografías; así que no habrá una merma perceptible de calidad.

El área de un render de 200x200 píxeles es 4 veces mayor que el área de un render de 100x100 píxeles, así que tardará 4 veces más en renderizar. Esta reflexión es para no hacer el render excesivamente grande porque afectará a nuestros tiempos de trabajo.

Por otro lado, si hacemos un render de un tamaño pequeño, al aumentarlo se verá pixelado y sin calidad: no cumplirá su función y la percepción será negativa.

Si hacemos un render mucho más grande del tamaño necesario, aparte del tiempo que perderemos renderizando, al reducirlo se pierden detalles finos que se ven más difuminados.

Por eso es -muy- importante establecer el valor correcto. A partir de 1600 o 2000 píxeles se pueden hacer renders de tamaño y calidad aceptable.

Calidad de render personalizada en Nvidia Mental Ray

Dentro del motor Nvidia Mental Ray (hasta Revit 2016) podemos seleccionar "Editar" y manejamos a nuestra conveniencia los 12 valores que controlan la calidad del render. Con cuidado, porque si nos pasamos de calidad en alguno, podemos conseguir que el render no acabe nunca. Estos valores son:

	Borrador	Baja	Media	Alta	Óptima
Precisión de imagen (0 a 10)	1	2	4	6	8
Número máximo de reflejos (0 a 100)	2	2	2	2	4
Número máximo de refracciones (0 a 100)	8	8	8	8	8
Precisión de reflejos borrosos (0 a 10)	2	2	3	5	7
Precisión de refracciones borrosas (0 a 10)	2	2	3	5	5
Activar sombras suaves	No	No	Sí	Sí	Sí
Precisión de sombras suaves (0 a 10)	1	3	5	6	7
Calcular iluminación indirecta	Sí	Sí	Sí	Sí	Sí
Precisión iluminación indirecta (0 a 10)	1	2	3	5	7
Suavidad de iluminación indirecta (0 a 10)	1	2	4	6	8
Rebotes de iluminación indirecta (0 a 5)	2	2	2	2	2

Además de estos parámetros, en la parte inferior de la ventana podemos activar los Pasos de luz diurna. Estos permiten que escenas con poca iluminación natural, que no se limpian bien de ninguna manera, ofrezcan un resultado limpio. Hay que activar los pasos de luz diurna para todos los elementos que dejan pasar la luz: puertas – ventanas – muros cortina. Cuidado, porque esta opción llega a multiplicar el tiempo de render por diez.

RENDER

Calidad de render personalizada en Autodesk Raytracer

Desde la versión 2017 de Revit se puede personalizar la calidad del renderizador Autodesk Raytracer, seleccionando en la configuración de calidad "Editar".

Por un lado, definiremos la precisión de luz y materiales entre Simplificada y Avanzada.
Por otro, estableceremos cuánto debe demorarse Revit en el render:
- un número por nivel (entre 1 y 40)
- una duración máxima del render
- "Hasta que sea satisfactoria". Con esta configuración el render hace pasadas iterativas sin final, decidiendo nosotros cuándo pausar el render al comprobar que el nivel de ruido o grano en la escena es aceptable o ha desaparecido. Muy interesante para renders interiores

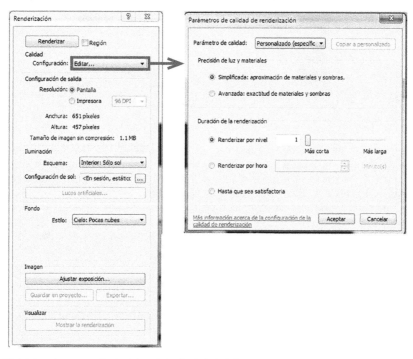

Fig.455 Calidad del render personalizada del renderizador Autodesk Raytracer

Luces artificiales

En Revit no hace falta insertar elementos abstractos que hagan las veces de luminarias artificiales, sino que por norma general se corresponden con los propios componentes de iluminación (categoría Luminarias) que se insertan para documentar el modelo (halógenos, lámparas de pie o de mesa, etc.). Eso persigue una triple coherencia:

1. documentar el dibujo de forma detallada en las diferentes vistas.
2. la renderización muestra cómo se iluminará realmente esa configuración.
3. los análisis lumínicos de los espacios se realizan partiendo de los elementos insertados.

295

Las luminarias se insertan desde Componente → Cargar familia → iluminación → Arquitectónica. Combinan la geometría visible del modelo (la "lámpara", por decirlo así), con el "origen de luz", que es el elemento emisor. Cada luminaria tendrá un tipo de anfitrión diferente, y es necesario prestar mucha atención a esto; en la barra de estado se indica qué tipo de elemento está esperando Revit que seleccionemos para alojar la luminaria: muros para apliques de pared; techos* para halógenos; o ejemplares libres (en cualquier cara).

* *Cuando Revit espera un "techo", no sirve la cara inferior de un forjado: eso es un "suelo". Hay que colocarla, necesariamente, en un techo.*

Fig.456 Familias de la librería de Revit, iluminación, arquitectónica, interior.

Según la familia, también se debe especificar un desfase sobre el nivel (por ejemplo, en los apliques de pared). Es muy posible que Revit nos indique que "Ninguno de los elementos es visible en la vista X". Recordemos que el plano de corte en una vista de planta suele ser a 1.20m, y en una vista de techos a 2.30m; cualquier luminaria (o cualquier otro elemento) que se coloque entre estas dos medidas, deberá verse en una vista de sección (o modificando el Rango de vista correspondiente).

Editando el tipo de cualquier luminaria, encontramos dos valores principales a configurar:

1. <u>Intensidad inicial</u>. Selecciona la intensidad lumínica que tendrá nuestro emisor, pudiendo medirse en Vatios, lúmenes, candelas o luxes.

2. <u>Color inicial</u>. Se abre la ventana de selección de la temperatura de color, en grados Kelvin; con una serie de valores predeterminados y sus correspondientes previsualizaciones, permite elegir sin duda el valor adecuado.

Si el tipo de Origen de luz es un Foco, además de estos valores, podemos modificar:

- Ángulo de inclinación del foco
- <u>Ángulo de enfoque</u>. Zona de máxima luminosidad
- <u>Ángulo de campo de foco</u>. Zona iluminada

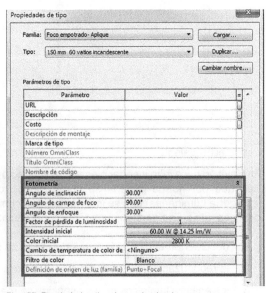

Fig.457 Propiedades tipo de una luminaria.

RENDER

Para modificar el tipo de Origen de luz, debemos editar la familia de la luminaria. Dentro del Editor de familias, si seleccionamos el Origen de luz y pulsamos sobre "Editar origen de luz" (tanto en la Cinta de opciones como en la paleta de Propiedades), podremos modificar, en primer lugar, la geometría del emisor:

- Puntual. Para simular cualquier tipo de bombilla
- Lineal. Para luces tipo tubo fluorescente o tira de LED
- Rectangular. Para paneles
- Círculo. Emisores de forma circular

Y, en segundo lugar, la distribución de luz:

- Esférica. Como una bombilla
- Hemisférica. Para orientar la luz solamente en una mitad
- Focal. Para simular un haz de luz
- Red fotométrica. Permite importar un archivo .IES que define la distribución lumínica de exactamente la fuente de luz seleccionada, ofreciendo mucho mayor realismo.

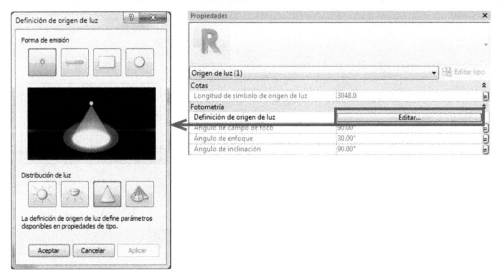

Fig.458 Modificación del origen de la luz. Desde la familia - propiedades - definición de origen de luz.

Render nocturno

La mejor manera de hacer un render nocturno es desactivando la luz solar (desde la configuración de render, Esquema de iluminación "Sólo artificial"). También es posible colocar Sol+Artificial y establecer una hora donde apenas haya luz.

Si queremos saber la hora de salida o puesta del sol en nuestro proyecto, no tenemos más que seleccionar, en la Configuración de sol, "Un día", y pulsar "del amanecer al anochecer", para ver los valores de ese día en concreto.

Un render nocturno lleva más tiempo que un render diurno, porque los emisores lumínicos tienen que rebotar muchas más veces para llegar a toda la geometría de la escena. Cuantos más emisores de luz, más tardará el render.

Fig.459 Ejemplo de render diurno y nocturno.

Grupos de luces artificiales y atenuación de luces

SI hemos documentado todo nuestro proyecto, aunque se trata de una mera vivienda unifamiliar, Revit tendrá que lidiar con muchas luces a la hora de hacer un render, y tendrá muy bajo rendimiento. Pero incluso aunque solamente modelásemos una estancia para sacar un render, es posible que no queramos que todas las luces artificiales estén encendidas. Revit permite, dentro de la ventana de Renderización → Luces artificiales, marcar o desmarcar cuáles emitirán luz en cada caso.

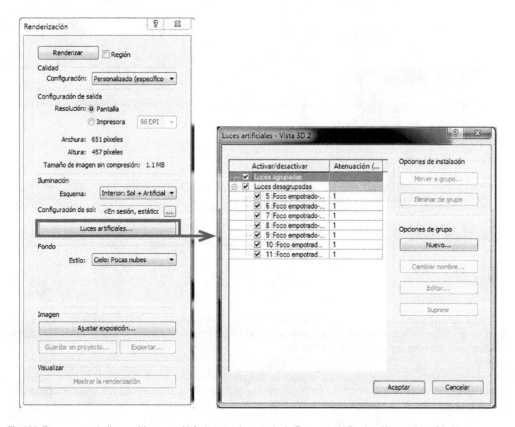

Fig.460 Proceso para indicar qué Luces emitirán luz, en el apartado de Esquema de iluminación, se deberá indicar que existen luces artificiales.

RENDER

Para identificar de forma rápida y efectiva las luces de una estancia, podemos crear Grupos de luces. Un grupo de luz se crea o edita desde cualquier vista que no esté en perspectiva; seleccionando una luminaria, en la barra de opciones está el desplegable de "Grupos de luces", donde podemos seleccionar el correcto, o bien pulsar sobre "Editar / nuevo" para crear nuevos grupos de luces.

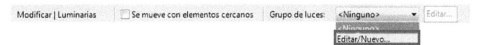

Fig.461 Grupo de luces.

Dentro de esta ventana también se pueden mover luminarias a los grupos. Una estrategia interesante consiste en hacer un grupo por cada estancia de la vivienda: así resultan fácilmente identificables, y es recomendable apagar las luminarias de las estancias que no se van a renderizar cada vez para ahorrar tiempo de cálculo.

Otra cosa más que nos ofrece esta ventana, es la posibilidad de atenuar cada luz con un valor entre 0 (desactivada) y 1 (activada al 100%), de manera que podremos jugar y hacer escenas con una ambientación más trabajada.

Texto modelado

 Esta orden de modelado no está necesariamente vinculada al render, pero sí que es verdad que su uso suele aparecer cuando se empieza a ajustar el modelo para renderizado. Lo único que hará será generar unas letras corpóreas, con Tipo de letra, altura, profundidad y material definido por nosotros.

Es más que probable que al insertarla tengamos que dejarla sobre el plano de nivel; pero podemos seleccionarla después, marcar "seleccionar nuevo anfitrión" y colocarla entonces, por ejemplo, sobre la fachada de nuestro edificio. Si se coloca invertida, no tendremos más que usar la orden Rotar (GI) para alinearla correctamente.

* *Si queremos hacer una letra en bajorrelieve, podemos darle una profundidad negativa, unirla al muro anfitrión y después ocultarla.*

Fig.462 Ejemplo de texto modelado en una vista 3D.

300

55. MATERIALES II: RENDER

Quizá la parte más potente en cuanto a renderizado en Revit, es la simplificación extrema que han conseguido con los materiales, de manera que incluso un usuario que no esté familiarizado con los motores de render, pueda lograr resultados muy interesantes. Este apartado se escribe considerando un total desconocimiento por parte del lector con respecto a configuración de materiales de render.

Debemos ir a Gestionar → Materiales. La tercera pestaña, Aspecto, es la que determinará cómo se muestra el material en el render. Además, si cambiamos el modo de visualización de la perspectiva a Realista, podremos ver una aproximación en pantalla antes de renderizar, lo cual nos servirá de comprobación para evitar algunos errores.

En la pestaña Aspecto aparece nuestro material y una previsualización, que es posible hacer más grande o más pequeña deslizando la línea inferior de la previsualización. También podemos cambiar el aspecto de esta ventana desplegando la flecha inferior derecha y eligiendo una de las diferentes escenas que Revit trae por defecto. No hay una mejor que otra, sino que según el material que estemos configurando, la previsualización tendrá más o menos sentido para nosotros.

Si el material que estamos modificando no se ajusta a lo que nosotros queremos, o simplemente estamos explorando nuevas posibilidades, vamos a la orden "Sustituye este archivo" en la esquina superior derecha de la ventana;   esto abrirá una ventana nueva que contiene todos los materiales que Revit tiene en memoria listos para que usemos. En esta ventana, debemos desplegar "Biblioteca de aspectos" (en la parte izquierda) e ir navegando por las diferentes categorías; desde pinturas de muro hasta maderas para el suelo o diferentes tipos de hormigón, Revit alberga más de 1150 materiales listos para usar.

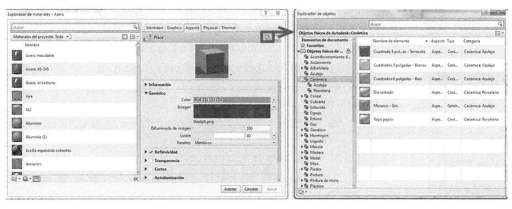

Fig.463 Sustituir un material por otro de la biblioteca de Autodesk.

Para facilitar la visualización de los materiales, en la esquina superior derecha de la ventana hay un botón que, al desplegarlo, podemos elegir el tamaño de la miniatura y si queremos ver los materiales por Vista de miniatura, por lista, o por texto.

Una vez tengamos seleccionado el que nos interesa, podemos pulsar sobre el botón de dos flechas horizontales cruzadas para asignar ese aspecto al material que estábamos editando. Y no tenemos que hacer absolutamente nada más.

Materiales por defecto

Aún con más de 1150 materiales, es una posibilidad que ninguno sea exactamente como queremos; en este caso, debemos profundizar un poco más y aprender a editar el material de forma superficial.

Revit distingue entre 14 tipos de materiales predefinidos, pensados para que su manejo y edición sean extremadamente sencillos. Estos materiales tienen unas propiedades personalizadas cada uno, acordes con el materiales correspondiente. Aprendamos cómo se editan cada uno de ellos, pues es probable que tengamos que modificar algún material que se haya generado a partir de éstos.

Fig.464 Agua.

1. <u>Agua</u>. Es uno de los más sencillos, perfecto para piscinas o volúmenes de agua.

• Cinco subtipos automáticos (piscina, piscina reflectante, corriente/río, mar/océano, estanque/lago)

• Siete coloraciones del agua predeterminadas (tropical, algas verdes, opaco marrón...) más la personalizada

• Altura de las ondas para darle más o menos sensación de viento y movimiento al agua

Fig.465 Bloque de hormigón.

2. <u>Albañilería bloques de hormigón</u>. Es un material muy simple para hacer bloques de hormigón vistos, pudiendo controlar, básicamente:

• Bloque de hormigón / albañilería (poca diferencia aparente)

• Color

• Cantidad de reflejo (mate – brillante – sin acabado)

• Cantidad de relieve

Fig.466 Cerámica.

3. <u>Cerámica</u>. Este material es idóneo para sanitarios o elementos de decoración; también para hacer azulejos o porcelánico.

• Cerámica/porcelana (más brillo en cerámica)

• Tipo de reflejo (brillo alto – satinado - mate)

• Relieve de acabado ondulado -o personalizado- con más o menos fuerza

• Patrones de relieve (procedurales o mediante imagen)

Fig.467 Cristal Sólido

4. <u>Cristal sólido</u>. Para representar objetos de vidrio macizo. Controlamos:

• Color (además de los 6 predeterminados podemos elegir el nuestro)

• Reflectancia (para conseguir un vidrio altamente reflectante o no)

• Índice de refracción del material (para diferenciar entre vidrio, agua, aire o diamante, por ejemplo)

• Aspereza (irregularidades de la superficie: desde 0 -plano- hasta 1)

• Patrones de relieve.

MATERIALES II: RENDER

5. <u>Cristalera</u>. Para vidrios en general.
   - Color (6 más el personalizado)
   - Cantidad de reflexión (reflectancia)
   - Número de láminas de cristal (matices muy sutiles)

6. <u>Espejo</u>
   - Podemos controlar el color base del espejo

Fig.468 Cristalera.

7. <u>Hormigón</u>
   - Color
   - Sellador. Controla la cantidad de reflejo
   - Relieves de acabado. Se aprecian mejor con sellador-ninguno
   - Deslustre. Aplica variación tonal al hormigón

Fig.469 Espejo.

8. <u>Madera noble</u>
   - Imagen. Permite cargar una textura de madera a nuestro gusto
   - Tinte. Matiza un poco el color de la madera
   - Acabado. Cantidad de reflexión
   - Uso. Mobiliario es más mate que Suelo
   - Patrón de relieve. Se basa en la imagen de la madera y la usa para simular un relieve, permitiendo ajustar la intensidad de relieve.

Fig.470 Hormigón.

9. <u>Metal</u>
   - Tipo. 8 metales predefinidos con su color correspondiente
   - Acabado. Define el acabado del metal: desde pulido a bruñido
   - Patrón de relieve. Para simular una plancha metálica antideslizante o moleteada; podemos controlar tamaño y fuerza.
   - Cortes. Para mallas perforadas, con 6 tramas predefinidas más la nuestra.

Fig.471 Madera noble.

10. <u>Piedra</u>
    - Acabado. Controla la reflexión
    - Relieve de acabado. Tres relieves predefinidos
    - Patrón de relieve. Relieve basado en la imagen de la piedra

Fig.472 Metal.

11. <u>Pintura de muro</u>
    - Color
    - Acabado. 6 valores que determinan reflexión
    - Aplicación. Matizan la reflexión (matices muy sutiles)

Fig.473 Piedra.

Fig.474 Pintura muro.

Fig.475 Pintura metalizada.

Fig.476 Plástico vinilo.

12. Pintura metalizada

- Color
- Extensión de resalte. Pureza del color en reflexiones oblicuas
- Motas. Irregularidad o huellas sobre la superficie, controlables en tamaño y color
- Efecto perlado
- Recubrimiento de color. Controla la reflexión y el relieve

13. Plástico vinilo

- Plástico sólido/vinilo (poca utilidad) o transparente
- Color
- Relieves de acabado y patrones de relieve, ambos personalizados

En todos los materiales aparece una opción de Matizado, cuya única función es tintar el color base del material. No suelo darle importancia a este valor porque no me permite controlar bien el color final.

Imagen como textura de material

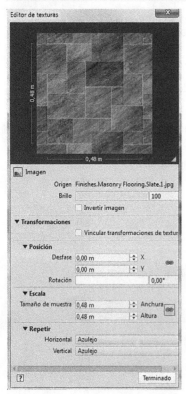

Fig.477 Edición de imagen dentro del editor de texturas.

En todos los materiales, siempre podemos desplegar la flecha derecha y elegir una imagen para nuestra textura navegando por las carpetas del ordenador. Si la imagen ya está insertada, veremos una previsualización y pulsando sobre ella, abrimos la ventana del Editor de texturas. Los valores que vale la pena cambiar desde aquí son muy sencillos:

- Cambiar la imagen. No es fácil de encontrar, pero en "origen – nombredelatextura", podemos hacer clic sobre el nombre y cambiar la imagen por otra

- Rotación de imagen

- Escala. Marcaremos el tamaño de la textura; aunque muchas texturas profesionales están hechas para que funcionen correctamente con un tamaño de 1x1m, tendremos que hacer pruebas o reglas de tres para dar con la escala perfecta.

Al cambiar las dimensiones de una textura, debemos tener en cuenta cambiarlas en todos los campos (si cambiamos el tamaño de la imagen, debemos cambiar también el tamaño del Relieve, para que siga coincidiendo). Dentro del editor de texturas, la casilla "Vincular transformaciones de texturas" permite sincronizar estos cambios. No obstante: revisar siempre.

Material genérico

Aunque después de Materiales "nivel básico" y "nivel medio", el paso lógico es "nivel avanzado", la realidad es que simplemente estamos profundizando un poco más en la configuración de materiales, pero no se puede considerar como algo avanzado. En esta sección veremos cómo insertar una imagen y cambiar su tamaño, y cómo funcionan los relieves. Para ello, estudiaremos el decimocuarto tipo de material: Genérico.

1. Color. Define el color de material
2. Imagen. Permite insertar una imagen como textura del material. Descrito más adelante.
   - Difuminado. Valores menores que 100 mezclarán proporcionalmente la imagen con el color
   - Lustre. En combinación con Reflexividad, define la nitidez del reflejo, de 0 a 100
   - Resaltes. Fuerza de la imagen frente al reflejo. Más imagen en Metálicos.
3. Reflexividad. Directa y oblicua: cantidad de reflexión en los ángulos centrales o tangentes a la vista, respectivamente.
4. Transparencia. Conjunto de parámetros para definir la transparencia del material
   - cantidad (0 a 100)
   - translucidez. Para ver los objetos que están detrás con o sin nitidez
   - refracción. Controla el índice de refracción del material
5. Cortes. Para generar zonas transparentes (ver Metal)
6. Autoiluminación. Ilumina el material para dar la sensación de que emite luz.
   - color
   - luminancia
   - temperatura de color
7. Relieve. Para dar la apariencia de una superficie rugosa a través de una imagen en blanco y negro, donde los valores más blancos significan relieve y los negros son planos.

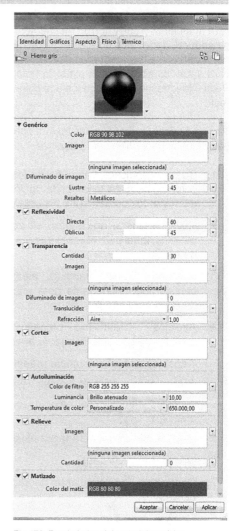

Fig.478 Propiedades del material genérico.

Texturas procedurales

Las texturas procedurales son texturas definidas matemáticamente, muy sencillas de utilizar de cara al usuario, y que ahorran mucho tiempo de trabajo. Para entender cómo funciona una textura procedural, pongamos un ejemplo: nos dan dos rotuladores de colores y una hoja cuadriculada, y nos dicen "pinta los cuadrados de forma alterna"; ya tenemos toda la información que necesitamos para saber cómo debemos pintar la hoja. Bien, pues ésa es la textura procedural "Cuadros" de Revit. Nosotros le indicamos los dos colores y el tamaño de los cuadrados; y Revit se encarga del resto.

Vamos a hacer un repaso a las texturas procedurales que Revit pone a nuestra disposición, ya que hay algunas muy útiles e interesantes.

1. <u>Cuadros</u>. Indicamos tamaño de los cuadros y ambos colores. También tenemos la opción "suavizado" para difuminar los bordes entre los colores.
2. <u>Ruido</u>. Genera un patrón difuso de dos colores alternos. Ideal para relieves suaves (gotelé, tierra o piel de naranja, entre otros)
3. <u>Moteado</u>. Dibuja manchas aleatorias de tamaño configurable. Interesante para mármol blanco, acero corten o para añadir variación de color a un hormigón.
4. <u>Azulejos</u>. Potentísimo procedural para distribuir azulejos de cualquier forma, aparejo y tamaño.
   - 7 tipos de aparejos estándar predefinidos
   - dimensiones y color de azulejo y junta (lechada)
   - variación aleatoria del color de azulejo (gresite, por ejemplo)
5. <u>Madera</u>. Simula madera (poca utilidad)
6. <u>Ondas</u>. (poca utilidad)
7. <u>Degradado</u>. Para simular un degradado de color (poca utilidad)
8. <u>Mármol</u>. Simula un patrón de mármol (poca utilidad)

Estas texturas procedurales pueden usarse tanto como imagen, o como relieve.

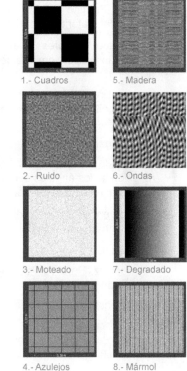

Fig.479 Texturas procedurales.

Alinear patrón de superficie y renderizado

Si hemos invertido un tiempo en alinear los patrones de superficie de nuestros suelos y paramentos para que coincidan, en la medida de lo posible, con los extremos, y así tener un despiece controlado, nos gustaría que los materiales de render también estén alineados.

Podemos controlar esto de forma muy sencilla desde dentro de Gestionar → Materiales → Gráficos → Alineación de textura. Aparecerán superpuestos el patrón de superficie y la imagen de render, con unas flechas de desplazamiento para ajustar la colocación. De esta manera, sabremos que el pavimento laminado está orientado en el render igual que en los planos, o que el despiece del azulejo de la cocina coincide en su posición con el que nosotros hemos trabajado antes.

MATERIALES II: RENDER

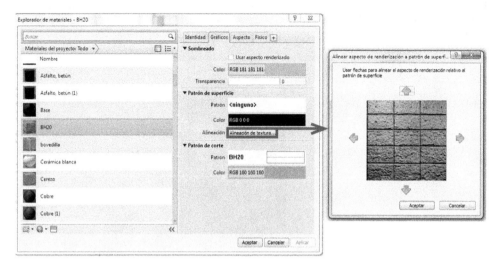

Fig.480 Alineación de textura.

Pintura: dividir una cara en varios materiales

Representar una cenefa, pintar una pared de un color diferente, cambiar el color del azulejo en el ámbito del lavabo o la ducha, o marcar unas piezas especiales en el pavimento; son todo ejemplos reales de cómo a veces es necesario diferenciar un acabado a nivel de presentación, pero no necesariamente a nivel de proyecto.

Fig.481 Añadir pintura.

Para conseguir esta diferenciación, existe la orden Modificar → Pintura. Aparece una ventana con los materiales del modelo, se elige uno y se aplica sobre la cara deseada de un elemento. Automáticamente el aspecto de esa cara se ve modificado. El proceso inverso es desplegar la orden y elegir "Eliminar pintura", seleccionando de nuevo la cara.

A efectos de mediciones, Revit contempla tanto el material que se ha superpuesto como el que hay "debajo". Para facilitar la extracción de datos, uno de los parámetros de los materiales es "Como pintura". Si utilizamos esta clasificación en una tabla, podremos saber qué materiales están "pintados" como revestimiento de otros.

Fig.482 Dividir cara.

Si queremos aplicar una pintura a una parte concreta de una cara, primero tenemos que usar la orden Modificar → Dividir cara, y entonces dibujar un contorno cerrado interior (o dividir la cara en dos partes separadas). Así, al utilizar Pintura, solamente afectará al ámbito seleccionado, y no a toda la cara del material.

Por último, si lo que deseamos es insertar una imagen plana en una parte

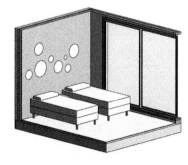

Fig.483 Ejemplo de dividir una cara con varios materiales.

de la cara (por ejemplo, un póster en una pared) iremos a Insertar → Colocar estampado. Esto colocará la imagen que seleccionemos en la cara que nos interese, y podremos modificar su tamaño. Solamente será visible en modo Realista y, por supuesto, renderizado.

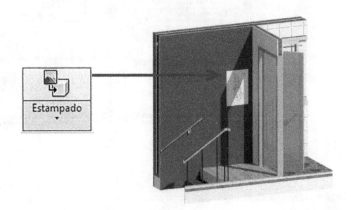

Fig.484 Ejemplo de un póster colocado mediante la orden estampado.

ESTUDIO SOLAR

56. ESTUDIO SOLAR

Un estudio solar en Revit es la simulación del recorrido del sol en un ámbito de tiempo concreto. Podemos hacer estudios solares desde una hora hasta todo un año. Si nos situamos sobre una vista 3D, clicamos en el icono del Camino de sol, y marcamos "Configuración de sol". Dentro de esta ventana podemos hacer un estudio solar de un día o de varios. Al margen de los valores predefinidos, en la parte derecha de la ventana:

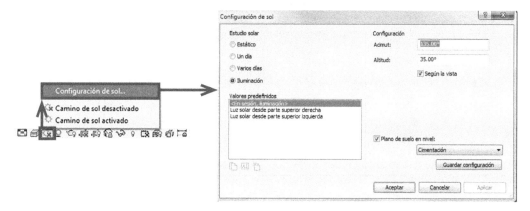

Fig.485 Configuración del sol.

1. Ubicación de proyecto
2. Datos de inicio y final (fecha y hora)
3. Del amanecer al anochecer. Al marcarlo, Revit calcula la hora de salida y puesta del sol para esa ubicación y esa fecha
4. Frecuencia. Desde 15 minutos hasta un mes, podemos representar la frecuencia de actualización. Por ejemplo, el estudio solar de un día es interesante marcarlo cada 15minutos, y el estudio solar de un año se puede hacer día a día, o semana a semana.
5. Plano de suelo. Si tenemos generado un emplazamiento, conviene desmarcarlo.

Una vez configurado nuestro estudio solar, tenemos que activar las sombras en la vista 3D. De no hacerlo, no podremos ver la vista previa.

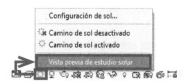

Para ver la vista previa del estudio solar, clicamos en Camino de sol → Vista previa de estudio solar. Aparecen unos controles de reproducción en la barra de opciones y, con Reproducir, podremos verlo. La velocidad o calidad depende en gran medida de nuestro ordenador y tarjeta gráfica.

Fig.486 Vista previa del estudio solar.

309

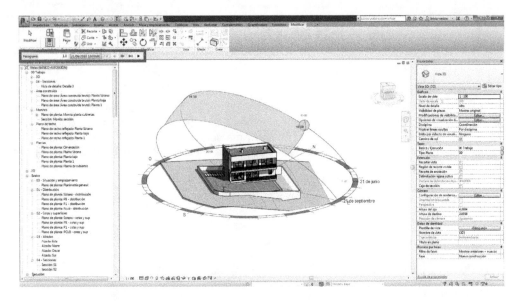

Fig.487 Controles de reproducción de estudio solar.

El estudio solar se puede exportar desde Revit → Exportar → Imágenes y animaciones → Estudio solar. Configuraremos:

- Fotogramas por segundo. (cuantos menos fotogramas, más tiempo tendrá el vídeo)

- Estilo visual. El modo Renderizado hará tantos renders como fotogramas tenga el estudio solar, lo cual puede demorar mucho el resultado

- Dimensiones del vídeo. A efectos orientativos, los vídeos en Youtube se miden por el lado vertical; y van desde 144 píxeles hasta 1080 (Full HD). Según la finalidad del vídeo, un valor de 480 suele ser suficiente.

- Compresión de vídeo. Al aceptar la ventana anterior e indicar nombre y ubicación del vídeo, Revit nos preguntará por la compresión. Si no estamos seguro, mejor aplicar "Fotogramas completos sin comprimir" porque, aunque el vídeo ocupará más, no tendrá pérdida de calidad.

La utilidad del estudio solar es muy elevada. No hay que plantearlo solamente como una herramienta de venta accesoria, sino como un instrumento de proyecto:

- Ubicación idónea de la piscina para que no reciba sombras
- Dimensión mínima de un voladizo para proyectar sombras
- Disposición de una pérgola y elementos adicionales para hacerla habitable
- Colocación de especies vegetales alrededor de la edificación

57. RECORRIDOS

Fig.488 Recorrido.

Un recorrido es una animación a través de nuestro edificio. Aunque es posible hacer recorridos largos y complejos, entrando y saliendo de habitaciones, vamos a centrarnos en recorridos cortos y elegantes, que podemos combinar posteriormente en un único vídeo más largo y atractivo (con un programa externo de gestión de vídeos, como el Windows Movie Maker®).

Para hacer un recorrido, desde una vista en planta (por comodidad, no por obligación) vamos a Vista → desplegamos Vista 3D → Recorrido. Ahora debemos hacer clic en los puntos clave de nuestro recorrido: por ejemplo, para un recorrido lineal, será suficiente con un clic en el inicio y uno en el final; si buscamos un recorrido en arco, necesitaremos al menos tres puntos. Antes de finalizar el recorrido pulsando sobre Aceptar en la Cinta de opciones, podemos ajustar la altura de la cámara en la barra de opciones. Una vez hemos creado el recorrido, aparece su categoría en el Navegador de proyectos.

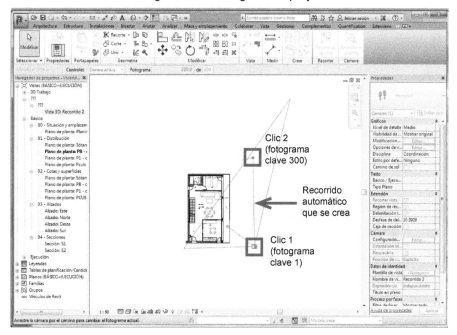

Fig.489 Ejemplo de creación de un recorrido en línea recta con 300 fotogramas.

Del mismo modo que ocurre con las vistas en perspectiva, la forma de mostrar el recorrido en una vista de planta o de alzado es:

- con un mosaico de ventanas, seleccionar la región de recorte del recorrido
- con el botón derecho sobre la vista del recorrido en el Navegador de proyectos → Mostrar cámara

Editar un recorrido

Este es el proceso fundamental. Tanto si queremos modificar el punto de vista del observado, como el punto de destino, o simplemente previsualizar el vídeo, debemos seleccionar el recorrido y pulsar, en la Cinta de opciones, Editar recorrido. Dentro del modo de edición existen dos tipos de fotograma:

Fig.490 Editar recorrido.

1. Los fotogramas clave. Los "importantes"; los que hemos creado nosotros pulsando con el ratón al definir el recorrido.
2. Los fotogramas normales. Son interpolaciones que Revit hace entre fotogramas clave para generar la animación correspondiente.

Todas las operaciones de edición de un recorrido deben hacerse desde un fotograma clave. En la Cinta de opciones, Pestaña "Editar recorrido", podemos navegar entre fotogramas y fotogramas clave. Las opciones de edición son las siguientes, todas seleccionables desde la barra de opciones:

- Cámara activa. Cambiar el punto de destino de la cámara: el objetivo. Si pasamos a una vista de alzado podremos hacer que la cámara se oriente hacia arriba o hacia abajo
- Camino. Modifica la posición del observador de cualquier fotograma clave
- Añadir / eliminar fotograma clave. Si queremos ampliar la longitud del recorrido, debemos hacerlo dentro del camino que ya hemos creado y luego ir desplazando los fotogramas clave finales.

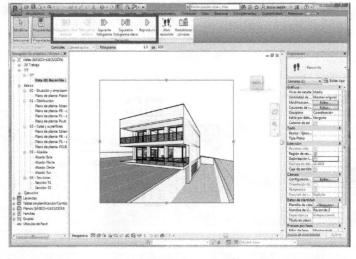

Fig.491 Parámetros para reproducir el recorrido, dentro de editar recorrido y seleccionando la ventana.

Desde dentro de Edición de recorrido, si tenemos activa la vista del recorrido y estamos en un fotograma que no sea el último, podemos Reproducir el recorrido. Si va muy rápido o muy lento, tendremos que aumentar o reducir el número de fotogramas totales, desde la barra de opciones, haciendo clic sobre "300".

Para exportar un recorrido, haremos un procedimiento análogo al descrito en Exportar un estudio solar.

RECORRIDOS

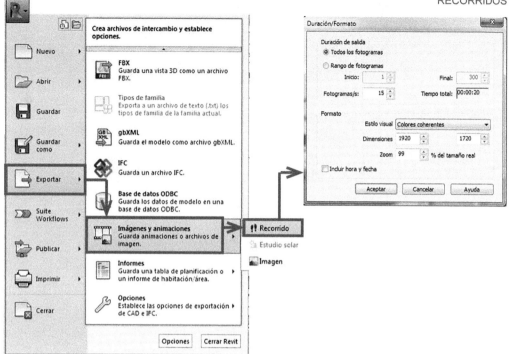

Fig.492 Proceso para exportar un recorrido.

58. OTRAS VISTAS 3D

Además de los renders, estudios solares y recorridos, tenemos ciertas herramientas en Revit que nos pueden servir para hacer vistas muy interesantes y en muy poco tiempo.

3D explosionado

Una vista explosionada es aquélla que está dividida en varias partes para que se puedan apreciar mejor sus componentes. En arquitectura, los "componentes" serán normalmente las plantas del edificio. Desde una vista 3D, podemos seleccionar una planta completa (por ejemplo, ayudándonos del ViewCube para orientarla en alzado y coger toda una planta con una ventana) y pulsamos sobre la orden Modificar → Desplazar elementos.

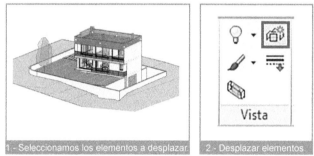

Fig.493 Proceso para crear un 3D explosionado.

Esta operación ha agrupado estos objetos y ahora se llama "conjunto de desplazamiento"; y muestra un símbolo tradicional de SCP de CAD, con el que podemos desplazar en los 3 ejes ese conjunto. Si queremos hacer un desplazamiento concreto, en la paleta de Propiedades podemos darle valores numéricos precisos.

Fig.494 Editar.

Estos desplazamientos sólo se producen en la vista actual: no estamos desmembrando nuestro proyecto, así que podemos proceder sin ningún miedo.

Es normal que en algún momento nos demos cuenta de que hemos cogido más elementos de la cuenta, o que nos faltan algunos por añadir a nuestro conjunto de desplazamiento. Seleccionando el conjunto, Cinta de opciones → Editar, y añadir / eliminar de la ventana flotante que aparece.

Si un elemento pertenece a un conjunto de desplazamiento y queremos que esté en otro conjunto, primero debemos eliminarlo del conjunto inicial, y sólo entonces podremos añadirlo al nuevo conjunto.

Fig.495 Restablecer.

Para eliminar un conjunto de desplazamiento, y dejar los elementos donde estaban, seleccionamos el conjunto y pulsamos sobre Restablecer en la Cinta de opciones.

También podemos generar líneas de ruta que conectan la posición actual de un elemento, con la posición original; se hacen con el botón Ruta que aparece en la Cinta de opciones teniendo seleccionado un conjunto de desplazamiento, y luego marcando cada punto del que queremos que nazca una línea de ruta. En las propiedades de ejemplar podremos decidir si es una línea recta o con recodo (sólo es válido para desplazamientos oblicuos). Para personalizar el color y patrón de las líneas de ruta, Gestionar → Estilos de objeto → Anotación → Camino de desplazamiento.

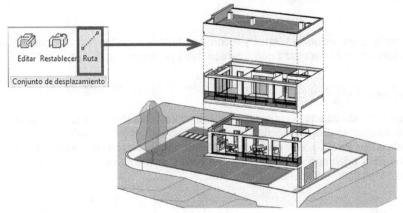

Fig.496 Líneas de ruta en un 3D explosionado.

Opciones de visualización de gráficos

Dentro del botón que controla los estilos visuales, la primera opción es la orden "Opciones de visualización de gráficos". Dentro de ella podemos personalizar el grafismo de una vista aún más en profundidad.

1. <u>Mostrar aristas</u>. Sólo en modos Sombreado y realista.

2. <u>Suavizar líneas con anti-aliasing</u>. Elimina el efecto de dientes de sierra en las líneas inclinadas.

3. <u>Transparencia</u>. Aplica un porcentaje de transparencia a toda la vista.

4. <u>Siluetas</u>. En las líneas de contorno o siluetas, establece un estilo de línea diferente.

5. <u>Sombras</u>. Activa o desactiva las sombras normales, y también activa las sombras ambientales, también llamado efecto de oclusión ambiental, que oscurece las esquinas o las caras en contacto con otros elementos, aportando mayor sensación de profundidad pero ralentizando el modelo.

6. <u>Líneas de croquis</u>. Añade fluctuación y extensión a las líneas para dar un efecto de croquizado a nuestra vista.

7. <u>Iluminación</u>. Controla la intensidad de la luz.

   - Sol. Para las zonas iluminadas.

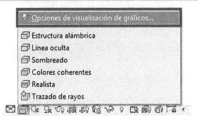

Fig.497 Opciones de visualización de gráficos.

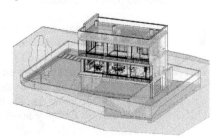

Fig.498 Vista con la transparencia activada.

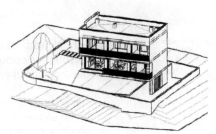

Fig.499 Vista con las líneas de croquis activadas.

OTRAS VISTAS 3D

- Iluminación ambiental. Luz global de la escena
- Sombras. De 0 a 100, sombras transparentes hasta sombras negras
8. Fondo. Para cambiar el fondo estándar blanco
   - Cielo o imagen (no recomendados)
   - Degradado (la más versátil)

Render con líneas

Para mostrar la intención de nuestro proyecto no siempre necesitamos generar un render; sino que el propio motor de visualización de Revit se posiciona como más que suficiente para mostrar, en tiempo real, las bondades de nuestra propuesta. Veamos estas propuestas, todas ellas desde Opciones de visualización de gráficos.

1. Pre-Render. Realista – No mostrar aristas – Antialiasing – Sombras y sombras ambientales – iluminación ambiental al 40% - sombras al 25% - fondo degradado de azules poco saturados hacia blanco.
2. Clay Rendering. Líneas ocultas - Antialiasing – Sombras y sombras ambientales – iluminación ambiental al 40% - sombras al 25%.
3. Blueprint. Líneas ocultas – Antialising – fondo con degradado azul oscuro (RGB 0-0-160) en los tres valores. Visibilidad/Gráficos (VV) → todos → líneas de proyección color blanco, patrones de superficie sólido en azul oscuro (RGB 0-0-160).

Todos estos estilos de visualización, y los adicionales que cada uno cree en su ordenador, se pueden guardar como plantilla de vista para aplicar en nuevos proyectos automáticamente

Fig.500 Pre-render.

Fig.501 Clay Rendering.

Fig.502 Blueprint.

Bloquear una vista 3D y anotar

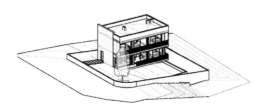

Fig.503 Guardar orientación y bloquear vista.

Si queremos bloquear la orientación de una vista 3D, podemos hacerlo desde la barra de controles de vista → Guardar orientación y bloquear vista. El proceso inverso es seleccionar la orden y pulsar sobre Desbloquear vista. La utilidad de bloquear una vista 3D es doble:

No perder la posición y destino de una cámara o una vista 3D que me interesa
Poder anotar con cotas, texto o etiquetas una vista (si no es perspectiva).

Secciones fugadas

Una de las cosas que, a veces, mejor ayudan a comprender un proyecto, es una sección fugada. Se hace de la siguiente manera:

1. Vista → Vista 3D → Cámara. No es importante que sea muy precisa
2. Activar caja de sección y ajustar hasta que corte por donde queremos
3. Desde Viewcube, clic en la orientación deseada: frontal, posterior, izquierda o derecha
4. En la paleta de Propiedades, ajustamos la altura del ojo y destino

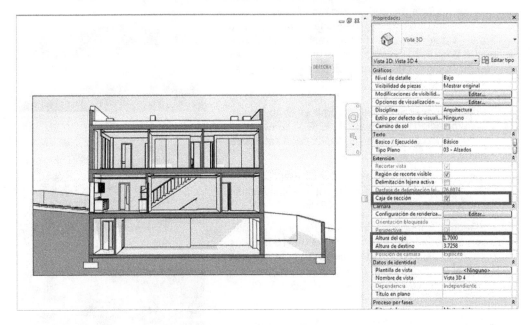

Fig.504 Sección fugada.

59. FASES DE PROYECTO

Las fases de proyecto nos permiten documentar proyectos que se ven modificados en el tiempo. Dos ejemplos muy sencillos de su utilidad pueden ser:

- Promoción inmobiliaria donde se ejecutan los bloques en diferentes momentos en el tiempo.
- Reforma o rehabilitación de una vivienda

Por su mayor sencillez nos centramos en el caso de una reforma. Actualmente, con CAD, debemos dibujar varias plantas (estado actual y estado reformado), teniendo que duplicar constantemente todo el trabajo: cada alzado o cada sección hay que desarrollarlo tanto para el "estado actual" como para el "estado reformado".

Revit, sin embargo, ha desarrollado una metodología muy interesante para dar respuesta a este tipo de proyectos. No tiene una dificultad alta, pero son apenas cuatro conceptos nuevos que sí es necesario explicar.

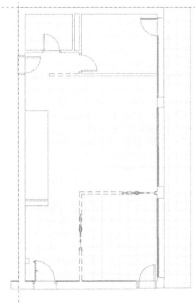

Fig.505 Ejemplo plano de demolición, donde se muestra el estado actual del inmueble y en azul los muros a demoler.

1. <u>Concepto de fase</u>. Del mismo modo que podemos ver fotografías del "antes y ahora" de una plaza, una calle o un paraje natural, donde el elemento diferenciador es el Tiempo, en Revit podemos configurar "Momentos en el tiempo". Estos momentos se llaman "Fases". Para el ejemplo de una rehabilitación, podríamos tener "Estado actual" y "Reforma"; o incluso intercalar una tercera fase que fuese "Demoliciones", aunque no es necesario.

2. <u>Cada vista pertenece a una fase</u>. Cada una de las vistas que hagamos en Revit se ubica, a nuestra elección, en una Fase (fotografiada en un "momento en el tiempo" concreto). De esta manera, podemos tener un plano de planta en la fase "estado actual" y otro en la fase "estado reformado".

3. <u>Los elementos se crean y se derriban.</u> Cada elemento de Revit tiene una "fase de creación" (cuándo se construye ese elemento) y una "fase de derribo" (cuándo se demuele ese elemento; puede ser fase "Ninguno" para indicar que nunca se derriba).

* *Combinando los dos puntos anteriores conseguimos, por ejemplo, que en una vista de planta de "Estado actual" no se vean los muros generados en la fase "estado reformado".*

4. <u>El contenido de las vistas se filtra según nuestro interés.</u> Dentro de cada vista podemos establecer un "Filtro de vista", que indica si los elementos deben mostrarse o no, en función de cuándo fueron creados o derribados. Por ejemplo, tanto el plano de demoliciones

como el plano de estado reformado se hallan en la fase "reforma". Sin embargo:

- En Demoliciones, queremos marcar los tabiques que se demuelen pero no queremos mostrar los tabiques que se levantarán al final de la reforma
- En Estado reformado, veremos la distribución final pero no los tabiques demolidos.

Metodología detallada

Partimos del ejemplo de una reforma de vivienda. Al ser un proyecto muy sencillo tendremos solamente dos niveles, y habremos dibujado hasta ahora la distribución actual de la vivienda. Veamos el proceso que debemos hacer para trabajar correctamente con fases.

1. Definición de fases. En Gestionar → Fases, definimos las fases que necesitamos para nuestro proyecto. En la plantilla arquitectónica están creadas por defecto las fases "Existente" y "Nueva construcción". Para nuestro ejemplo de una reforma de vivienda, es perfectamente correcto seguir trabajando con ellas, pero también se pueden renombrar o insertar nuevas fases antes o después mediante los botones concretos.

2. Creación de vistas. Duplicamos la vista de planta tantas veces como necesitemos; por ejemplo, una vista para "Planta – estado actual", una para "Planta – Estado reformado", y otra para "Planta – Demoliciones".

3. Fase de creación. En la vista de Estado actual, seleccionamos todos los elementos de modelo y, en la paleta de Propiedades, marcamos como Fase de creación, "existente". Los elementos cambiarán a un grafismo agrisado bastante poco atractivo. Lo modificaremos en su momento.

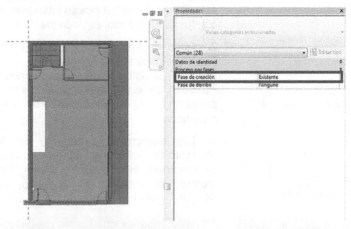

Fig.506 Indicar los elementos que pertenecen a la fase de creación "existente".

4. Fase de derribo. En la misma vista, seleccionamos los elementos que van a demolerse en la fase "Nueva construcción" y, en la paleta de Propiedades, marcamos como Fase de derribo, "Nueva construcción".

FASES DE PROYECTO

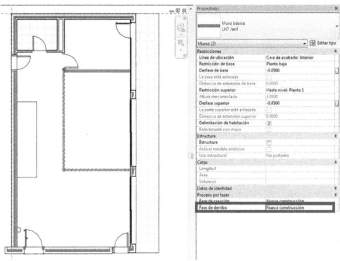

Fig.507 Indicar los elementos que se derribarán en la fase "Nueva construcción".

5. Fase de cada vista. Seleccionamos cada una de las tres vistas y, en la paleta de Propiedades, indicamos en qué fase (momento en el tiempo) están contenidas. La vista Estado actual pertenece a la fase "Existente", mientras que las otras dos vistas pertenecen a la fase "Nueva construcción".

6. Definir Filtros. En Gestionar → Fases → Pestaña "Filtros de fase", creamos tres filtros, para seleccionarlos de manera inequívoca en cada vista y controlar perfectamente la visibilidad de cada elemento. Los filtros a crear son los siguientes:

	Nombre de filtro	Nuevo	Existente	Derribado	Temporal
1	Mostrar todo	Por categoría	Modificado	Modificado	Modificado
2	Mostrar todo1	Por categoría	Modificado	Modificado	Modificado
3	Mostrar todo2	Por categoría	Modificado	Modificado	Modificado
4	Estado Actual	Por categoría	Por categoría	No mostrado	No mostrado
5	Demoliciones	No mostrado	Por categoría	Modificado	No mostrado
6	Reforma final	Por categoría	Modificado	No mostrado	No mostrado

Fig.508 Filtros de grafismo según fases de proyecto.

7. Aplicar Filtros. En cada una de las vistas, en la paleta Propiedades seleccionamos el filtro adecuado para cada una.

8. Dibujar reforma. En este momento es muy cómodo dibujar la propuesta de reforma de nuestro proyecto, pues ya desaparece la tabiquería antigua y se representa todo de forma correcta.

9. Modificar grafismo. En Gestionar → Fases → Pestaña "Modificaciones de gráficos", configuramos cuál será el grafismo de los elementos según su estado de fase. El que vamos a modificar es "Derribado", que es el único al que hemos puesto el valor "Modificado" en los filtros de fase anteriores. Si no queremos que se vean en rojo, podemos borrar de la columna "Material" el valor, para que el material no se modifique. Si nos parece buena idea que sea un material diferente, pero no nos gusta el que Revit tiene, editamos el grafismo del Material – Derribo.

321

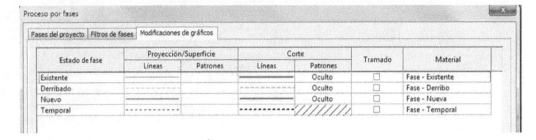

Fig.509 Controlar el grafismo de los elementos según fase y estado.

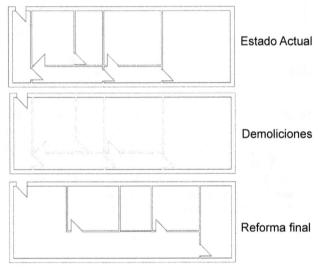

Fig.510 Fases de un proyecto de reforma.

Extender al resto del proyecto el trabajo por fases

1. <u>Habitaciones</u>. Si generamos habitaciones en una vista de fase Existente, y en una vista de fase Nueva construcción, estamos superficiando en momentos diferentes del tiempo.

2. <u>Tablas</u>. Desde cómputos de materiales como planificación de suelos, muros o carpinterías; o incluso tablas de superficies de habitaciones, todo lo relacionado con tablas de planificación es sensible a las fases de proyecto: en la paleta Propiedades indicamos en qué fase estamos realizando la tabla.

3. <u>Vistas 3D</u>. Cualquier vista 3D, ya sea en perspectiva o no, responderá a las fases. Esto es muy útil para conseguir ciertas cosas:

- Vista 3D de las demoliciones como esquema clarificador en el plano
- perspectiva del antes y después de una zona concreta
- Vista 3D de la vivienda antes y después de la reforma

60. OPCIONES DE DISEÑO

El desarrollo de un proyecto es un proceso iterativo en el que inevitablemente surgen variaciones y modificaciones no previstas. Del mismo modo, suelen aparecer propuestas alternativas para ámbitos concretos del proyecto:

- Diseño interior. Diferentes modos de enfocar el amueblamiento de un espacio (por ejemplo, organización de un local comercial con sus diferentes recorridos, expositores o, en el caso de un local de restauración, las posibles ubicaciones de las mesas)
- Distribución. Distribuciones alternativas en zonas concretas del proyecto (quizá haya diferentes soluciones para el paquete de habitación principal + vestidor + baño principal)
- Materialidad. Experimentación con materiales o sistemas de fachada (utilizando en uno o varios paños de fachada un muro enfoscado, o de ladrillo caravista, o de piedra, buscando un aspecto estético concreto)
- Estética y función. Alternativas de disposición de huecos en fachada (proponiendo bien ventanas corridas horizontales, ventanas individuales, muro cortina o ventanales...)

Todas estas alternativas se resolvían en CAD copiando la planta a un lado y desarrollando paralelamente ambas opciones; al final había duplicidad de información -y de trabajo-, zonas menos desarrolladas del proyecto, y el riesgo permanente de perder coherencia interna al hacer cualquier variación general del proyecto en una de las opciones y no recordar trasladarla a todas las demás.

En Revit se ha desarrollado un sistema muy inteligente para tratar las opciones de diseño. Exige mucho orden en su aplicación y, en general, ser meticuloso en el trabajo; por esto es una de las partes más avanzadas del programa.

Para ilustrar el funcionamiento de las Opciones de diseño, vamos a desarrollar dos casos: uno más sencillo, que pretende sentar las bases de la operativa general, y después uno más elaborado, con más alternativas, para explotar aún más las posibilidades que nos brinda.

Caso 1. Diseño interior

Partimos de una estancia sencilla (rectangular de 5 x 4m, por ejemplo) donde pretendemos explorar diferentes posibilidades de amueblamiento. Supongamos que es una habitación "extra" de una gran vivienda, y sus dueños quieren darle uso, pero tienen varias alternativas entre las que decidir:

1. Sala de juegos, con un billar, y una zona de sofás y TV para videojuegos
2. Zona de estudio, con dos mesas de trabajo individuales y una mesa de grupo para trabajos colectivos o juegos de mesa
3. Salita de estar adicional con dos sofás y TV, y una mesa de comedor

- Una vez tenemos claro el alcance de lo que queremos hacer, y antes de comenzar a describir el proceso de forma exhaustiva, debemos conocer cuatro conceptos fundamentales.
1. Conjunto de opciones. Un Conjunto de opciones agrupa todas las posibilidades de una

decisión de proyecto. Si tuviéramos que decidir, por una parte, el uso de una estancia; por otra parte el tipo de ventanas de una fachada; y por último la materialidad de la cubierta, cada una de estas decisiones sería un Conjunto de opciones diferente.

2. Opciones. Dentro de cada Conjunto de opciones, hay diferentes posibilidades (llamadas opciones). Por ejemplo, en el caso del tipo de ventanas, tendríamos una opción que serían las ventanas corridas, otra opción que serían unos ventanales, y otra opción más que serían ventanas abatibles estándar. No hay un mínimo ni un máximo de opciones disponibles dentro de un conjunto.

3. Opción primaria. Dentro de todas las opciones, la "primaria" no es otra cosa que la opción "favorita" o, exponiéndolo de otra forma, la opción primaria es aquélla que pensamos que será la definitiva.

4. Modelo base. Son los elementos que son comunes a todas las opciones y a todos los conjuntos de opciones. Por ejemplo, si solamente estamos pensando alternativas de diseño interior, toda la envolvente será del modelo base, porque no se altera. Sin embargo, si en un Conjunto de opciones estamos modificando las ventanas, tanto las ventanas como el propio muro ya no son comunes a todo: no estarían en el modelo base.

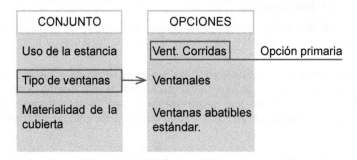

Una vez conocidos los términos más importantes de esta funcionalidad de Revit, vamos a desarrollar todo el proceso de trabajo. Recordemos que partimos de una estancia rectangular con muros, ya dibujada, de 5x4m.

1. Gestionar → Opciones de diseño.

2. En la ventana que aparece, marcamos Nuevo Conjunto de opciones.

3. Seleccionamos el "Conjunto de opciones 1" que se ha creado y cambiamos el nombre a "Diseño interior estancia".

4. Dentro de "Diseño interior estancia" aparece la "Opción 1 (primaria)". Para añadir más opciones, pulsamos en Opción → Nueva, dos veces más.

5. Seleccionando cada opción, podemos "Cambiar nombre" para su identificación. No es recomendable

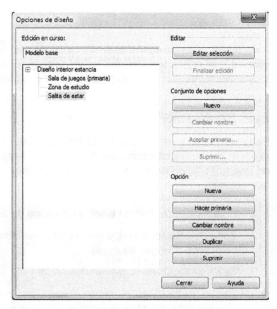

Fig.511 Opciones de diseño.

OPCIONES DE DISEÑO

dejarlo como Opción 1, 2 y 3 porque no siempre recordaremos cuál es cada una. Pongamos, por ejemplo:

- Sala de juegos
- Zona de estudio
- Salita de estar

6. Cuando tengamos todas las opciones claras, pulsamos sobre Cerrar.

7. A partir de este momento, ya no es necesario volver a la pestaña Gestionar para seguir modificando o añadiendo opciones: en la barra de estado podemos localizar una versión pequeña del icono de "opciones de diseño" y, al lado, el mismo desplegable al que teníamos acceso desde Gestionar.

* *Es posible mostrar u ocultar esta información en la barra de estado, activando o desactivando la casilla de verificación desde Vista → Interfaz de usuario → Barra de estado - opciones de diseño.*

8. Si clicamos en el desplegable, veremos que tenemos varias líneas:

    - Modelo base
    - En gris, "Diseño interior estancia", indicando que es un Conjunto de opciones, y que las líneas por debajo son opciones de éste
    - Sala de juegos
    - Zona de estudio
    - Salita de estar

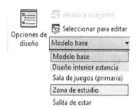

Fig.512 Pestaña de opciones de diseño.

9. Haciendo clic sobre alguna de las líneas del desplegable, entramos en esa opción, y podremos dibujar cualquier elemento dentro de ella. Lo normal es estar trabajando siempre desde el Modelo base.

10. Dentro de cada opción, insertamos los componentes correspondientes para amueblar la estancia.

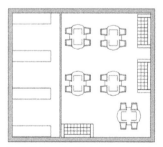
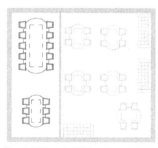
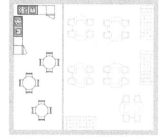

Fig.513 Ejemplo Oficinas con modelo base almacén.

Fig.514 Ejemplo Oficinas la opción 1 como sala de reuniones.

Fig.515 Ejemplo Oficinas la opción 2 como comedor cocina.

11. Observaremos varias cosas interesantes de visualización:

    - Si estamos dentro de una opción, no podemos ver la información de las otras; es como si no existieran

325

- Si estamos en el modelo base, aparece la información dibujada en la opción "primaria".
- Es posible cambiar la opción primaria pulsando sobre la orden de Opciones de diseño, seleccionando la opción deseada y marcando "Hacer primaria".

12. También observaremos una serie de cosas en cuanto a selección:
    - Si estamos dentro de una opción, no podemos seleccionar elementos del modelo base
    - Si estamos dentro del modelo base, no podemos seleccionar elementos de la opción primaria, aunque la estemos viendo

* *Esto es reversible marcando o desmarcando la casilla de verificación "Sólo activas" en la barra de estado.*

13. Si hemos dibujado, bien por error o bien porque ya teníamos una distribución hecha, algunos elementos de componentes en el modelo base, la forma más sencilla de pasarlos a una de las opciones es:

Fig.516 Hacer primaria.

- Seleccionando los elementos
- Ctrl+X (o Cinta de opciones → Cortar a portapapeles)
- Entrar en la opción deseada
- Modificar → desplegar Pegar → Alineado en el mismo sitio

Vistas en Opciones de diseño

Una vez tenemos creadas todas las opciones (no es necesario que tengan todos los elementos insertados y terminadas) podemos crear vistas que muestren la opción de diseño deseada. Para ello:

1. Duplicaremos la vista (DD) tantas veces como queramos
2. Dentro de cada una de ellas, con Visibilidad/Gráficos (VV) iremos a la pestaña de la derecha: Opciones de diseño
3. A cada Conjunto de opciones, podemos asignar la opción que queremos ver. Si se deja en Automática, aparecerá siempre la que sea Primaria.

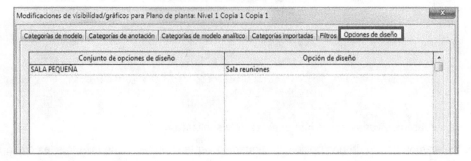

Fig.517 Vista en opciones de diseño.

OPCIONES DE DISEÑO

Caso 2. Distribución

Un caso más complejo, partiendo de que ya nos hemos familiarizado con los procesos en el caso sencillo, es cuando existen diferentes opciones de diseño, y entran en juego otros factores como las habitaciones y las tablas de planificación. En esta ocasión planteamos una vivienda muy sencilla, de planta rectangular, donde trabajaremos con los siguientes Conjuntos de opciones:

1. Salón comedor y Cocina
   - Clásico. dos estancias cerradas y un pasillo
   - Abierto. una única estancia con cocina office
   - Semiabierta. dos estancias separadas por la isla central de la cocina
2. Número de habitaciones
   - 2 habitaciones y un baño
   - 3 habitaciones, baño y aseo
   - 4 habitaciones y dos baños
3. Fachada de comedor - cocina
   - Cerramiento estándar con ventanas de 1,20 x 1,20m
   - Cerramiento estándar con ventanales de 1,80 x 2,20m
   - Cerramiento con muro cortina.

Fig.518 Opciones de diseño.

Una vez creados todos los conjuntos de opciones y sus correspondientes opciones, habremos dibujado dentro de cada una de ellas los elementos necesarios. Como elementos del modelo base solamente estarán los cerramientos exteriores, excepto el cerramiento del salón comedor con la cocina.

* *Es posible que Revit nos lance algún aviso de muros que no se unen correctamente al cambiar una opción primaria por otra, pero esto no nos debe preocupar de momento.*

Generamos todas las vistas necesarias, utilizando Visibilidad/Gráficos (VV) para hacer las combinaciones que nos parezcan más interesantes: no tiene sentido hacer las 27 combinaciones posibles. Quizá 6 o 7 de ellas sean más que suficientes para que nosotros mismos, o nuestro cliente, decida cuál es la mejor combinación.

Habitaciones

Si queremos explotar más el uso de las Opciones de diseño, el primer paso que debemos hacer es colocar habitaciones para así superficiar todos los espacios y conocer las dimensiones y la superficie útil de cada combinación.

El procedimiento es muy sencillo: desde DENTRO de una opción de diseño, SOLAMENTE superficiar las estancias que dependen de ella. Es decir, dentro de la opción de "2 habitaciones y un baño", superficiar exactamente eso: las dos habitaciones y el baño. No el pasillo, ni la cocina, ni nada.

Fig.519 Opción 1: 2 habitaciones y 1 baño.

Fig.520 Opción 2: 3 habitaciones y un baño

Cuando hay espacios abiertos dentro de una opción que se delimitan por muros contenidos en otras opciones (por ejemplo, el pasillo de la vivienda está delimitado por el muro de las habitaciones, que pertenece a otro Conjunto de opciones), es más que probable que Revit nos indique que hay un "Conflicto de opciones" al intentar superficiar la estancia. Para resolver esto de una forma muy rápida, podemos colocar una línea de separación de habitación, dentro de la opción, ignorando las advertencias de Revit de que existe un muro debajo.

Si queremos etiquetar las estancias en todas las vistas que hemos ido generando, con las combinaciones correspondientes, bastará con entrar en la vista e ir a Cinta de opciones → Anotar → Etiquetar todo → Habitaciones → Aplicar.

Vistas 3D

Tanto si pensamos en una vista 3D ortogonal, como en una cámara en perspectiva, utilizar las Opciones de diseño es un plus muy interesante con estas órdenes, ya que podemos mostrar exactamente la misma escena con diferentes combinaciones. Esto, que mediante cualquier programa CAD o 3D supondría volver a modelar todo y reamueblar cada estancia y cada combinación, en Revit se hace de forma prácticamente automática y ofrece mucho más de cara a valorar las distintas alternativas.

Se configuran las opciones del mismo modo que con las tablas: pulsando en paleta Propiedades → Modificaciones de visibilidad/Gráficos → Botón Editar.

Fig.521 Vistas 3D de una misma estancia con diferentes opciones de diseño.

OPCIONES DE DISEÑO

Tablas de planificación

Independientemente del tipo de tabla de planificación que estemos realizando, podemos filtrar en base a las opciones de diseño que queramos. Para ello, dentro de la vista de la tabla, paleta Propiedades → Modificaciones de visibilidad/Gráficos → Botón Editar.

Esto permite, por ejemplo, confeccionar láminas o planos donde se representen diferentes opciones de distribución con sus superficies respectivas; o conocer la cantidad estimada de materiales, carpintería o tabiquería necesarios en cada opción, para valorarlas económicamente.

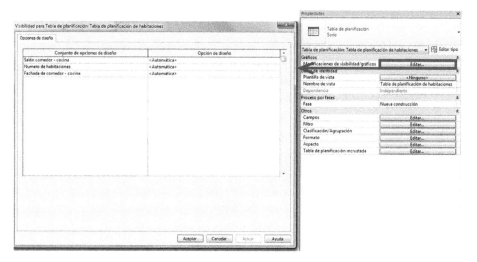

Fig.522 Visibilidad de la tabla de planificación.

Eliminar o aceptar opciones

Conforme el progreso del proyecto va continuando, hay opciones que se descartan hasta que, eventualmente, el proyecto es solamente uno, y no hay opciones alternativas: es una combinación concreta la que se va a llevar a obra.

Debemos, pues, eliminar las opciones descartadas y, posteriormente, los Conjuntos de opciones. Hay tres flujos diferentes, todos dentro de la ventana de Opciones de diseño.

1. Eliminar una o varias opciones que ya no nos interesen. Revit nos avisará de que todas las vistas y tablas que dependan de esa opción u opciones, también serán suprimidas.

2. Aceptar la opción primaria de un Conjunto de opciones. Si tenemos clara cuál es la opción definitiva de un Conjunto de opciones, la convertimos en primaria (si no lo es ya) y seleccionando el Conjunto de opciones, pulsamos en "Aceptar primaria". Revit eliminará el conjunto y todas las opciones dentro de él, moviendo al modelo base los elementos que estuvieran en la opción primaria.

3. Eliminar un Conjunto de opciones. Esto borrará todos los elementos de todas las opciones, sin trasladar ningún objeto al modelo base.

329

61. PREGUNTAS FRECUENTES

A través de estos últimos años, numerosos compañeros y profesionales han confiado en mí para su formación en Revit. Mi compromiso con ellos nunca ha terminado, y una de las pruebas de ello es la cantidad de preguntas que he ido respondiéndoles desde su paso por las aulas de la academia Ensenyem.

Esta sección recoge aquellas preguntas que, ya sea por su interés, dificultad o repetición, merecen un lugar destacado.

A tod@s vosotr@s, gracias.

Guardar en formato 3dsmax o Rhinoceros

Me gustaría saber si se puede guardar desde Revit en Rhino o 3dsmax y si es posible ¿como lo hago? Mil gracias! Un saludo.

Para guardar desde Revit a otros formatos, el que MEJOR funciona es DWG, ¡sin duda! Para asegurarte de que lo haces bien, tienes que entrar en la vista 3D y luego botón Revit- exportar – formatos cad – dwg. Dentro de la configuración, asegúrate de tener dos cosas como te comento (el resto ya me dará más igual):
- Sólidos ACIS (no mallas)
- Unidades: metros

Con eso puedes exportar a DWG y tanto Rhinoceros como Sketchup, AutoCAD y los demás lo abrirán perfecto.

Para exportar a 3DSMAX tienes otro botón de exportación que es FBX : 3dsmax lee perfectamente ese formato y tiene opciones de importación por material, por categoría, etc.

Ordenar vistas en el Navegador de proyectos

Tengo los "planos de planta" generados y ordenados en el dibujo como quiero, pero en la lista de "planos de planta" no me aparecen con el orden que quiero. Es decir, me aparece en la lista primero el de planta 1, después el de planta cimentaciones, después el de planta cubiertas y por último planta 2. Lo que quiero es que aparezcan con un orden lógico. ¿Puedo cambiar esto después de haberlo creado?

El tema de ordenar las vistas se hace desde Vista / interfaz de usuario – organización del navegador. (o clic derecho en la raíz del navegador) Desde ahí podrás personalizar cómo se ordenan y organizan tanto vistas, como planos. Por ejemplo, para ordenarlos como están pero por niveles, en clasificación/agrupación, pon "Familia y tipo" y abajo del todo, ordenar por "nivel asociado". Suerte!

Repetir comando con botón derecho ratón

¿Cómo puedo configurar el ratón? Quiero el botón derecho: repetir último comando. Al estilo AutoCAD.

El botón derecho para repetir comando no existe en Revit. Puedes escribir Intro y será repetir, pero no con el botón derecho (te saldrá siempre el menú contextual, aunque dentro de él puedes elegir "repetir último comando"). De verdad que poco a poco lo irás echando de menos; no es el mismo flujo de trabajo que en AutoCAD. Pero, si de momento te resulta necesario, trata de recordar que Intro es repetir última orden.

Acerca del guardado automático

¿Guardado automático? ¿Cómo elegir carpeta de destino de los archivos de guardado automático?

Revit no tiene un "guardado automático". Básicamente, como los archivos de Revit pueden llegar a ser muy grandes, no tiene sentido, porque se tiraría un buen rato guardando sin previo aviso. Lo que sí tiene son "recordatorios" de guardado. Se configuran dentro de opciones/general, la primera opción. Los archivos de copia de seguridad se guardan siempre en la carpeta del proyecto. Se puede especificar un número máximo de copias de seguridad por día (son el mismo archivo pero con un 0001 o más detrás), cuando pones "guardar como" / opciones. El valor por defecto es 20, así que hay bastantes. También es posible decir que NO guarde copias de seguridad, pero eso lo veo bastante arriesgado.

Acabados de muro en 3D

¿Por qué en la vista 3d me a aparecen algunos muros en gris y el resto con la textura de ladrillo siendo que todos son iguales?

En una vista 3D, por lo general, la explicación más razonable de que se te vean con un acabado distinto es que SEAN acabados distintos. Y si me dices que es el mismo muro –y yo te creo!- entonces sólo me queda la opción de que algunos muros los has dibujado con la cara exterior por dentro (sabrás cuál es la cara exterior porque, al seleccionar UN muro, aparece en el lado exterior un símbolo muy similar al de cortante, dos flechitas en vertical y sentidos distintos).

No obstante, no es la única posibilidad. Es posible que tengas aplicados Filtros de vista por tipo de muro, pero eso no lo hemos llegado a explicar en el curso. O que hayas hecho una modificación de visibilidad por elemento en un muro en concreto.

Bloquear selección de elementos en vista Subyacente

Cómo puedo Bloquear-Desbloquear la vista subyacente?

La vista subyacente se puede bloquear o desbloquear solamente a partir de la versión 2014. En la 2013 o anteriores no. El proceso es tan fácil que no es ni "proceso". En la esquina inferior derecha, hay una serie de iconos nuevos. El segundo de ellos permite bloquear o desbloquear la capa subyacente.

PREGUNTAS FRECUENTES

Muros que se mueven solos al estirar otros

Alineo un muro a otro contiguo y a la vez se mueve un tercer muro que no he seleccionado en ningún momento. ¿Por qué pasa esto? ¿Están vinculados entre sí? ¿Cómo los desvinculo o qué hago?

Los movimientos indeseados cuando se hacen alineaciones es algo frecuente en Revit; éste piensa que lo hace por nuestro bien, pero en algunos casos no es así. Como regla general ,cuando dos o más muros están conectados (sus extremos confluyen) se mueven juntos. No es posible controlar esto de una forma automática. Cuando pasa, lo más práctico, rápido y sencillo es, manualmente, separar el tercer muro (estirando el pinzamiento) y alinear o mover los otros dos. Y luego, volver a alargarlo. De verdad. La orden Mover te permite activar el parámetro "Separar" pero separará completamente el muro de todos los demás, y es probable que esto no sea lo que quieres.

Ubicación de los archivos de familias por defecto

¿Me podrías recordar por favor donde teníamos que colocar la carpeta de las familias?

La carpeta de familias se instala sola si tienes Internet. Si no -como en tu caso- tienes que copiarla en c:\programdata\autodesk\RVT 201X. Es decir, sustituir la RVT 201X que tú tienes por la que te llevaste.

Después de eso, tendrás que abrir Revit y en opciones – ubicaciones de archivos, decirle que:
1. las plantillas las coja de donde tú quieres.
2. las plantillas de familia (family templates) las coja de la dirección de antes, dentro de una carpeta que se llama family templates.
3. las familias en sí se las puedes indicar dónde están dentro del botón "ubicaciones..:" Y ahí pones la biblioteca métrica, y los detalles.

Cubiertas especiales

Estoy haciendo el PFC y no encuentro la forma de hacer las cubiertas en Revit. Te adjunto unas fotos de una maqueta de idea para que veas de qué van las cubiertas. Como podrás ver tienen su parecido con cubiertas como las de Santa Catalina o la Biblioteca de Palafolls de Miralles. Son una especie de bóvedas de cañón deformadas que apoyan en su lado longitudinal en los muros inferiores. La sección de la bóveda no es exactamente de cañón, sino que está formada por la unión de dos rectas por una tangencia (adjunto también un boceto de la sección). He estado trasteando con la herramienta "Masa" pero no ha resultado en nada. ¿Sabes cómo las podría hacer?. El resto ya está más o menos bien en Revit, tan sólo me faltaría colocar las cubiertas. A ver si se te ocurre algo a ti. Un saludo y muchas gracias.

Con las cubiertas que me mandas, yo las haría con modelos in situ, antes que con masas. Mira. Ponte en la vista 3d y trata de hacer lo siguiente:

1. Arquitectura - componente - desplegar - modelar in situ
2. Categoría cubiertas. Nombre que quieras.
3. Eliges fundido de barrido.
4. Clic en seleccionar camino. Tocas la linea superior de uno de los muros. La que quieras. Le das al Aceptar (verificación verde)
5. Clic en "seleccionar perfil1". clic en editar perfil.
6. Se marca el que estas editando. Para ver el plano de trabajo clic en "mostrar" arriba derecha.

7. Dibujas el perfil. Con espesor y todo. Yo he hecho dos lineas, las he empalmado y con desfase le he dado espesor. Luego las he cerrado con linea.
8. Aceptas.
9. Repites los pasos 5 a 8 con el perfil2.
10. Aceptas la cubierta.

NOTA. Cuando haces el perfil, hay un par de botones a la derecha que son los planos de trabajo; se pueden mostrar (para ver la cuadrícula de dónde es el plano) o definir, normalmente mediante una línea en un plano perpendicular al que quieres...

Cargar más balaustres

Necesito poner barandillas de balaustres, pero no se me carga la familia. La cargo desde componentes y no me deja, ¿desde dónde las tendría que cargar?

Para insertar un balaustre personalizado, ve a la pestaña Insertar – cargar familia. Así puedes cargar cosas de cualquier categoría (no sólo componentes) y luego ya, editando el tipo de la barandilla, podrás elegir el balaustre que quieras.

Tamaño de vistas 3D en un plano

Una vez creadas las vistas en 3d, las perspectivas, no puedo modificarles el tamaño para meterlas en los planos, ¿cómo lo hago?

Las vistas 3D no se pueden cambiar de escala desde el plano, sino desde la vista: si pones 1:100 o 1:50 se verán a esa escala en el plano. Si es una vista en perspectiva (una cámara) tienes que entrar en la vista, tocar el borde de la vista, y arriba en la cinta, hay un botón que es tamaño de recorte. Haces clic, y te da unas dimensiones para que tú lo ajustes.

Se pierde el sombreado desde una vista lejana

Los sombreados de los pavimentos con líneas horizontales, pues bien, tengo creados varios tipos, tanto en modo "diseño" como "modelo" (éste tipo de patrón es el que quiero utilizar). Pues resulta que no puedo graduar la intensidad del color gris a MÁS oscuro (o negro!) a través de un patrón por material, es decir, tengo un suelo, le aplico un material PAVIMENTO INTERIOR con un patrón (modelo) de superficie creado: PAVIMENTO INTERIOR PATRÓN en color negro. En pantalla se ve gris (cosa que no entiendo) pero bueno, lo importante es que al imprimir, lo hace también en GRIS... cuando el patrón es de líneas negras.

Intento solventarlo MODIFICANDO GRÁFICOS EN VISTA por elemento. Le obligo a ser NEGRO y le pongo un patrón de líneas HORIZONTALES (de diseño, pues ahí no me deja elegir el patrón de modelo) y sólo así en pantalla ya se ven "NEGRAS". Al imprimir, NO se ven negras, son un gris más oscuro lo cual se agradece pues es casi lo que si quisiera pero no se ven NEGRAS. ¿Estoy haciendo algo mal? ... creo que no, pero ya no sé qué más hacer. En VV los suelos tienen patrón por defecto (no está modificado) En Estilos de Objetos los suelos tienen el patrón en blanco así como el material para que mande lo que le diga yo en cada caso.

Revit autoajusta el color de los patrones según el tamaño. Si te lo ha puesto en gris es porque, a la distancia que lo quieres imprimir, él considera que es demasiado salvaje y lo ajusta a gris. Juraría que esto no se puede cambiar. Se llama OVERSCALING. Hasta donde yo sé, no se puede cambiar. Sólo se me ocurre que tendrías que hacer un patrón más espaciado (menos denso) con un grosor mayor, para que Revit lo interprete bien...

PREGUNTAS FRECUENTES

Seccionar elementos importados

¿Hay alguna forma de que Revit seccione los elementos que inserto desde Rhino?. Es decir, un pilar, una farola, o cualquier elemento que sea susceptible de ser cortado por diferentes "niveles". En 3D con caja de sección lo hace perfecto, pero en vistas de planta no y no sé si es por algo que he hecho mal o por una limitación del programa.

Para que Revit seccione correctamente los elementos que has importado de Rhino, no se pueden importar directamente: tienes que hacer una familia de Modelo genérico métrico (la más simple) y en ella importar –y luego descomponer- tu archivo 3d. Entonces al insertar esa familia ya diferencia y secciona bien las cosas. Por lo menos, mejor que antes.

Los elementos que importas directamente, si vas a gestionar-estilos de objeto, solo tienen linea en proyección, no se seccionan. Para trabajarlos un poco mas, lo mejor es lo que te acabo de comentar (Revit – nueva – familia – modelo genérico métrico).

Render desde un alzado o sección

¿Se puede hacer un render de un alzado o sección? Si me voy a una sección o alzado, no me sale la opción de renderizado y si pongo una cámara frontal me sale siempre fugada.

Teóricamente, no se puede. Pero si entras en la vista 3D (que es proyección paralela) y con el viewcube cambias a vista frontal o lateral... Y lo combinas con la caja de sección.. Ya lo tienes.

Mobiliario transparente contra el suelo

Estoy haciendo un proyecto y al colocar mobiliario hay algunos objetos en los cuales se ve el patrón del suelo. Supongo que sera algo simple, pero he intentado encontrarlo y no ha habido manera.

Hay algunas familias que no están hechas muy bien y pasan estas cosas. Te cuento paso a paso como arreglar esta.

1. Seleccionas el lavabo y haces clic en editar familia.
2. Se abre la ventana del editor de familias. Seleccionas el fregadero y de nuevo clic en editar familia.
3. Veras el fregadero de canto y una plaquita finita en la parte inferior (es la parte inferior del fregadero, También la puedes seleccionar en 3d o donde quieras), y aprietas en el botón de configuración de visibilidad. Activas visible para planta.
4. Aprietas cargar en proyecto, y seleccionas ""lavabo". y luego otra vez cargar en proyecto, y seleccionas tu dibujo.
5. Ahora se verá opaco. ¡Espero que te sirva!

Exportar sombreados a CAD

Exportar los sombreados a AutoCAD por separado, se me exportan los sombreados (regiones)en una misma capa. También necesito que me exporte los sombreados con los colores que les he asignado en Revit.

Para exportar los sombreados a autocad en una capa diferente, tienen que estar en la configuración de exportación, puestos como una capa distinta. En la opción por defecto está separado siempre es Wall del Wall Pattern... el floor del floor pattern... y así. Identifica simplemente qué sombreado quieres en capa distinta, y en las opciones de exportación (arriba a la izquierda dentro de la ventana de exportar) le pones una capa diferente.

Para que exporte los sombreados con los mismos colores que has asignado en Revit, tendrás que ir a la misma ventana del punto anterior, y asignar no solamente capa, sino también un color (recuerda que Revit diferencia en la exportación de elementos en sección, y en proyección).

Líneas de abatimiento de puertas y ventanas

Que me aparezcan las discontinuas en ventanas y puertas. Hay algunas puertas que si me aparecen pero en otras no, no sé porqué. En las ventanas que me aparezcan las líneas de proyección como proyectadas.

Para que se vean las lineas discontinuas en puertas y/o ventanas hay que editar la familia. Ir a la vista donde quieres que se vean (ya sea planta o alzado) y asegurarte de que esas líneas están (o dibujarlas!) y comprobar que están en la categoría de líneas correcta (marcas de abatimiento en alzado... etc...). Y ya está. Lo más fácil es abrir una ventana o puerta que SÍ que las tenga, buscas la vista, las seleccionas, y ves que son líneas de detalle de la categoría TAL. y así ya sabes cuál tienes que elegir en tu ventana o puerta a modificar.

Copiar y pegar con punto base

¿Copiar-pegar con punto base? cómo lo hago? no me coge el punto exacto.

Copiar-pegar es como en CAD. Eliges el punto de copia y será el de pegado... Cosa distinta es si haces un copiar al portapapeles; ahí las opciones que tienes es copiarlo en el mismo sitio o en el nivel correspondiente, pero no puedes hacer mucho más... para algún caso complejo igual te interesa Agrupar antes de copiar, y así mueves todo de golpe.

Sombreados visibles en todas las vistas

¿Es posible hacer un sombreado o región y que me aparezca en todas las vistas? sólo me aparece en la planta que lo dibujo porque es "anotar" , "región".

Un sombreado o región no puede aparecer en todas las vistas porque, como tú dices, lo has colocado en Anotar. No hay forma de hacer eso si no es con líneas de modelo, pero claro, no son regiones... La opción más similar a lo que me estás pidiendo es una Pintura de cara, de un elemento (si ya hay algo debajo... en plan estás sombreando una región de un suelo) y, si es "en el aire" hacer un suelo de 1mm y ya está. Pero creo que si estás sombreando una región, lo que necesitas es, tal cual, dividir la cara del objeto (pestaña Modificar) y una vez hecha la división (que sería tu contorno de región) le aplicas como Pintura un material que tú te has inventado, con el grafismo que necesites, y que se llame "sombreado"... o similar.

Rejillas detrás de los objetos

Quería poner las líneas de rejilla o de nivel detrás del resto de líneas pero no sé cómo hacerlo.

Las rejillas en Revit NO se pueden poner detrás. PERO como puedes hacer que en el centro no haya nada (con el tipo "separación de burbuja") con eso podrás mover la/s rejillas y te quedará perfecto.

PREGUNTAS FRECUENTES

Vegetación rápida en cerramiento de parcela

Estoy haciendo un chalet con una piscina y la verja que delimita la parcela es un muro vegetal. ¿Hay alguna forma de hacerlo en Revit?

A mí se me ocurren dos opciones, pero no me convence ninguna:

1.- Ir poniendo un árbol al lado del otro hasta completar la valla entera.

2.- Poner un muro cualquiera y añadir la vegetación con Photoshop.

Espero que haya alguna forma más rápida. Muchas gracias.

Método aportado por Thais. Puedes utilizar una barandilla. Para ello ve a Revit - nueva - Familia - Balaustre métrico. Y cargas una familia de árbol RPC como las del curso. (Insertar, cargar familia, lo eliges; y luego crear,componente, y lo plantas... nunca mejor dicho). Ahora lo guardas con nombre cuco y lo cargas en tu proyecto. Dibujas una barandilla y la editas; en los balaustres seleccionas el que has cargado, con una distancia del anterior de 2 m o lo que quieras... Sólo te queda quitar el barandal superior y ya lo tienes. Ventaja de este método: puedes hacer varios "balaustres" diferentes y así el muro no será tan repetitivo.

Método Álex. Crear una familia métrica basada en línea. La opción es igualmente buena, y permite controlar el espaciado entre los árboles de una forma más rápida; pero no permite variar de tipo de árbol ni cambiar el espaciado entre dos árboles concretos (con los balaustres sí, pero si no se necesita ésta es una buena opción).

Consejos para comprar un nuevo ordenador

¡Hola a tod@s! Volvemos a escribir este artículo porque sois varios los que nos lo habéis preguntado últimamente... ¡Esperemos que os sirva! Intentaremos también desmentir algunos de los mitos más extendidos acerca de los ordenadores.

FACTOR 1... ¿esto vale solo para PC o también para MAC?
Por supuesto que vale para ambos. Los componentes de un ordenador son esencialmente los mismos. Apostar por un tipo de ordenador u otro es decisión vuestra.

FACTOR 2... ¿fijo o sobremesa? Si estás absolutamente seguro de que NO moverás tu ordenador, y de que no quieres (o no necesitas) la libertad de usar tu ordenador en el sofá, en el comedor, o en casa de tus padres... entonces un fijo. En caso contrario, te recomendamos un portátil.

Y, ahora sí... ¡empezamos!

PROCESADOR. Es el número de "cerebros" o, más técnicamente, hilos de proceso del ordenador. La gama normal es i3 – i5 – i7. Si vas a renderizar cada semana, lo mejor es el i7 (8 cerebros). Si no, mejor un i5 (4 cerebros), ya que en tus tareas generales de Windows (o del programa que sea) no se notará ¡en serio!. Además, por el mismo precio podrás comprar un i5 a 3ghz en vez de un i7 a 2ghz ¡y el ordenador irá mejor!

(NOTA. Hay procesadores de gama baja -celeron, G300..- y también de gama muy alta -Xeon- ... ; aquí nos hemos referido a los que están en un rango muy aceptable)

VELOCIDAD DEL PROCESADOR (Ghz). Sería la "velocidad a la que piensa" el ordenador: por lo tanto, cuanto más, mejor. Aquí se notará bastante el rendimiento general del ordenador. Más

incluso que si tienes un i5 o un i7. A partir de 2,8 o 3 Ghz es genial trabajar.
MEMORIA RAM. Permite tener más programas abiertos, y archivos de más capacidad también. Mínimo 8 GB para un ordenador de trabajo. Algo bueno, para programas potentes, te diría que 16GB. Pero la velocidad de "pensar" del ordenador depende del punto anterior, y la velocidad de renderizar dependerá además del tipo de procesador. La RAM es sólo para que el ordenador pueda mover toda la información de forma fluida de un punto a otro... no hará que tu máquina vaya más rápido.

DISCO DURO. Si coges un disco SATA es un disco tradicional, y va a dos "velocidades" (5400rpm o 7200rpm). Aún así, si tienes ocasión de montar un disco SSD irás MUCHO MÁS RÁPIDO. Estos discos son -un poco- caros y tienen menos capacidad; los ordenadores más potentes tienen dos discos duros: uno SSD de 256GB para programas, y otro de 1TB SATA para datos, películas, fotografías... ¡pero de verdad que la diferencia es ESPECTACULAR!

TARJETA GRÁFICA. En principio se usa "sólo" para hacer órbita 3D en Rhino, Revit, 3dsmax... Pero poco a poco los renderizadores van a tirar más de ella. Si tienes opción busca un ordenador con una Nvidia. Hay dos gamas normales: la GTX (buena) y la GT (normal). Dentro del número de la tarjeta, tanto si es GT como GTX, el primer dígito representa el año. La gama 400 es de hace más años y la gama 900 es más actual. PERO el segundo dígito es el que marca la "calidad" o el rango de esa tarjeta. A partir de 5 o 6, ya es buena. Menos de eso, es más sencillita.

La gama Nvidia Quadro es la de lujo, pero no vais a notar mucho incremento de rendimiento porque no está enfocada a esto. Aparte de la marca Nvidia, está ATI-AMD (que tiene menor compatibilidad con Revit) y Intel: ésta última es como decir que no tienes tarjeta gráfica: evitadla.

RESOLUCIÓN DE PANTALLA. Ojo con esto, muchos ordenadores "buenos" tienen una resolución de 1366x768 y eso es ridículo para diseño o arquitectura. Hay que irse por lo menos a 1600x900 o a 1920x1080... eso encarece un poco el tema pero se agradece, de verdad. Luego están las 4K que se ven de maravilla pero hay que ajustar un poco la resolución para que se lean bien los iconos.

Y por último... ¿CUÁNTO VALE? ¿DÓNDE COMPRAR? Mirad, el ordenador "ideal" dentro de estos parámetros (procesador Intel i7 a 3Ghz, 16GB de RAM, discos duros de 256GB SSD +1TB SATA, tarjeta gráfica nvidia GTX, monitor resolución Full HD) puede valer unos 1000€ en sobremesa, y alrededor de 1600€ en portátil... si es vuestra herramienta de trabajo ¡os merecéis lo mejor!

Secciones quebradas oblicuas

¿Se pueden realizar secciones quebradas y oblicuas a la vez?

No se puede hacer directamente... una sección quebrada hace el quiebro en recto. Para conseguir lo que quieres, tienes que hacer dos secciones y ajustar la caja de recorte. Luego, en un PLANO (plano de lámina) las puedes juntar. Con líneas de detalle puedes dibujar el corte de la sección.

Bajar enfoscado de muro hasta terreno irregular

Tengo un semisótano, en un terreno inclinado, me gustaría que el enfoscado de la fachada bajase hasta el nivel de terreno en cada punto. ¿Se podría hacer? Gracias de antemano.

MÉTODO 1. El método 1, o método Thais, consiste en dibujar un muro que sea solamente el enfoscado. Entonces podremos Editar perfil, e ir dibujando nosotros la línea inferior como nos venga en gana.
MÉTODO 2. Thais BIS. Hay una orden en Revit, en la pestaña Arquitectura, que se llama Plano

de referencia. Permite, desde un alzado o sección, dibujar una línea. y entonces podrás enlazar a esa línea el muro. La pega de ese método, es que no puedes enlazar "trocito a trocito" de línea... sino que UN muro se enlaza a UN plano de referencia. Si quisieras varios diferentes (porque el terreno no es muy regular) tendrías que ponerte a dividir el muro.... en cuyo caso lo veo más faena que beneficio, y me quedaría con el método Thais 1.

MÉTODO 3. Piezas. Si tocas un muro, en la cinta de opciones, cerca de "Crear grupo" tienes "Crear piezas". Lo que hace, básicamente, es "partir" tu muro en sus diferentes capas. Ahora podrías tocar la capa del enfoscado, y en las propiedades marcar "activar pinzamientos de forma" para moverla arriba y abajo. En cada vista de Revit, en las propiedades, al principio, tienes un parámetro que se llama "visibilidad de piezas" y te permite elegir entre ver las piezas o ver el elemento original. Cuando ya tienes tu pieza seleccionada, tienes la opción de "dividir pieza" (desde un alzado, no hagamos locuras) y dibujas una línea que divida tu enfoscado. Haz que sobresalga por los lados, para que no te dé fallos. Habrás "dividido" esa pieza, y seleccionando la parte que no quieras, podrás darle al botón "excluir pieza". y te quedas solamente con la parte de enlucido que quieras. Ojo, recuerda que en cada vista tendrás la opción de ver las piezas o el modelo original.

Render todo en negro

intento hacer un render con Revit y me sale todo negro. ¿Qué puede pasar?

Puede que se te haya quedado la cámara en un muro, muévela un poco . O en una puerta. La otra opción es que los valores de Ajustar exposición estén muy oscuros.

Uniones de pavimentos y puertas

¿Existe alguna manera sencilla de conseguir que Forjado y Pavimento formen parte de un mismo suelo, los tabiques arranquen desde el forjado, los pavimentos no desaparezcan en el umbral de las puertas y sin embargo, que las carpinterías de las puertas arranquen desde el pavimento?

Si forjado y pavimento son independientes logro hacer sin problemas que los tabiques arranquen desde el forjado, pero o bien las puertas arrancan a la misma cota o bien tienen un antepecho que hace que el pavimento se interrumpa en el umbral de la puerta.

Si unes forjado y pavimento en un mismo suelo (como todos los suelos que hay en la "plantilla arquitectónica", tendrás que ir haciendo retales de suelo cada vez que cambies algo. Por eso decidimos utilizar un Forjado estructural continuo, y hacer las tortas de pavimento independientes.

Además, según si el pavimento era continuo bajo la tabiquería (como un mármol o un terrazo), o si se interrumpía en los tabiques (como parquet o gres), le dábamos un número diferente a la columna de "Función" dentro de las capas. Tienen que estar dentro del núcleo, y a los pav tipo parquet le ponemos "Substrato [2]", mientras que a los pav tipo terrazo le ponemos "Estructura [1]". Esto hace que se comporten bien.

Cuando cualquier de estos pavimentos llega a una puerta que está a nivel, no se ve el tabique: es el pavimento quien pasa corrido por ese lado.

Cornisas singulares en falsos techos

Me gustaría hacer una moldura en el falso techo que he creado... pensaba usar el barrido, pero eso se pega sólo a los muros.. ¿Qué función puedo usar?

Para dibujar elementos adosados a otros, hay varias categorías: los MUROS tienen BARRIDOS; los SUELOS tienen BORDES DE LOSA; las CUBIERTAS tienen IMPOSTAS o CANALONES; pero los TECHOS no tienen nada. Por tanto, tienes dos caminos:

(antes de elegir un camino, primero creas el perfil necesario (Revit - nueva - familia - perfil métrico) y lo cargas en proyecto.)

1. modelar el techo como "otra" cosa. Como una cubierta, por ejemplo. Y entonces usarías una imposta que se va adaptando.
2. usar Modelar in situ - barrido.

En ambos casos, podrás usar el perfil que habías creado. Suerte!

Editar material de una familia descargada

Tengo un mobiliario hecho desde la librería de Revit.. Modulo 2x1; quiero cambiar el panel que esta en vidrio por otro material...

Si vas a Editar familia, puedes seleccionar una puerta (o cualquier pieza) y, en Propiedades, hay un valor que es "Material". Si tiene un signo "=" en la parte derecha del campo, es que está controlado por parámetros (pero puedes hacer clic en el signo igual, y en la ventana que se abre marcar "ninguno"). Entonces ya podrás hacer clic en la propiedad Material (en los puntos suspensivos) y elegir el material concreto que quieras. O, si quieres hacerlo aún "mejor", volver a apretar en el botoncito donde estaba el igual y seleccionar el parámetro que vaya acorde (por ejemplo, supongamos que hay un parámetro que se llama "material de mueble").

Habitaciones redundantes

Estoy intentando poner habitaciones para que ponga el nombre y los metros cuadrados y me sale un error de redundante, no se si es porque hay puesta otra encima; y no sé cómo quitar la antigua... o si es por otra cosa.

El mensaje inicial te aparece porque dos habitaciones comparten espacio y, por tanto, son redundantes. Para poder verlas te aconsejo uno de estos procedimientos, de fácil a... a fácil también:
1. Si intentas hacer una habitación, se te marcan con azul las que ya están; si una estancia la ves con dos aspas y más oscura, AHÍ tienes la otra.
2. en VV - despliegas Habitaciones y marcas "relleno interior", y consigues lo mismo que en punto 1, pero de manera permanente.
3. borra todas las etiquetas de habitación de la vista y ve a Anotar-etiquetar todo-habitación. La/s que tenga dos etiquetas, es una de las culpables.

Barandillas de escalera que vayan hasta la parte inferior del forjado superior

Un camino es hacerlo mediante modelar in situ. Si no, existe otro método que, aún siendo un poco manual, el resultado es correcto. Las barandillas necesitan sí o sí, de un inicio y un final; y ambos deben ser barandales. Para conseguir una barandilla cuyos balaustres suban hasta arriba tendrías

que hacer los siguientes pasos:
(0. Creas la escalera y la barandilla que sale automáticamente)
1. Tocas la barandilla; editar tipo – duplicar: Barrotes hasta forjado
2. Editas el camino de la barandilla y, seleccionando la línea magenta, en el parámetro Pendiente de la barra de opciones pones "Plano". Acepta.
3. Con TAB, selecciona no la barandilla, sino el barandal superior; lo desbloqueas haciendo clic en el pin, y Editar tipo – duplicar : barandal bajo forjado. Cambia el perfil por otro (por ejemplo, perfil cuadrado de barandilla 20mm). Acepta.
4. Edita el tipo de barandilla y, en el apartado Altura de barandal superior tendrás que poner un valor concreto: la mitad de lo que mida la escalera, menos el canto del forjado. Además, en Barandal superior, pones el que has creado (barandal bajo forjado).

Incrustaciones de huecos no pasantes en muro

Para todos los que queráis hacer una incrustación en un muro (ya sea para alojar una urna, o para colocar un pasamanos inclinado, o un bajorrelieve... ¡lo que sea!) podéis utilizar la orden de Modelar in situ, y hacer una combinación de formas VACÍAS. Con eso conseguiréis modelar todo lo que sea necesario.

Texturas de material

Estoy haciendo una unifamiliar en Revit y el cliente quiere ver una propuesta con ladrillo caravista, mi problema es que una vez he creado un material y le he puesto una foto de un caravista en Aspecto, al renderizar a esta distancia, me sale como un color uniforme? y bastante pixelado, hay alguna forma de cambiarlo?

Para hacer tu material perfecto es probable que debas, o bien editar el tamaño de la textura, o bien descargarte algunas imágenes para hacerte EL material... hay miles de páginas de donde podrás descargar texturas. La palabra clave (si buscas en inglés) es SEAMLESS o TILEABLE, que te garantiza que no hay un corte al repetirse. El truco, además, es buscar una imagen que sea bastante grande (no de tamaño -que también- sino de ámbito): de esa manera habrá menos repeticiones.

Ladrillos a panderete en niveles de muro

¿Cómo puedo poner ladrillos a panderete a nivel de forjado ?

Como siempre, hay varias opciones. Puedes hacer un barrido de muro con el material del ladrillo girado 90º(o uno creado a partir de éste)
También puedes utilizar la orden de Pintar cara: podemos aplicar otro material dentro de una misma superficie. Simplemente deberás elegir el material deseado y aplicarlo.

Pasarelas en muro cortina

Buenas, tengo un problema que no se como resolver, tengo un muro cortina de vidrio y montantes y separado de este, he creado otro muro cortina de lamas para la protección solar, ahora viene mi problema: me gustaría crear una pasarela metálica para el mantenimiento y limpieza de las lamas exteriores. ¿Como podría hacerlo?

Forma 1. Mediante un suelo específico, a la altura que desees.
Forma 2. Creas un nuevo perfil de montante (¿recuerdas? Revit - nuevo - familia - perfil métrico montante) que tenga las dimensiones, e incluso la sección, de la pasarela. Lo cargas en proyecto,

y creas un nuevo montante a partir de ese perfil (navegador de familias - montantes - rectangular - duplicar - cambias perfil y material); y por último, seleccionas el montante horizontal de tu muro cortina donde iría la pasarela, lo desbloqueas (que estará bloqueado) y lo cambias por el nuevo... ¡te quedará genial, y además la "pasarela dependerá de uno de los muros cortina, con lo que se moverán juntos!

Luminarias proyectadas en planta

¿Es posible que en un plano en planta aparezca automáticamente el símbolo de punto de luz (círculo con aspas) al colocar una luminaria en el plano de techo?

1. cambiar la disciplina de la vista de Arquitectura a Electricidad, por ejemplo. Si el rango de vista en su parte superior "coge" la luz, se verá perfecta. Siempre que en la familia de la luz hayas dibujado algunas líneas simbólicas para el plano de planta, claro.

2. poner como subyacente la propia vista. Eso proyectará el techo en la planta baja, y con él las luminarias. Puedes modificar dentro de Gestionar - configuración adicional, qué tramado tiene el subyacente.

Volúmenes de habitación

Estamos realizando unas mediciones de un proyecto realizado con Revit, mediante las tablas de planificación. En cuanto a medir suelos y falsos techos no hay problema pues con las tablas de habitaciones se puede extraer fácilmente el área. El problema viene al querer medir las paredes, que al ser la sección de la habitación variable como se puede ver en la foto no la detecta correctamente (incluso en la que tiene el falso techo constante esta desactivado que delimite habitación, aunque se puede arreglar más fácilmente), me interesa sobre todo para la sección de la nave. Sé que para paredes comentabas que era mejor la tabla de cantidad, pero me han pedido que esté medido por las distintas habitaciones que hay. ¿Alguna solución?

Hay tres formas de medir los revestimientos que pides.
1. mediante una tabla de muros. Tienes la superficie por cada muro. Pero no lo vincula por habitaciones, y no cuenta los dos lados de un revestimiento (casi tendrías que ir haciendo clic muro a muro y el campo "área" dentro de las propiedades te lo indicaría perfecto)
2. mediante una tabla de materiales.
3. mediante una tabla de habitaciones. Si tienes el volumen correcto y el área en planta, puedes calcular la altura media con un valor calculado. Y a partir de ese, multiplicarlo por el perímetro de la habitación y te sacaría un área vertical bastante aproximada.

¿Cómo conseguir que coja bien la habitación? modificando el parámetro de la habitación de "Límite superior". Ponlo lo suficientemente alto (nivel más alto con un desfase) y te calculará el volumen hasta los elementos delimitadores superiores (techo o cubierta).

62. Índice por palabras

Símbolos

3D explosionado	315	<en sesión>	255
3D o 2D	53	.PAT	87
3dsmax	331	.RVT	95
3DSMAX	261		

A

AA	67	Alinear	67, 115
Acabado 1 [4]	81	Alinear con los niveles seleccionados	166
Acabado 2 [5]	81	Alinear grafismo	115
Acabado de muro	224	Alinear las vistas	233
Acabado de suelo	224	Alinear patrón de superficie	306
Acabados	208	Alinear un patrón	87
Acabados de habitación	224	Alterar una superficie	210
Acceso rápido	26, 31	Altura del ojo	291
Aceleración 3D	29	Altura del texto	237
Aceptar opciones	329	Altura de muestra	80
Acotación	149	Altura desconectada	39
Activar la vista	247	Alturas de niveles	49
Agrupar encabezados	220	Alzado	198
Agrupar y asociar	67	Alzado de estructura	270
Agua	302	Alzados	101
Agujeros	195, 266	Alzados de estructura	102
A habitación	227	Alzados interiores	101, 106
Aislamiento	280	Ámbito de una sección	105
Aislar categoría	63	Análisis energético	23
Aislar elementos	63	Ancho de tabla	221
Ajustar el grafismo	277	Anclar paletas	28
Ajuste de altura	191	Anfitrión	35
AL	69	Angular	149
Alabeadas	140	Ángulo de enfoque	296
Alarga	69	Ángulo de visión	289
Albañilería bloques de hormigón	302	Animación	311
Albardilla	127, 132	Anotar	174, 235
Alero	139	Antialias	29
Alineación bloqueada	91	Anti-aliasing	316
Alineación de vistas	249	Antialiasing	29
Alineada	149	Añadir / eliminar fotograma clave	312

Añadir material	85	Área exterior	241
Añadir parámetro calculado	216	Áreas	211, 218, 239
Añadir un objeto	43	Armario empotrado	208
Añadir vistas a un plano	245	Armarios conceptuales	159
Aparcamiento	204	Armazón estructural	268
Apilado	131	Arrastrar	40
Aplicar propiedades de plantilla	232	Arrastrar elementos	45
Aplicar recorte	269	Arriostramientos	271
Aplicar una plantilla	232	Ascensores	196
Apple	29	Aspecto	90, 219
ArchiCAD	262	Atajos de teclado	31
Archivo .HTML	263	Autodetectar	98
ArchVision	203	Autoiluminación	305
Arco de empalme	38		

B

Balaustres	188, 189, 334	BIM	23
Balaustres por huella	189	Bisel	110
Balcones	137	Bloquear	71, 237
Barandales	188	Bloquear selección	332
Barandal superior	188, 190	Bloquear vista	237, 317
Barandillas	187, 340	Bloque de título	248
Barra de controles de vista	27	Bloques	282
Barra de estado	27	Blueprint	317
Barra de navegación	26	Boceto	113, 177, 178
Barra de opciones	26	Bocetos	38
Barrido	127, 163	Bocetos de viga	268
Barridos	127	Bordes de losa	268
BB	71	Brisoleil	159
Berenjenos	127	Buhardilla	143
Biblioteca de aspectos	301	Buscar	285

C

CAD	98, 197, 259	Calidad ráster	256
Cadena	39	Cámara	289
Caja de referencia	233	Cámara activa	312
caja de sección	198	Cambiar tamaño	221
Cajetín	248	Camino	312
Calc	261	Camino de escalera	179
Calcular máximo y mínimo	225	Camino de sol	291
Calcular mínimo	225	Campo oculto	214
Calcular totales	225	Campos	214
Cálculos de área y volumen	210, 239	Canalón	140
Calidad de render	294, 295	Capa de aislamiento	280

ÍNDICE DE PALABRAS

Capa membrana	83		Configuración de exportación	259
Caracteres especiales	284		Configuración de sol	291
Cara de acabado exterior	37		Configuración gráfica de la interfaz	29
Cara exterior	37		Conjunto de cotas	150
Cargar familia	73		Conjunto de desplazamiento	315
Cargar nuevas familias	73		Conjunto de opciones	323
Cargar selección	45		Conjuntos de selección	45
Carpinterías	223		Consejos	337
Casetones	273		Construida bruta	239
Categoría	33, 213		Consulta	99
Categorías de anotación	207		Contorno	113
Centro de rotación	68		Contorno de la vista	247
Cerámica	302		Contorno de una cara	281
Cerchas	271		Contornos de área	240
Cerramiento de parcela	337		Contrahuellas	177
CH	69		Control solar	159
Chaflán	69		Coordenadas de punto	149
Chapa colaborante	272		Copiar	50
Ciclo de selección	44		Copiar grupos	166
Cimentación estructural	267		Copias de seguridad	95
Cinta de opciones	25		Copyright	285
Circulaciones generales	212		Cordón portante	271
Claridad de las sombras	59		Cornisa	127
Clasificación / agrupación	214		Cornisas singulares	340
Clasificar por	222		Coronación inclinada	41
Claustro	142		Corte a plomo	139
Claves de planificación	225		Cortes	305
Clay Rendering	317		Cos	218
Colocar punto	197		Cota de pendiente	151
Colores coherentes	27, 58		Cotas	89
Color inicial	296		Cotas acumulativas	152
Comandos abreviados	31		Cotas permanentes	89
Combinar parámetros	217		Cotas temporales	89
Comenzar un proyecto	97		Crear desde importación	197
Como se indica	251		Crear nuevos montantes	160
Compensada	183		Crear nuevos tipos de familia	77
Componente de detalle repetido	283		Crear plantilla de vista	232
Componentes de detalle	282		Crear similar	71
Compresión de vídeo	310		Crear un grupo	165
Cómputo de materiales	222		Cristalera inclinada	142
Condición de unión	156		Cristal sólido	302
Conexiones estructurales	272		Criterios de medición	222
Configuración de delimitación lejana	276		Cruces de San Andrés	271

CS	71	Cubiertas	135
Ctrl	43	Cubiertas especiales	333
Ctrl + Flecha izquierda	43	Cubiertas inclinadas	138
Cuadrado	285	Cubiertas mansardas	141
Cuadrar	110	Cubiertas planas	136
Cuadro de carpintería	223	Cubiertas tensiles	140
Cuadro de rotulación	248	Cubo	285
Cuadro de superficies útiles	213	Curvas de nivel	199
Cubierta	135	CypeCAD	262

D

D	65	DI	72
DB	71	Diámetro	285
DBSI	225	Dimensiones del vídeo	310
Decimales	154, 218	Dirección ascendente fija	180
Definición de fases	320	Dirección de proyecto	248
Definición de grupo	165	Directrices	284
De habitación	227	Directriz	153, 236, 284
De habitaciones	213	Directriz de punta de flecha	149
DEL	72	Disciplina	230
Delimitación de habitación	208	DISCO DURO	338
Delimitación lejana	276	Diseño	287
Departamento	208, 211	Distancia	72
desbloquear	71	Distancia de tabulación	238
Descansillo	173	Distancia focal	290
Descansillos	183	Dividir	69
Descargar de Internet	74	Dividir con separación	70
Desfasar	66	Dividir elemento	69
Desfase	66, 114	Dividir patrón	189
Designación nombre/verbo	71	Dividir una cara	307
Desmontes	201	Dividir una superficie	200
Desplazar elementos	315	Dos pantallas	28
Detallar cada ejemplar	222	DPI	293
Detalle repetido	283	Duplicar como dependiente	229
Detalles constructivos	275	Duplicar con detalles	229
Detalles en CAD	287	Duplicar vistas	229
Detrás de los objetos	336	DWG	259, 331

E

Edición de contorno	195	Editar material	340
Edición de estructura	79	Editar perfil	40, 160, 195
Edición elementos multicapa	79	Editar un perfil	128
Editar contorno	113, 123	Editar un recorrido	312
Editar etiquetas	207	Editar un texto	238

ÍNDICE DE PALABRAS

Editor de texto	237	Esquema de iluminación	292
Ejemplar	34	Esquemas de área	239
Ejemplar de importación	197	Estancia	205
Elementos anfitriones	35	Estantería de obra	163
Elementos de detalle	33, 235, 282	Estilo de línea	278
Elementos de la interfaz de Revit	25	Estilos de habitación	225
Elementos de modelo	33	Estilos de línea	148
Elementos de referencia	33	Estilos de objeto	256
Elementos en Revit	33	Estilo visual	27
Elementos hospedados	35	Estructura	265
Elevación	149	Estructura [1]	81
Eliminar ciertas líneas	282	Estructura alámbrica	27, 58
Eliminar un Conjunto de opciones	329	Estudio solar	59, 309
Eliminar un objeto	43	Etiqueta	205
Empalmar en curva	40	Etiqueta de acabados	235
Empalmar muros	39	Etiqueta de habitación	205
Empalme	69	Etiqueta de muros	235
Emplazamiento	203	Etiqueta de puerta	235
Encabezado	214	Etiquetar	235
Encepados	267	Etiquetar por categoría	236
Encuadre	26	Etiquetar todo	236
Enlazar	111, 113, 138	Etiquetas	235
Enlazar pilares	266	Etiquetas de material	285
Ensamblada	183	Excel	261
Entorno	197	Explosionado	315
Enviar al fondo	280	Exponenciación	218
Envolvente	82	Exportación desde Revit	259
EQ	66, 92	Exportación en HTML	263
EQDist	66	Exportación FBX	261
ES	66	Exportar	259, 293
Escala	57	Exportar a Excel	221
Escalar	66	Exportar imagen	262
Escalas en los planos	250	Exportar sombreados	335
Escalas gráficas	251	Exportar tabla	221
Escalera compensada	183	Exportar un recorrido	312
Escaleras	177	Extender a esquina	40
Escaleras en espiral	184	Extender barandales	191
Escaleras por boceto	178	Extender en muro (al núcleo)	114
Espaciado máximo	156	Extensión	53
Espacio	37, 38	Extensiones	190
Espejo	303	Extensión inicial	180
Esquema de color	211	Extrusión	141, 163

F

Facility management	23	Fondo de cielo	292
Falsos techos	123, 224	Forjado	117, 135
Familia	33	Forjado de chapa	272
familias de sistema	34	Forjados	113, 114
Familias por defecto	333	Forjados reticulares	273
Fase	319	Formas vacías	163
Fase de creación	320	Formato	214, 221
Fases de proyecto	319	Formato HTML	263
FBX	261, 331	Fórmula	175
Fecha de emisión de proyecto	248	Fórmulas de igualdad	92
Filosofía BIM	23	Forzados de cursor	28
Filtrar	43	Fotogramas clave	312
Filtro	43	Fotogramas por segundo	310
Filtros	215	Función	81
Filtros de selección	43	Funciones trigonométricas	218
Filtros de vista	232	Fundido	163
Flechas de pendiente	141	fx	216
Fondo	317		

G

Generar textos	284	Grosores de línea	256
Generar una plantilla de vista	232	Grupo	165
Generar vistas de detalle	276	Grupo de detalle enlazado	165
GI	70	Grupos de luces	298
Gira	70	Guardado automático	332
Girar un patrón	87	Guardar	95
Grados Kelvin	296	Guardar como	95
Gráficos	29	Guardar en proyecto	293
Grafismo	231	Guardar orientación	237
Grecada	272	Guardar selección	45
Grosor	79	Guardar un documento	95

H

Habitacines	205	Hueco de muro	195
Habitación	205	Hueco por cara	195
Habitaciones	211	Huecos	195
Helicoidales	184	Huecos en muro	41
Historial	96	Hueco vertical	195
Hombro	238	Huella	177
HTML	263		

I

Identidad	85	
IES	297	
IFC	262	
Igualar propiedades	72	
Igualdad	91	
Iluminación	296	
Iluminación ambiental	317	
Imagen	97	
Imagen como textura de material	304	
Imagen de ejemplar	220	
Imagen en encabezado	220	
Imágenes en las tablas	220	
Importar	98	
Importar CAD	98	
Importar tabla	221	
Importar un patrón	87	
Imposta	140	
Impresión	255	
Inclinación	173	
Incrustación	227	
Incrustaciones de huecos	341	
Infocenter	26	
Información de proyecto	220	
Insertar	73, 97, 98	
Insertar desde archivo	221, 287	
Insertar familias	73	
Insertar imágenes en una tabla	220	
Insertar vistas desde archivo	221	
Instancias	165	
Intensidad inicial	296	
Interfaz de revit	25	
Interfaz de usuario	25, 26, 27	
Intervalo de impresión	255	
Intradós	182	
Invertir dirección	179	
IP	72	
Ir al plano desde una vista	247	
ISO	292	

J

Jirones de niebla	102
JPG	262
Justificación X/Y/Z	268

K

Keyplan	229, 251

L

Ladrillos a panderete	341
Lamas horizontales	159
Láminas de impresión	245
Levantamiento	100
Leyenda	243
Leyenda de relleno de color	212
Limpiar	74
Limpiar elementos no utilizados	74
Línea base	152
Línea de ubicación	37
Línea en blanco	214
Lineal	149
Líneas 2D	278
Líneas de abatimiento	336
Líneas de croquis	316
Líneas de detalle	278
Líneas de propiedad	203
Líneas de ruta	315
Líneas en proyección	282
Líneas finas	57
Líneas invisibles	249
Líneas ocultas	27, 58, 281
Linework	281
Llamada	276
Logaritmo	218
Losas	268
Losas alveolares	156, 270
Luces artificiales	295
Luminarias	296
Luminarias proyectadas	342

M

MA	67	Modificar el grafismo	230
Máquina virtual	29	Modificar gráficos en vista	231
Marca de corte	180	Modificar subelementos	136
Marca de tipo	235	Modos de visualización	57
Marca reg.	285	Moldura	127
Más allá	148	Monito de sección	253, 275
Más menos	285	Monitos	229
Material	79	Monitos de planta	251
Materiales	85, 301	Montante	155
Materiales por defecto	302	Mosaico	107
Material genérico	305	Mostrar aristas	316
Material visible en sección	199	Mostrar cámara	311
Matriz	51, 67	Mostrar elementos ocultos	62
MAX	261	Mostrar / Ocultar el contorno de la vista	247
Mayúsculas	43	Mostrar restricciones	94
Mayúsculas y minúsculas	238	Mover	65
Medición	222	MP	69
Medir	72	Multicapa	79
Membrana	83	Multiplanta	184
Metal	303	Multisegmento	55
Métodos de selección	43	Muro apilado	131
Mobiliario transparente	335	Muro cortina	155
Modelado estructural	265	Muro inclinado	150
Modelado in situ	163, 267	Muros	37, 203
Modelar in situ	163	Muros almenados	41
Modelo base	324	Muros curvos	41, 161
Modificaciones de forzado de cursor	29	Muros enteros	150
Modificadores de selección	44		

N

Navegador de proyectos	28	Norte en planos	251
Nivel de detalle	57, 230	Norte real	169
Niveles	49, 97	Núcleo	80, 114
Niveles de detalle	27	Nueva tabla	213
No hay pendiente	174	Nuevo anfitrión	71
Nombre de cliente	248	Nuevo cómputo de materiales	222
Nombre de estancia	208	Nuevo ordenador	337
Nombre de plano	248	Nuevo perfil	188
Nombre de proyecto	248	Nuevo plano	245
Nombre y superficie	208	Nuevos parámetros	215
No permitir unión	110	Numeración de peldaños	180
Norte de proyecto	169	Número de plano	248

O

Oclusión ambiental	316
Ocultar contornos de recorte	256
Ocultar el contorno de la vista	247
Ocultar en escalas con detalle más bajo que	253, 275
Ocultar en vistas	106
Ocultar en vistas con detalle más bajo que	200
Ocultar las categorías	230
Ocupación de incendios	225
Opciones de diseño	323
Opciones de visualización de gráficos	316
Opción primaria	324
Órbita	26
Ordenador	337
Orden alfabético	214
Ordenar elementos	280
Ordenar vistas	331
Orden de impresión	280
Órdenes de modificación	65
Órdenes en Revit	47
Organización del navegador	51
ORTO	65
Oscuro perimetral	129
OVERSCALING	334

P

PA	69
Paleta de Propiedades	27
Panel	156
Panelado modular	160
Panel vacío	156
Parámetro calculado	215
Parámetros globales	91, 93
Parte	69
Pasamanos	188, 192
Pasarelas	341
Patrón de corte	86
Patrón de sombreado	280
Patrón de superficie	86
Patrones complejos	88
Patrones de diseño	86
Patrones de línea	278
Patrones de modelo	86
Patrones de relleno	87
Patrones de sombreado	86
Pavimento	117
Pavimentos	113, 114
PDF	255
Pegar con punto base	336
Peldaños	179
Pendiente	124, 149, 173
Pendientes	136
Perfil	128
Perfil de corte	281
Perímetros de rodapiés	224
Personas	203
Pie de página	214
Pilares arquitectónicos	267
Pilares estructurales	266
Pilar estructural	69
Pilastras	188, 267
Pilotes	267
Pintura	307
Pintura de muro	303
Pintura metalizada	304
Pinzamiento	109
Pinzamientos entre columnas	221
Pivote	26
Píxeles por pulgada	293
Plano de acabados	235
Plano de área	239
Plano de corte	145
Plano de suelo en nivel	291
Plano de tabiquería	235
Plano de trabajo	141, 164, 174
Planos	245
Planos de emplazamiento	169
Planos de referencia	250
Planos estructurales	265
Plantillas de vista	227, 231, 253

Plástico vinilo	304	Prefijos	153
Plataforma	201	Previa	43
Plataforma de construcción	201	Primer plano	97, 100
Plazas	204	Procedurales	306
Plazas de aparcamiento	204	Procesador	337
PNG	262	Procesamiento vectorial / ráster	256
Poner en primer plano	280	Profundidad	266
Por anfitrión	82	Profundidad de imposta	140
Porcentaje	217	Profundidad de las vistas	276
Porción visible de la ventana actual	255	Profundidad de vista	102, 145, 291
Por coordenadas	152	Profundidad estructural	182
Pormil	285	Promotor	248
Potencias de 10	218	Proyección	180, 282
PP	27	Puertas	121, 210
Prefabricada	183	Punta de flecha	152
Prefijo	208	Punto de inserción	207

Q

Quebrados	102		

R

RAM	338	Reflejar	70
Rampas	137, 173	Reforma o rehabilitación de una vivienda	
Rango de vista	145, 196	319	
Ráster	256	Región de máscara	280
Realista	27, 58	Región de plano	147
Recordatorios de guardado	95	Región de recorte	249, 250, 286,
Recorrido	311	289	
Recorta	69	Región rellenada	280
Recortar	40	Regle	127
Recortar / extender a esquina	69	Rejas de ventana	159
Recortar una vista	277	Rejilla	155
Recortar vista	247	Rejilla guía	249
Recorte de anotación	286	Rejillas	33, 55, 249,
Recuento	223	265	
Red fotométrica	297	Rejillas detrás de los objetos	336
Redondear	210	Remate de piscina	132
Redondeo	218	Render	289
Reducción de junta	269	Render con líneas	317
Redundante	206	Render de un alzado	335
Redundantes	340	Renderizaciones	293
Reemplazar texto	285	Render nocturno	297
Referencia a objetos	28	Repetición de comandos	47
Referencias individuales	150	Repetir comando	332

Resolución	292	Rhinoceros	259, 331
Restablecer perfil	41	Riostras	270
Restricción	91	Rodapié	127, 280
Restricción de base	37	Rotación de sección	268
Restricciones	91	Rotar	70
Restricciones de cota	91	Rotar vista en plano	247
Restricciones de niveles	93	ROUNDDOWN(X)	218
Restricción superior	37	ROUNDUP	226
Restringir	65	ROUNDUP(X)	218
Retorno	130	ROUND(X)	218
Retranqueo	114	RPC	203
Revestimientos	81, 123, 125	RR	69
Revolución	163	Ruido	306

S

Salir de una orden	47	Sin colocar	213
SATA	338	Sistemas de vigas	270
Seccionar elementos importados	335	Sketchup	259
Secciones	105	Sol	59
Secciones ocultas	200	Sólo artificial	297
Secciones quebradas	105, 338	Sólo totales	214
Selección	43	Sólo vista actual	98
Seleccionar anterior	43	Sombras	59, 316
Seleccionar elementos bloqueados	45	Sombras ambientales	316
Seleccionar elementos por cara	45	Sombreado	27, 58, 86
Seleccionar elementos subyacentes	44	SQRT	218
Seleccionar líneas	38	SSD	338
Seleccionar montantes	158	Suavizado	29
Seleccionar muros	114	Suavizar líneas con anti-aliasing	316
Seleccionar nuevo anfitrión	71	Subelementos	136
Seleccionar paneles	158	Subregión	200
Seleccionar todos los ejemplares	44	Subyacente	107
Seleccionar vínculos	44	Suelo	117
Selección Nombre/verbo	47	Suelos	113, 175
Selección por ventana	43	Suelos continuos	118
Selección previa	43	Sufijo	208
Señalización	204	Sufijos	153
Separador de habitación	206	Superficie	205
Separar	65, 87	Superficie computable	216
SI	70	Superficie construida	239
Siluetas	316	Superficies construidas	218
Símbolo de anotación	207	Superficie topográfica	197
Símbolos	284	Superíndice	238
Simetría	70	Suprimir	72

T

TAB	44, 150	Texturas	341
Tabica	123, 129	Texturas procedurales	306
Tabla de claves	225	Tiempo	319
Tabla de cómputo de materiales	222	Tipo	33
Tabla de ocupación	225	Tipo de línea	281
Tablas de planificación	213, 329	Tipo de muro	37
Tablas incrustadas	227	Tipo de parámetro	215
Taludes	201	Tipo de vista	232
Tamaño de las imágenes	220	Tipo de vivienda	208
Tamaño de las vistas	246	Título de la tabla	219
Tamaño del papel	256	Títulos de vista	250
Tamaño de recorte	246, 290	Tope	110
Tamaño de render	293	Topografías	197
TARJETA GRÁFICA	338	Tornapuntas	271
Techos	123, 124	Trabajo con grupos	165
Tecla espacio	37	Trabajo con vistas	229, 247
Teclas de acceso rápido	31	Trabajo de líneas	281
Telar	127	Tramado	231
Terminaciones	190	Tramo	177
Terminar una orden	47	Tramo inclinado	173
Terraplenes	201	Tramo monolítico	182
Terraza	206	Transferir normas	34
Texto	237, 284	Transiciones	191
Texto de etiqueta	207	Transparencia	305, 316
Texto modelado	299	Trazado de rayos	58
Textura de material	304	TXT	261

U

Ubicación de proyecto	291	Unir	71, 111, 119,
Unidades alternativas	149, 154	130	
Unidades incoherentes	216	Uso estructural	268
Uniones de muro	109	Utilizar configuración por defecto	217
Uniones de vigas	269	UU	71

V

Valor absoluto	218	ViewCube	26
Valor Calculado	216	Vigas	265, 268
Valor de exposición	292	Vigas de celosía	271
Vegetación	337	Visibilidad / Gráficos	230
Ventana de derecha a izquierda	43	Visibilidad/Gráficos	99
Ventana de izquierda a derecha	43	Vista 3D	237
Ventanas conceptuales	158	Vista explosionada	315
Ver líneas en proyección	282	Vistas	229

Vistas 3D	315	Vista temporal	63
Vistas de detalle	276	Visualización	57
Vistas de diseño	287	Visualización básica	107
Vistas de leyenda	243	Visualización de gráficos	316
Vistas de Leyenda	251	Voltear	38
Vistas dependientes	229	VV	99
Vistas / planos seleccionados	255		

W

WT	107	WYSIWYG	237

Z

Zapatas	267	Zoom	26, 256
Zapatas bajo muro	267	Zoom extensión	26
Zapatas corridas	267	Zunchos	265
Zonas húmedas	212		

Printed in the USA
CPSIA information can be obtained
at www.ICGtesting.com
LVHW082024240823
756160LV00004B/116